職場認章 29

全球經濟18年大循環

順著景氣循環四大階段，投資獲利和避開風險

THE SECRET WEALTH ADVANTAGE

How you can profit from the economy's hidden cycle

AKHIL PATEL

阿基爾·帕特爾——著　龐元媛——譯

國內、外好評推薦

找出總體經濟運行的規律，進而獲得超額報酬，是所有主動投資者的夢想。作者提出了大量的歷史數據，來解釋與證明他的理論。除了列出不同時期該有什麼投資策略外，他也對各種經濟學的理論、貨幣，甚至是詐騙有著深入的探討。這是一本相當值得深讀的好書，註釋非常棒，閱讀時千萬別漏了它們！

——姚侑廷　姚侑廷的自學筆記粉專版主

本書以景氣循環作為架構，談到平常較少被討論到的、能產生經濟租的實體資產，讓讀者了解更多財富的本質及規律。

——許繼元　Mr.Market 市場先生／財經作家

書中提到「跟著政府投資」這句話說得真棒！當景氣循環崩跌期發生時，政府的國安基金通常可以帶著民眾一起賺錢，只要民眾願意耐心等待景氣復甦的到來。

——A大（ameryu）　《A大的理財金律》作者

透過本書走過完整的18年景氣循環，了解經濟多空脈動。掌握可能獲利的先機以及應對可能發生的危機，做出明智的決策。

——股海小水手的航海投資日誌　2023年年化報酬率達177%

景氣的循環，不只代表經濟的跌宕起伏，背後更是蘊含著財富的關鍵密碼，如何跟著景氣循環週期找到投資機會，是中產階級能不能提早財富翻身的契機。歷史總是不斷重演，我們能學到什麼？閱讀這本書，或許是搭上財富啟航的最佳起點。

——郭莉芳　財經專家

股海裡歷史不斷重演！透過閱讀讓自己投資思維更清晰，進而在瞬息萬變的市場上能保有初心。

——鄭詩翰　年輕人的投資夢版主

本書提供一個易於理解的框架來闡述經濟週期及其對投資的影響，作者對歷史數據的分析和實用的投資建議，對於任何尋求駕馭複雜市場的投資者都很有價值。

——單身狗投資成長日記　臉書投資粉專版主

這是個隱藏在光天化日之下的祕密。企業之所以倒閉、一家人之所以保不住房子，是因為企業主與家庭，並不知道景氣循環的存在，也就無從避開資本主義經濟體中，每次景氣循環固定會出現的低潮。許多專家以前沒能（現在也沒能）預料到即將來臨的危機，但沒人想成為下一場景氣崩盤的受害者。本書作者解析景氣循環的內幕，細說是哪些趨勢，導致有些人致富，有些人卻因為刻意對景氣循環視而不見，而遭受重創，甚至再無活路。

——Fred Harrison　經濟學家、Boom Bust 作者

本書作者深諳金融與經濟史，以生動有趣的文字，詳述經濟因素與投資人情緒的相互作用，是如何推動了市場循環，以及我們許多人經歷過的景氣循環主要階段。但更最要的是，作者也提供了實用的建議，告訴我們該如何掌握景氣循環各階段的投資契機。每一位投資人，都該看看這本書。

——Daniel Crosby 博士　《非理性效應》作者

我曾在極度恐慌與瘋狂狂熱的階段，配置價值超過八千萬美元的股票。所以相信我，投資的世界是很混亂的。每一天、每一週、每一月、每一年，我們都被一套又一套解析市場循環的最新說法轟炸，但沒有一種禁得起時間的考驗……現在可就不同了。有了這本書，你不僅能了解市場與市場動態背後的成因，還能把握市場循環的各階段，正確布局。每一位投資人，都需要這本書。

——Hunter Thompson　RaisingCapital.com 與 Asym Capital 創辦人

這本書是讓我苦思三十幾年的金融謎題的標準答案。我真希望我剛進入金融業的時候，就有這本書可以參考。本書已經超越了《股票作手回憶錄》，成為我最推薦的投資書籍。我從來沒想過，竟然會有一本書，能超越《股票作手回憶錄》在我心目中的地位。阿基爾這本書的價值，是售價的一千倍，我這麼說都有可能是嚴重低估了。

Paul Rodriguez　ThinkTrading.com 總裁、State of the Markets 播客主持人

我是阿基爾・帕特爾的文章多年的忠實讀者。他的文章徹底改變了我的投資概念。我覺得很意外，他所闡述

的概念，竟然沒有更為普及，但這對你來說是件好事。阿基爾．帕特爾將這些概念，彙整成一本易懂好讀的書。有了這本書，要當個能賺錢、有自信的投資人，是前所未有地容易。

——Rob Dix　The Price of Money 作者

阿基爾．帕特爾的這本書，裡面真的有祕訣！他發現的訊號與雜訊之間的某些關連，是我完全意想不到的。這本書簡直是將當今變幻莫測的經濟環境，用你能懂的語言解釋給你聽。有了這本書，所有的不確定性都豁然明朗，長期規畫更是有了明確的方向。你要是不看這本書，那可別怪我沒告訴你。

——Lewis Schiff　Business Brilliant 作者

這本書文采洋溢，用一則則的故事，說明景氣循環各階段的景象。這本書也指出判斷景氣循環階段的指標，告訴你在各階段該如何進行投資布局。作者以淺顯易懂的文字，說明景氣循環如何發生、為何發生，以及為何沒人察覺景氣循環的存在。如果你不想在市場上屢屢跌跤，繳一大堆學費，也不想耗費多年的心力研究，那所有投資人，不分老少，都該看看這本書。阿基爾．帕特爾，你寫了一本好書！

——Jason Pizzino　私人投資人、加密貨幣講師

文字行雲流水，內容有條有理，超有說服力。我以後一定會好好利用十八年一次的景氣循環。

——Tony Plummer　Forecasting Financial Markets、The Law of Vibration 作者

企業家是企業界的搖滾明星，顛覆產業也創造財富。但有時候，即使是最成功的企業家，也掌握不到機會。即使是最有潛力的企業，也難逃景氣循環的重創。問題在於許多企業家太在乎盈虧，忽略了警訊。企業家沒時間練就投資專家的本事。所以我推薦阿基爾．帕特爾的這本書。這本書提出的總體經濟模型，是第一個讓我覺得合理的，也是企業家預知經濟趨勢的利器。不看這本書，那損失可就大了。

——Perry Marshall　《80／20法則做行銷，業績變百倍》作者

我看著阿基爾．帕特爾寫的這本書，腦中浮現的念頭是「我們自己不知道，自己究竟不知道哪些事情。」我看過一頁又一頁，一個概念又一個概念，這本書顛覆了我對於經濟學與金融的所知，我也從中吸收正確的知識。關於金融體系、景氣循環、信用，還有……貨幣！還有太多我們不知道的。推動複雜的景氣循環，引發危機的力量是什麼？是什麼力量讓景氣循環繼續前行？阿基爾．帕特爾以深入淺出的方式一一解說。這本人人都需要的好書，來得正是時候。無論你是投資的初學者還是專家，看了這本書，都能吸收基礎概念，以正確的方式思考財富，創造財富。

——AdaPia d'Errico　Alpha Investing 策略主管兼副總裁、Womxn of Wealth 共同創辦人

這是一本精采的好書，生動有趣，有實用的知識，令人愛不釋手。這本書重新檢視土地對於經濟的影響，揭露推動景氣循環的力量，也說明景氣循環何時會改變。任何人想投資不動產或股票，都不能錯過此書。

——Caroline Ward　不動產貸款經紀人

有關本書各章的補充資訊、圖表，以及參考資料，請參閱 www.thesecretwealthadvantage.com 網站。

目次

第三幕　繁榮期　229

第四幕　危機　327

前言 「怎麼都沒人預料到呢？」

危機來襲時，我們立刻就能看清現有經濟與金融模型的嚴重侷限……總體經濟模型沒預料到危機，也無法解釋經濟究竟遭逢怎樣的問題。

——歐洲中央銀行行長　尚—克勞德．特瑞謝，二〇一〇年十一月十八日

問題

二〇〇八年，最好的時代變為最壞的時代。看似永無止境的成長時代，變為滔天災難連綿不絕的時代[1]。在這一年，金融業與企業接連倒閉，重創全球經濟。每一起倒閉事件，都造成更多破壞。該年九月，華爾街備受尊崇的投資機構雷曼兄弟倒閉，一時之間，整個金融市場瀕臨崩潰。已暴跌百分之四十的股市，仍在持續崩跌。房地產價格也大跌，有些地方甚至慘跌百分之

五十。國際貿易熄火，企業的信用凍結。石油價格暴跌百分之七十五，代表嚴重經濟蕭條的時代即將來臨。全球最大央行的總裁班．柏南克表示，這是「全球史上最嚴重的金融危機」。

金融風暴席捲全球之際，英國女王伊莉莎白二世造訪倫敦政經學院。她在受邀參加倫敦政經學院的新大樓落成典禮之前，就已公開表示，對於近來一連串的事件感到憂心，想了解究竟是怎麼回事。若說在哪裡能找到亂象的解釋，非倫敦政經學院莫屬，畢竟是全球最古老的經濟學研究機構，創校格言是 rerum cognoscere causas，意思是了解事物的起因。儀式完成之後，經濟學與策略教授路易斯．加里卡諾向女王報告。他準備了一份簡短的簡報，說明情況已經惡化到什麼地步。女王聽完，驚嘆道：「真是太可怕了！」

女王接著問道：「既然這麼嚴重，怎麼都沒人預料到呢？」

答案

加里卡諾教授隔天醒來，發現他向女王做的簡報，已經登上世界各地的新聞。這畢竟是**女王陛下**。女王也是首次針對金融危機發表公開談話，問的也是大家都想問的問題。

新聞報導引起各界矚目，英國國家學術院，亦即英國首屈一指的人文學科與社會科學研究機構，為此也邀集一群專家舉行圓桌會議，討論女王提出的問題。與會的專家是英國國內最聰明的人才，包括知名學者、業界領袖、資深銀行家、國會議員，以及政府高官。其中有十一位正教授、七位高級公務員，以及七位英國爵士。二〇〇九年六月，英國國家學術院向女王報告正式的答案。

這個答案一言以蔽之，就是有些人預料到金融危機可能會爆發，但誰也不知道究竟何時會爆發，爆發時又會是何等景況，會演變成多糟。人人似乎都盡忠職守，負責管理風險的人也不例外。當時感覺一切都很好，哪有理由去質疑管理風險的人？包括印度、中國在內的開發中大國，已成為全球經濟的一部分，所以整個世界是前所未有地繁榮。大家都有工作，也有能力購買價格越來越平實的產品與服務。企業日漸擴張，各國政府稅收充盈，能投資興建人民想要的各種設施，例如醫院、學校。

這群專家也相信，等到問題發生，他們也有能力處理災情。他們也爽快坦承，這種想法是很嚴重的一廂情願，因為誰都沒能預見全局。

所以，他們不知道會這麼嚴重，也沒預料到會發生，因為誰都不可能預料到金融風暴這種事情，反正誰也沒有誘因去防範金融風暴。但這群專家決心要從金融風暴汲取教訓，希望下次再遇到時，就能應付自如。

他們在給女王的信函中寫道，這起危機「有許多起因，（但）主因是很多聰明人集體想像力失靈。」

「集體想像力失靈」

仔細想想，難道不會覺得這句話很嚇人？

世界上還有哪一個科學學科，是專家可以把自己能研究的最重要的現象，歸咎於**集體想像力失靈**，就不會受到責備？這個現象奪走了數兆美元的家庭財富，太多人因此失去住宅與工作，許多退休人士的理想退休生活也成為泡影。地球上的每一個人，都受到這個現象影響。

我們永遠無從得知，這位以高深莫測聞名的女王，對於她得到的答案有何想法。她在漫長的統治期間，見證了多次經濟興衰，所以可能難以接受這個答案。

這並不是學者可以討論到天荒地老的抽象議題。金融風暴會造成立即且實質的影響，除了摧毀經濟之外，也包括金融危機爆發之後幾年間，在各大城市上演的大規模暴亂、占領公共空間，以及集體抗議事件。熊熊的怒火，反映的是太多人的切身之痛。金融風暴出乎他們預料，他們毫無準備，也無力逃脫。選民也以選票宣洩心中的怒火。

有位選民九十五歲、屬於勞工階級的父親，對於股市崩跌感到絕望。大約在女王造訪倫敦政經學院之際，他聽見某位金融業專業人士在電視上表示，情況還有可能大幅惡化，於是他賣光手上所有持股。這位父親一生認真工作，誠實納稅，儉樸度日，將辛苦攢到的一點閒錢用於投資。但專家沒預料到金融危機，同樣也沒能預料到後續的復甦。這位可憐的父親，在股市接近最低點時出脫所有股票，畢生的積蓄就這樣損失大半。他的兒子為他不幸的遭遇忿忿不平，演變成對整個體制懷抱一種深厚且難以化解的怨恨，決心要從內部瓦解整個體制。他後來表示：「後來的一切都是源自金融風暴。一切都是。」在那之後確實發生了很多事情，因為在二〇一五年，這位名叫史帝夫．班儂的先生，成為一位吵吵嚷嚷的房地產大亨暨電視實境秀明星的顧問。這位大亨就是當時在競選美國總統的唐納．川普[2]。

金融風暴也影響了我的生活。我們家經營的生意，在二〇〇九年幾乎破產。像我的父親與叔伯這樣的小型企業主，是資本體系的第一線。他們的公司懂得創新、組織精簡，適應力強。我們的經濟體之所以如此有活力，小型企業居功厥偉，因為小型企業為了生存，必須不斷適應環境。在每個國家，小型企業聘僱的人員人數最多，而且許多小型企業與員工的情誼，是大型企業難以企及的。小型企業需要銀行展延貸款，才有營運資金，也才能更新廠房與設備。所以銀行才會存在，必須借出生產所需資金。但在經濟繁榮期間，銀行借出太多資金，而且不是支持生產，是助長投機，主要是房地產投機。銀行就是從房地產投機賺到最多費用與貸款利息。在金融危機期間，銀行為了拯救自己的資產負債表，紛紛緊縮貸款，受苦的卻是身為經濟支柱的小型企業，因為他們拿不到生存所需的貸款。

如此一來，各經濟體遭受重創，受到影響的企業往往瀕臨倒閉。我們就是如此。銀行隨便找個薄弱的藉口，就要收回貸款。而我們家從事製藥業的公司，除了被銀行收回貸款，在其他方面都很健全。製藥公司照理來說，即使在經濟衰退期也能生意興隆。銀行在雨天無情收傘，差點害我們家公司倒閉。公司最終沒有倒閉，但銀行雨天收傘，卻也引發了一連串問題，在十幾年後的今天依然餘波盪漾。

我能理解班儂的心情。看見父母一生辛勞的成果幾乎化為烏有，任誰都會憤恨難平。我也跟班儂一樣，人生後來的一切，都是源自那場金融危機。不過我並沒有推翻體制的強烈衝動，而是決心要從金融危機得到啟示，建立更好的東西。我決心要竭盡全力，徹底了解究竟發生了什麼事，又為何會發生這些事。我也想知道，金融危機是否會再度發生，如果會，那又是何時會發生。而在下一次的金融危機，我們又該怎麼做才能保持安全，才能保證我的家庭，以及像我們家這樣的家庭，再也不會面臨這樣的問題。

尋找真正的原因

我研究真正的原因，一開始並不順利。關於金融危機的起因，有各種揣測：是美國（或是西方）的資本主義文化，或是美國或西方的銀行家太腐敗，或是金融業的政治影響力，或是政治人物無力對抗金融業的政治影響力，太多人借錢成癮，許多政策鼓勵大家（貸款）買房。還有人提出更為離題的原因，說是中國人儲蓄太多，導致全球利率被壓得太低。總之是眾說紛紜，但這些說法在我看來都不完整，而且都是症狀，並非起因。沒有一個讓我覺得，我已經做好充足的準備，能安然度過下一場危機。

雖然一開始並不順利，我依然堅定走在研究的路上，因為我有預感，我要找的答案一定存在。大約十八年前，也就是一九九〇年代初期，許多國家都已經歷過金融危機、房地產市場暴跌，以及經濟嚴重衰退。我們家經營的公司在那段期間，也經歷過重大的難關。當時的我才十歲出頭，現在回想起那些年，只覺得惶惶不安。我童年時期那個安穩的世界，原來只是海市蜃樓，是無常易變的。我們家的大人都很擔憂。必須縮減支出才行。我們周遭很多人失業、倒閉，連住的房子都沒了。我在二〇〇八年回想這段往事，感覺二次的金融危機有許多相似之處，但我也覺得奇怪，怎麼沒有一位專家看出這種關連。我也很好奇，相隔的這十八年是否很重要。

同樣在一九九〇年代初，我得到另一項線索，只是當時的我並不明白，這個線索有多重要。在學校，我們每天早上都要參加朝會，大家聚在一起禱告，了解學校的最新事項，還要聽一段經文、文學或哲學作品。我並不是每次都很認真聽，但有天早上，我聽見十九世紀一位美國經濟學家的著作的一段文字，整個人都怔住了。這位經濟學家闡述美國西部在拓荒時期的聚落發展，也介紹了隨著聚落形成城鎮，城鎮再成為城市，土地價值也會一路上漲的過程。我現在研究金融危機的起因，又想起這位作者亨利．喬治。我發覺他在一八七〇年代問的問題，與女王和我現在問的問題一樣：

- 我們為何一再經歷繁榮期與危機期？
- 為何會形成繁榮期與危機期？
- 為何沒人預料到繁榮期與危機期？
- 我們在這些時候該怎麼做，才能保持安全？

我發現他的著作 Progress and Poverty 是一本經典之作，說理清晰，影響深遠。他闡述經濟學的通則，整理得有條不紊，以說明經濟體為何一再從成長到繁榮，再到衰退。我從未看過如此佳作。

我實在不明白，他明明知道所有的答案，而研究金融危機的人那麼多，卻沒有一個提到他。喬治的著作於一八七九年出版，也許他的見解並沒有通過時間的考驗？

經濟的隱藏秩序

幾十年後，少數聰明的學者將喬治的概念應用在現代經濟，也有重大發現。他們證明了金融危機，以及發生在金融危機之前的經濟繁榮，不但預測得到，而且你只要明白背後的運作原理，即使在我們這個非常複雜、相互關連的世界，也能輕易預測未來。這些危機有一個很具體的原因，而且這個原因能在房地產市場、更精確地說應該是土地市場找到。證據：這群學者在幾年前，就預測到二〇〇八年的事件。

寫信給女王的那些專家都錯了。問題不是出在想像力失靈。金融危機其實是已經存在數百年，深植於我們經濟體的固定模式的一部分。我先前思考過的十八年間隔，**確實**很重要，因為十八年就是一個完整的景氣循環。了解自己處於景氣循環的哪個階段，就知道接下來會如何。

這些學者發現了我們經濟的節奏，也細細說明。大多數人只覺得經濟很複雜，而他們卻能揭露經濟的隱藏秩序。我現在看到了這種隱藏秩序，我知道我看事情的角度再也不會一樣了。我現在知道，看似混亂的世界，其實是可以控制的。後來的幾年，我繼續研究。僅僅是理解事件的起因，並不能讓我滿足。我希望能有預測的能力，還要告訴大家，遇到這些事件該如何因應。我開始撰寫簡報，將我的預測公開，方便大家自行參考。我繼續從各類資訊挖掘投資構想，找出實用的方法，將我們對於景氣循環的理解，運用在真實生活的財務決策，不只要知道該怎麼做，還要知道什麼時候行動。簡言之，我的目標是寫一本未來投資指南。

這本書就是我要寫的指南，我也算實踐了多年前對自己的承諾。

無論是剛展開職業生涯的員工、創設一家企業的企業家、要建立投資組合的投資人，還是依靠畢生積蓄生活的退休人士，人人都會受到景氣循環影響。這本書要告訴你的道理，你若是不肯聽，那每次的景氣循環必然會出現的危機，就會讓你損失慘重。掌握了這本書傳達的知識，就能利用景氣循環獲利。你將有能力把握未來的繁榮期，賺進財富。等到下一場危機襲來，你也能做好挺過風暴的準備。因為**絕對**會有下一次。

女王造訪倫敦政經學院的幾年之後，我訪問已經成為歐洲議會議員的加里卡諾教授。他認為，二〇〇八年的金融危機之所以發生，關鍵在於誘因，而這些誘因並沒有改變。我請教他，世人是否如英國國家學術院所願，從金融風暴歸納出教訓？

他的回答相當明確：「沒有，大家沒學到教訓。」

本書架構

這本書要帶你穿越歷時十八年的景氣循環，踏上過去、現在與未來的時光之旅。在接下來的內容，「十八年」循環、「經濟」循環、「不動產」循環、「房地產」循環這些名詞是互換使用，意思相同。

我們從新循環的開始說起。新循環開始之初，經濟不振，人們恐懼，一切停滯不前。我們走過擴張期，承受不時出現的衝擊，甚至輕微的衰退。接著進入經濟繁榮期，在循環即將邁入最高峰之際，是一波波的瘋狂投機與狂熱。最後來到大約十八年的尾聲，見證輪番上演的重量級災難與蕭條。

每一個景氣循環，都有四大幕：

第一幕：復甦。在前一個循環的灰燼之中，新的循環誕生。經濟復甦，而且在接下來的六至七年，隨著信心回升，經濟會再度擴張。

第二幕：循環中期。經濟會輕微衰退。恐懼回升，但這種衰退持續時間相對較短，也不會出現危機。

第三幕：繁榮期。接下來的六至七年，經濟全面繁榮，成長率更高，信用充足，股市與房地產市場大漲。最後是為期兩年的全面超額成長，隨後整個循環在持續了十四年之後，登上最高峰。

第四幕：危機期。循環的尾聲是崩跌與蕭條。委靡不振的經濟需要拯救。清理殘局需要四年的時間。十八年的景氣循環就此結束，新的循環開始。

這四幕就是這本書的架構。

接下來你會走過十八年景氣循環的完整四幕。每一幕涵蓋景氣循環的一個或更多的階段。每一章討論一個階段，包括這個階段會出現的現象，並以歷史事件為例，再加上分析。所以你無論何時閱讀這本書，都能判斷你的時代現在上演的是哪一個階段。

但這本書並不只是帶你走過景氣循環的每個階段而已。每一幕的各章，都會說明整個循環的脈絡，包括循環的起因、為何我們察覺不到、為何能持續、決定繁榮與衰退幅度的因素是什麼，以及在整個景氣循環期間，專業顧問（非故意）與騙子（故意）又是如何、為何害我們做出錯誤的投資決策。

書中按照景氣循環的順序排列，闡述每個階段的各章，能讓你徹底了解經濟的隱藏秩序。了解隱藏秩序，就能明白現在發生了什麼事，又為何會發生，也會知道我們處在循環的哪個階段，接下來又會如何。

這本書的架構的最後部分，是實用的建議。無論是買進並承擔風險，還是賣出並保持安全，你都會學到如何因應景氣循環，何時又該採取行動。每一章最後提供的建議，其實就像一本書中之書，叫做《致富祕訣手冊》，體現這本書的核心宗旨：幫助大家在正確的時機，做出更好的理財決策，同時帶給大家、即使是身經百戰的專業投資人，也只能夢想的投資優勢。

這就是你的致富祕訣優勢。

在展開景氣循環的旅程之前，為了做好準備，我們先概略討論完整的十八年景氣循環。接下來的序言，要帶領你短暫造訪也許是史上最知名的景氣循環。這個景氣循環大約從一九一一年開始，走過一場世界大戰、一場疫情，以及咆哮的二〇年代，以一九二九年的華爾街股災告終。這場股災也預示著後來的經濟大蕭條。序言也會說明，十八年景氣循環的由來，還會告訴你如何應對景氣循環的各階段。

序言

景氣循環的古老故事

……過去發生過的事情，未來必然會發生，此乃人性使然。任何人想研究過往事件的真相，都會認為我的作品極具參考價值，因為在任何時候都能派上用場……

——修昔底德，《伯羅奔尼撒戰爭史》

這是經濟史上最著名的時代：咆哮的一九二〇年代。這是光的時代，因為全球邁入電氣化。這也是旅行的年代，家家戶戶乘坐平價汽車，即可迅速前往各地，飛機也能橫越大西洋。這也是平等的時代，女性有了投票權，也得以從事白領工作。這也是文化的時代，大家在地下酒吧跳著查爾斯頓舞，聽著無線廣播傳來的爵士樂。這也是高聳入雲的摩天大樓的時代。這也是全面經濟繁榮與奢華生活的時代。

但這個時代的前半，說是一場災難都算客氣了。

第一幕：復甦

開始

一如往常，新的景氣循環總是從災難而生，這場災難是一九〇七年的大恐慌。這種災難已經成為美國經濟的常態，自美國大約一百二十年前建國以來，每隔二十年左右就必然要上演一次。但這次危機的影響範圍遠遠超出美國。一九〇七年，德國、日本、義大利、智利與埃及接連有多家銀行倒閉[1]。

美國並沒有央行為整個體系撐腰。眼看銀行即將一家家倒閉，政府央求全球首屈一指的企業家，也就是偉大的約翰．皮爾龐特．摩根，出手勸說金融業大老提供資金給遭遇擠兌的貸款公司，亦即安排紓困的意思。他倒是做到了，只是一度必須將幾位銀行家鎖在房間裡，直到達成協議為止。他也向朋友強調，必須透露樂觀的消息給媒體，也要鼓勵宗教領袖在佈道時傳達正面樂觀的訊息，才能平息恐慌[2]。美國政府也付出了沉重代價，換取他慷慨相助：允許他壟斷美國鋼鐵業。

在此同時，許多人紛紛七嘴八舌分析危機的起因：是政府的錯，是銀行家不正派，是女人花錢不知節制[3]。沒人費心研究真正的原因：房地產市場下修，土地買賣衰退。

與近代幾次危機相比，例如一八九三年經濟大蕭條，這次的危機維持不算久。信心與企業信用很快恢復。一九〇九年是不動產市場的低谷。股市倒是先行復甦：股市在一九〇八年表現極佳，上漲百分之四十七[4]。

在先前的危機期間，銀行之間不再互相借錢，市場瀰漫恐慌情緒。而後美國政府成立了委員會，研究造成恐慌的原因。銀行系統凍結資金的現象，也發生在先前的幾次危機，例如一八一九年、一八三七年、一八五七年、一八七三年，以及一八九三年。因此需要新的管理機構，也就是要有一個國家的央行，在壓力時期提供流動性（政府總不能永遠依靠日漸老邁的摩根）。於是在一九一三年，美國聯邦準備系統正式成立，當時的目的，是永遠消滅會定期衝擊經濟的景氣循環。

除了金融業之外，整個經濟體也在展望未來。當時有個值得期待的新發明：一種大量生產的新科技，能徹底改變社會。

一九〇八年，亨利・福特推出 Model T 汽車。這是世上第一款平價汽車。福特得意地宣稱，是「為了大眾打造……大到能容納全家人，但也小到適合一個人駕駛、照料……價格會低廉到任何人只要有一份像樣的薪水，都能買得起。」他的公司將這款汽車的製程，設計成能快速生產的流程。不到十年，福特就親自看著第一千五百萬台 Model T，從密西根工廠的生產線出產。

擴張

一九一一年，也就是恐慌發生大約四年後，經濟有所好轉。經濟較為活絡的一個跡象，是新的建設再度開始，起初還算有限，後來在一九一三、一九一四年大幅增加[5]。當時沒人知道，但其實至少還要再過十四年，營建業才會再度大幅衰退。

在這個時代，歐洲幾個大帝國的聲勢也達到顛峰。這幾個帝國之間雖然貿易往來密切，但多年來對立不斷升高，再加上一些地緣政治的操作（包括競相爭搶石油供給），尤其是德國與英國這兩個帝國之間，終於在一九一四年八月爆發世界大戰。世界各國的股市紛紛停止交易，以避免恐慌性拋售，一連幾個月都沒有恢復交易。

高峰

沒有參與戰鬥的工業強國，尤其是美國（不過後來還是在一九一七年參戰）以及日本，開始提供交戰國武器與食物。兩國的經濟因而繁榮，農地價格也因此飆漲。英國與法國賣出其所持有的黃金，以換取供給，受益的是美國的金融體系。

第二幕：循環中期

衰退

這場「以戰止所有之戰」的戰爭，於一九一八年十一月正式結束。這場戰爭是一場天大的災難，共有兩千萬人喪生。更多悲劇還會接踵而至。戰場的戰壕培養了一種致命流感病毒，軍人感染後又散播到各自的家，掀起了全球疫情。對於被戰爭摧毀的世代而言，和平的第一個後果，就是又有不計其數的人死於流感疫情。

商品價格在第一次世界大戰後崩跌，因為先前囤積的補給品被倒回市場，戰爭物資的需求也消失。全世界於一九一九至一九二〇年，也就是循環開始期大約七至八年後，陷入嚴重衰退。世界各地受創甚深。在全球各大經濟體，一整個符合工作年齡的世代被徹底消滅。德國輸掉第一次世界大戰，也因此付出慘痛的代價：失去海外的疆域，為了賠款給戰勝國，財務壓力幾乎壓垮全國。

世界怎麼可能脫離這種困境，怎麼可能有復甦的一天？

第三幕：繁榮

土地榮景

還真的會復甦，因為這個階段只是整個循環的中期而已。復甦的速度是出奇地快，尤其考慮到戰後那些嚴重的紛擾。此時利率下降，又有減稅[6]。隨著稅負降低、貸款成本下降，銀行體系也安然度過衰退期（所以可以繼續借出資金），經濟僅僅用了六十天就復甦[7]。咆哮的二〇年代就此開始。

就業機會很充足。五百萬返鄉的軍人需要有房住，因此點燃了建築熱潮。此時許多人擁有汽車，新建的公路系統，也延續了這股建築熱潮。公路完工之後，靠近城市邊緣的小鎮接連出現，也就是第一批郊區。農業低迷不振，商品價格又偏低，於是許多人為了找工作，從鄉村移居都市。類似的變化也出現在歐洲，尤其是法國。德國為了支付戰勝的協約國要求的賠款，必須印鈔票以購買外國貨幣，就此引發惡性通貨膨脹。但這個問題解決之後，德國經濟也開始繁榮。日本包括東京、大阪、長崎在內的工業城市，也迅速成長。

新科技接連問世，包括電力、電話、無線電以及汽車，也造就了新的產業與服務部門。住宅有了電燈，各種新的文化活動就此興起，例如晚餐後玩桌遊。道路將遊客帶往與世隔絕的地方，前往名勝一遊。遊客一路上還能在路邊的汽車旅館稍作停留。煉油廠紛紛湧現，正如公路與馬路上的加油站。「科學」管理方法（由亨利・福特首創）徹底改變了生產，帶動了生產力與就業機會增加。失業率從一九二二年的百分之十一，降至一九二〇年代末的僅僅百分之三・五。美國經濟咆哮著，年成長率超過百分之五[8]。無線電廣播改變了文化。史上頭一次出現了全國人民共同參與的休閒活動。大家聽著相同的音樂，跳著相同風格的舞，受到全國連鎖店與廣告影響，也穿著同樣的衣服。女性剛剛獲得選舉權。洗衣機與避孕藥的發明，代表女性得以擺脫打理家務的傳統角色。女性首次得以從事白領工作。當時流行的雌雄同體風格，例如飛來波女郎衣著（在法國稱為garçonne，意思是像男生的女子）以及短髮，也反映這種解放。美國的新建築工法，造就了新形態的建築：摩天大樓。建地的使用更為密集，因此土地只要能蓋高樓，價格就會飆漲。這種現象不只出現在美國。法國與德國的經濟在一九二〇年代強勁成長，兩個國家的城市，也有裝飾藝術風格的高雅建築點綴。

一九二〇年代的變化如此巨大，感覺簡直就像個新時代，與戰前的舊世界截然不同。美國前總統柯立芝於一九二五年發表就職演說，談到當時的氛圍表示：「我們似乎逐漸進入全國邁向繁榮的時代。」

最明顯的繁榮跡象，莫過於在大城市，以及大城市周邊的土地榮景。汽車與火車帶領大家前往新土地，進而開闢了新城鎮，甚至創造了全新生活的美夢：生活在四季陽光普照的佛羅里達州，或是住在倫敦西北方郊區諸郡（白金漢郡、赫特福德郡、米德爾塞克斯郡）城鎮，享受郊區的田園風光，而且一趟短短的火車車程，就能抵達倫敦。一九二〇年代各大經濟體的大型建築計畫，皆是依循這個思路。

政府投資基礎建設，也助長了經濟繁榮，包括道路、鐵路、灌溉與排水（佛羅里達州）、電報與電話線路，以及電力。在低利率與租稅獎勵的推動之下，土地榮景於一九二四年如火如荼展開[9]。眼看土地價格飆漲，建商開發建案是依據未來需求，而不是實際需求。大家都湧入新區域參與熱潮，而他們離開的地方，則面臨勞力短缺。

美國的銀行體系大幅擴張，以提供貸款給建商，同時也提供貸款給想申請貸款，購買不動產的家庭。包括電話、口述錄音機、計算機在內的許多新科技，加快了作業的效率，也助長了銀行體系的擴張。在這十年間，房貸餘額增加了幾乎三倍。私人債務在一九二〇年代，增加了四百億美元，這個數字幾乎是美國GDP的一半。法國與德國的私人債務一直到一九二八年，也是一路迅速增加[10]。

經濟繁榮的時候，許多人樂於在股市投機。當時有不少出身平凡的人發家致富的故事。在這十年間，家庭持有的股票增加了十倍[11]，包括許多女性將自己的部分財富投入股市進行投機。許多女性賺取自己的收入，連傳統的家庭主婦，掌管的也不只是家用的預算，還包括家裡的股票。某些公司高達百分之四十的股票，是由女性持有。不過當時的人投資股市的興致很濃厚，一位英格蘭記者造訪美國朋友，發現這位朋友家中樓下有一台自動收報機，隨時反映最新股價，全家人就能掌握市場動態。

狂熱期

美國聯準會為了配合英國重新啟用金本位制，於一九二五年再度調降利率。利率在幾年的擴張期之後再度調降，點燃了投機狂熱期。美國股市在一九二六至一九二九年間，上漲超過百分之二百。吸收投資人資金的工具，是投資信託。投資人藉由投資信託，可以同時持有幾家公司的股票，更棒的是只要投入百分之十的資金，其餘的資金可以用借的。信託本身也能借錢買進其所投資的公司股票，也就是運用投資人的資金二次。在一九二〇年代的牛市，很多人藉此大肆獲利，至少在帳面上是如此。可想而知，許多類型的股票，從雞蛋水餃投機股到大型鐵路股，都成了一夕致富的投資機會[12]。證券交易所最熱門的股票，是電力公司股票。到了一九二九年，電力公司股票占整個市場的五分之一。電力公司要拉高槓桿也很容易。到了這個十年的尾聲，銀行家等於是不理會所有法令規章，追著要借錢給電力公司。

但狂熱期最明顯的跡象，還是出現在土地市場[13]。建築物的數量遠遠超過需求。建築支出大增，建築業占美國經濟百分之二十。許多建築物完全是為了投資而興建，包括位於市中心的公寓，以及一九二六年之後的辦公大樓。曼哈頓新增了二百八十萬平方公尺的辦公空間，幾乎是當時量體的二倍，遠遠超出經過務實分析所推敲出的需求。當時有租稅優惠，貸款條件又寬鬆，所以這類建案還是可以貸到資金。銀行家對公用事業隨意放款，對不動產公司也是如此。即使有些銀行較為謹慎，也會有其他非銀行放款機構願意放款。這些放款機構當中，有些並不遵守商業銀行必須遵守的一般規則（例如儲蓄與貸款協會，或是房地產債券經紀商）。許多房地產開發商自己經營銀行，不愁貸不到款。

最高峰

赫伯特．胡佛在接受共和黨提名，參選一九二八年美國總統大選時說道：「在世界史上，我們現在的美國，是處在有史以來最接近徹底戰勝貧窮的時刻。」他後來贏得總統大選。經濟繁榮的好時光，似乎會永遠停留。

一九二六年，也就是景氣循環開始期的十四年後，是營造業最高峰的一年，至少是住宅營造的最高峰。但經濟依然強盛，正是如日中天，因此商業與零售不動產仍在繼續興建。然而只要仔細觀察幾個事件，就會覺得不容樂觀。

一九二六年一月，一艘船隻在邁阿密的一處海港翻覆，船上載運的木材遺失，導致建造工程延宕數週。同年的夏天，暴風雨季的一場颶風，導致海水深入內陸近五十公里。全國大為震驚，某些投資也因此放慢腳步。佛羅里達州與日本的土地榮景，於一九二七年停擺，法國與德國亦然[14]。住宅土地市場一反繁榮期那幾年的熱潮，如今進入停滯階段。快速成長的時代已經結束，雖然銀行還在放款，而且「擁有不動產的人，還在做著土地價值會大漲的美夢[15]。」相較之下，商業不動產未受影響，成長依然強勁。

對大多數的人來說，繁榮的好時光似乎還在持續。股市在一九二七、一九二八年表現極佳。榮景似乎看不到盡頭，但也有跡象顯示市場已經過熱。過量興建的問題太嚴重，而且在這十年的最後幾年，成千上萬棟建築物空置著，無人購買也無人租用。

美國聯準會如今面臨兩難：是該調升利率，讓榮景冷卻，還是應該任由榮景繼續。一九二八年，聯準會不得不採取行動。到了隔年，海崔的商業大帝國土崩瓦解，市場趨於緊縮，迫使倫敦調升利率。英國投資人見狀，紛紛賣出美國市場的投資部位以變現。投資資金的流動變慢。有些投資人憂心忡忡：未來的成長可能不如先前預期的強勁，也許貸款金額要高出許多。市場開始不理會好消息，緊盯著壞消息[16]。

一九二九年八月傳出消息，世界最高的摩天大樓，即將在第五大道興建，名為帝國大廈。曼哈頓的天際線已經有幾棟摩天大樓，如今又添一棟。興建摩天大樓的熱潮，也改變了美國其他城市的面貌，例如聖地牙哥、芝加哥，以及明尼亞波里斯。

第四幕：危機

崩跌

到了這時，災難已經拉開序幕。十月二十四日，道瓊工業平均指數一日下跌百分之九。四天後又下跌百分之十七。銀行合作救市也不見效。

但那是股市。就整體經濟而言，問題似乎都已經解決。美國政府要求企業不要降薪，才能維持高需求，也才能提出建設計畫。有些大公司宣布要調高股利。聯準會將短期利率（貼現率）降至百分之四．五，也視需要提供資金。銀行紛紛出手幫助消費金融公司。股市一時之間有所反應，漲回一半的跌幅。耶魯大學教授爾文．費雪表示：「股價已經進入了長期的高峰……我認為股市在未來還會大漲。」

起初感覺問題已經控制住。但是銀行已經負荷過重。農產品價格在一九二〇年代始終沒有恢復，許多農民在戰後繁榮期借錢，如今債台高築，難以償還貸款。一九二〇年代出現多起農場貸款違約，但市區不動產市場熱絡，還能抵銷這些損失。如今市區不動產也在下修，壞帳增加，更多銀行倒閉。

歷經短暫平靜的一九三〇年前半年，一連串的問題接踵而至。先有卡德威爾銀行帝國崩塌，後有美國銀行（雖然名稱很國營，但其實是私營）倒閉。兩者破產倒閉都與持有不動產部位有關[17]。

恐慌就此展開。

第二波倒閉潮於一九三一年四月於美國中西部展開，受芝加哥與俄亥俄州的榮景影響最深的本地銀行接連倒閉。第三波發生在一九三二年六月。這一次芝加哥有家大型銀行倒閉，不久之後底特律也有幾家銀行倒閉。在一九三三年二月的第四波，也是最嚴重的一波，密西根州政府關閉該州所有銀行，掀起大規模銀行危機，也導致各地銀行爆發擠兌。

這些倒閉的銀行的共同點，是在經濟繁榮期間承作了大量房地產貸款。共有四千八百家銀行倒閉，誰也不知道損失究竟有多嚴重。一九三一年，奧地利的 Credit-Anstalt 倒閉，更是加重了美國的恐

圖一：1925 至 1933 年道瓊工業平均指數

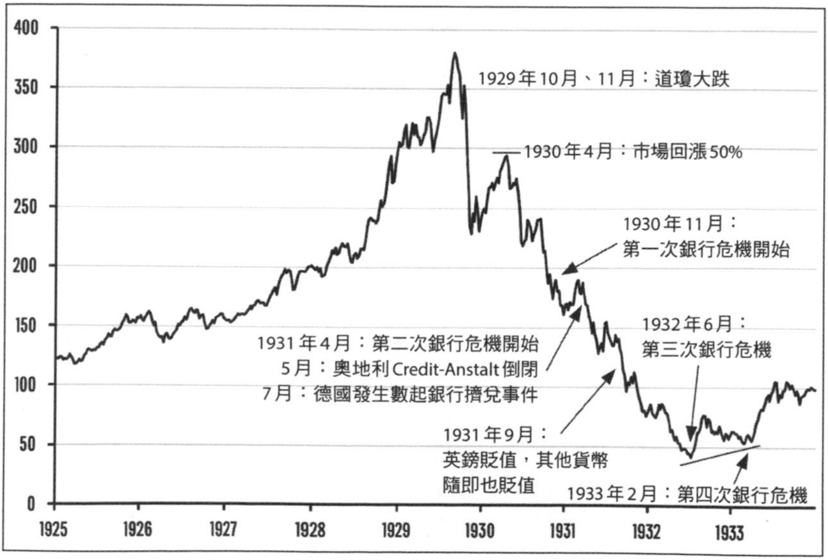

資料來源：Optuma（作者自行添加註釋）

慌情緒，因為這代表問題已經在歐洲各地蔓延。

這個時期的股市屬於熊市。大型企業集團一一倒閉，成千上萬的小額投資人陪葬。銀行不再放款，企業倒閉數量因此節節攀升。雪上加霜的是，經濟繁榮期那些年的詐騙案曝光。其中最知名的是「火柴大王」伊瓦爾・克羅格。他以多項火柴專利打造企業帝國，後來又創造了史上最大的龐氏騙局。

救援

整整四年，市場與經濟都沒能恢復。當局出手控制，想阻止問題擴散，卻沒有成功。直到羅斯福總統於一九三三年宣布要終結恐懼，並命令全國銀行立刻放假，且沒有明訂假期結束的日期。那年春季雖說經濟慘澹，但人民了解政府有行動的決心，會竭盡所能解決問題。

從三月開始，政府重新核發銀行執照，四分之三的銀行再度開始營業，運用的是銀行關閉期間所凍結的存款。政府也設置了新規範，包括存款保險制度，也以具體措施，維持市區與鄉村的土地價值。為了刺激需求，避免受到經濟下修的最嚴重後果影響，羅斯福總統推出他的代表作「新政」[18]。

在後來所謂經濟大蕭條最慘澹的時期，帝國大廈正式啟用，卻找不到租客。剛啟用的那些年，本地人都稱之為「空屋大廈」。那個時代許多其他的代表性建築，包括克萊斯勒大廈、RC

A大樓，以及洛杉磯市政廳，也是整整十年無人租用。

美國經濟縮小了百分之四十，每十名勞工就有四名失業。股市在一九三二年跌至谷底，跌幅高達百分之九十。法國與德國經濟受創慘重。在愁雲慘霧的一九三〇年代初期，絕望的德國勞工，很樂意聽從能解釋為何情況會變得如此不堪的人，例如一位名叫阿道夫·希特勒的奧地利人。

誰也無法預料經濟會如此黯淡，甚至引發更為黯淡的政治。

然而真的無法預料嗎？

一再發生的模式

一九三三年，芝加哥的博士生霍默·霍伊特完成一項重大研究，主題是芝加哥在上個世紀的擴張。他研究芝加哥的發展，卻是透過不同的角度：芝加哥土地價值的變化。這是史上第一次有人詳盡研究一個年輕、有活力的城市的發展。霍伊特發表的博士論文名為《芝加哥土地價值百年史》。

論文題目很嚴肅，不怎麼有趣，內容卻極為嚴謹，令人嘆為觀止。在這一百年來，芝加哥從原本一個在密西根湖岸、只有幾處木屋的村莊，變為四百萬人口的大都市。土地價值飆升，也帶動房地產價格大漲。

但這並不是穩定的成長。雖然以極長期來看，土地價值的起落確實符合城市的發展，但在很多時候，價格卻遠遠高於（或低於）正常值。「在時而出現的狂熱時期，整個城市似乎一心要重建商業中心，要在鄰近的大草原上蓋滿房屋與公寓。而在隨後的蕭條時期，新的成長極為緩慢，幾乎察覺不到[19]。」到最後，緩慢成長時期結束，緊接著又是一場建設熱潮，接下來上演的，就是全面崩潰與經濟蕭條。

每一次景氣循環的開始期，都展開了新的時代，由運河、鐵路之類的一項新科技推動。隨著經濟成長，人們移居城市，政府出資興建新基礎設施，新企業會出現，土地價格也會相當穩定地上漲。但歷經了一陣子的經濟榮景之後，投資變為投機。銀行放款寬鬆，因此雖然住宅與商業建案的供給大於需求，土地價格依然迅速飆漲。到最後，大家發現事態失控，紛紛退出市場。土地市場陷入衰退，貸款購買房地產的人無力還款，只能違約，有些銀行也因為資金蒸發而倒閉。接下來便是大規模恐慌，以及銀行擠兌潮與倒閉潮。經濟大蕭條就此開始。但在蕭條時期，會有救援行動以及債務減免，於是景氣循環又重新開始。

霍伊特是在一九二九年寫的論文，但經濟大蕭條並不是只發生在一九二九年之後的幾年。他仔細研究過的五次土地榮景，也就是一八三七、一八五六、一八八八，以及一九〇七年的營建與不動產的高峰，每一次繁榮過後，即是崩盤與恐慌[20]。他親身體驗過經濟大蕭條的破壞力。他在一九二五年，購買芝加哥西塞羅大道上的一塊土地，買的時候正值市場最高峰。這筆錯誤的投資，讓他損失不少錢，他希望能從中學到教訓。他的研究給了他想要的答案。原來景氣的盛衰循環是固定的[21]。最重要的發現是：不僅每次景氣循環的起因都一樣，連投機熱潮的間隔時間都非常一致。一次景氣循環為時十八年，而且一百多年來幾乎都是準時報到。他要是在一九二五年就懂得這個道理，絕對不會買那塊土地，因為他買進的時間，正好是前一個出現在一九〇七年的最高峰的整整十八年後。

持續進行的十八年景氣循環

霍伊特觀察的芝加哥，也是美國其他地方不動產市場的寫照[22]。他寫論文的時候，這個循環現象，已經在芝加哥持續了超過一百年，但其實早在美國建國之初就已開始。

美國這個新國家的第一次重大恐慌，出現在一七九八年。在那之前的幾年，美國第一銀行的股票、政府債務證券，以及西部土地所有權，都是市場投機炒作的標的。後來從一八〇〇年開始，藉由土地販售計畫進行西向擴張。這項計畫的本意，是鼓勵民眾在西部建立城鎮與家園，逐步形成聚落，但很快演變成東部投機客炒作的途徑。他們在西部買下大塊土地，長期持有，或是（到最後）以天價賣出[23]。霍伊特所記錄的芝加哥每一次房地產投機高峰期，正好也是土地交易大增的時候。從圖二可以看出，從一八〇〇至一九〇八年，土地交易平均每十八年就會登上高峰。而在一九〇八年之後，公有土地大半都已售出。

一八〇〇年以來的每一個景氣循環的高峰與低谷出現的日期如表一。

一九三〇年代之後，景氣循環似乎已消失。霍伊特自己也不確定景氣循環是否會持續。他說得有道理。一九三〇年是土地價格的低點，照理說景氣循環的高峰，應該出現在一九四四年左右，卻並沒有出現。霍伊特想知道，這個模式是否只會出現在新城市，等到新城市發展成熟，模式是否就會消失。從一九三〇年代末到一九四〇年代初，全世界的重心都放在第二次世界大戰，各經濟體全心投入戰鬥。

圖二：1800 至 1923 年美國公有土地售出情形

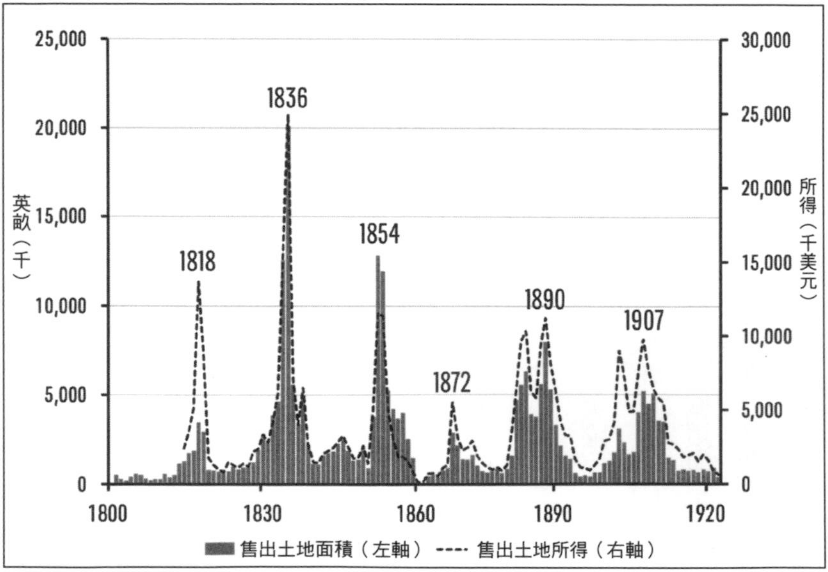

資料來源：數據來自 Smith and Cole、McCartney、Hibbard

一個截然不同的世界，從毀天滅地的戰爭中走出。

所以景氣循環被消滅了嗎？

英格蘭經濟學家弗雷德．哈里森，在一九七〇年代重提霍伊特的論文，並且發揮聰明的偵探頭腦，判斷出新的起點：一九五〇年代中期戰後復原及重建工作完成之後。西方經濟體在一九六〇年代相當繁榮，一九七〇年代初出現投機熱潮。接下來就爆發了危機。

對於這些事件，一般的解釋是一九七三年石油危機的後遺症。哈里森認為並非如此（粗體字為哈里森自行添加）。

> **經濟學家若是以土地價值的循環，作為預測的工具，就能預料到**即使石油輸出國組織（OPEC）從未成立，**英國經濟也會在一九七四年陷入嚴重扭曲**[24]。

哈里森發現，景氣循環並沒有被消滅，還活得好好

表一：1818 至 1930 年美國景氣循環高峰與重大衰退

景氣循環高峰	重大衰退（開始日期）	與上一次景氣循環高峰相距年數
1818	1819	
1836	1837	18
1854	1857	18
1872	1873	18
1890	1893	18
1907	1907	17
1926	1930	19

資料來源：日期資料來自 Anderson、哈里森、霍伊特

的，儘管受到世界大戰的干擾而中斷，仍在持續進行中。

哈里森將研究結果，發表在一九八三年的著作《土地的力量》。他從危機之後的低點開始研究景氣循環，運用霍伊特的論文，預測房地產市場將在一九八〇年代出現榮景，而經濟最終將在一九九〇年之後大幅衰退。他的預測完全正確，料中了整整七年後發生的事。他在一九九七年再度預言成功，預測二〇〇〇年代的繁榮，終將演變成二〇〇八年的危機。

這些並不是運氣好碰巧猜中，而是對於過往模式瞭若指掌，才能準確預測。英國國家學術院說，女王的問題很難回答，而這就是其實不難回答的明證[25]。

二次世界大戰以來的景氣循環高點，如表二所示。

哈里森發現，英國至少從十八世紀末開始，也出現相同的十八年景氣循環，只是節奏與美國不同，直到一九五〇年代才有所改變。到了戰後，兩個國家的景氣循環變為同步。從其他國家的過往歷史，也能看出這種景氣循環模式，只是許多國家畢竟在過去幾百年來受到政治動盪影響，景氣循環並不如英美兩國明確。但從二十世紀中期開始，全球大多

表二：一九五〇至二〇〇八年美國景氣循環高峰與重大衰退

景氣循環高峰	重大衰退（開始日期）	與上一次景氣循環高峰相距年數
1972	1973	-
1989	1991	17
2006	2008	17

資料來源：哈里森

數主要工業化國家，都出現這種節奏。久而久之，許多開發中國家的景氣循環，也依循這種節奏。證據很明確：史上每一次最重大的經濟大蕭條，都是發生在土地市場榮景結束，開始崩盤之後[26]。

你的十八年旅程指南

你現在已經大致了解景氣循環，也知道景氣循環會一再持續。研究歷史上的每一個景氣循環，就會發現十八年景氣循環的內部動態。景氣循環的動態相當明確，就是土地價格上漲十四年，再下跌四年。

景氣循環十四年的上漲期共分為三幕：

一、景氣循環的開始期、擴張期，以及高峰期。共計持續六至七年。

二、景氣循環中期的衰退期，通常為時一至兩年。

三、土地榮景期、狂熱期以及最高峰，為時六至七年，長達十四年的階段就此結束。

景氣循環的下跌期則是出現在第四幕：

四、崩跌期與救援期，平均為時四年，也是完整的十八年景氣循環的尾聲。

圖三是景氣循環圖。這張圖就是你在景氣循環旅程的地圖。

我們已經做好準備，要展開十八年的旅程。

所有旅程不分長短，第一站永遠都是「開始期」。

圖三：十八年景氣循環路線圖

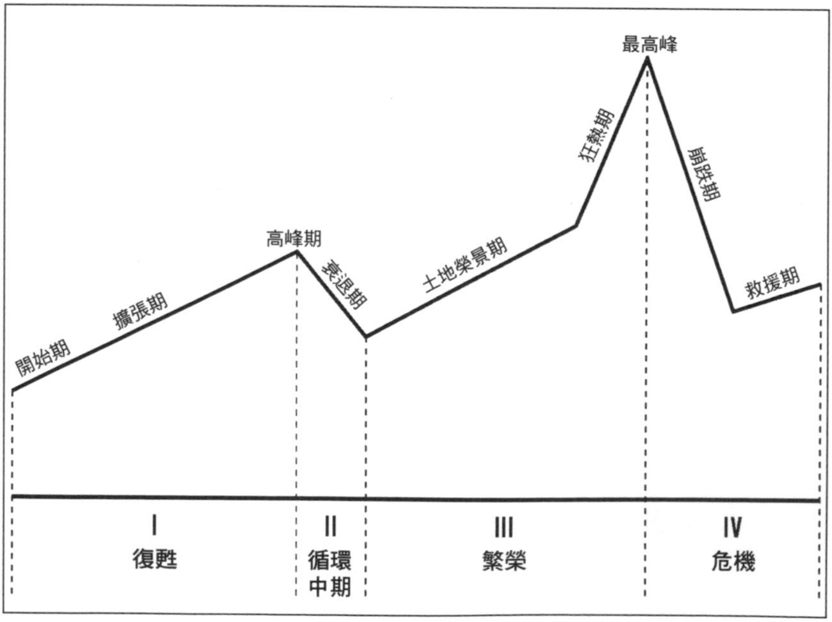

資料來源：本書作者自行繪製

第一幕 復甦

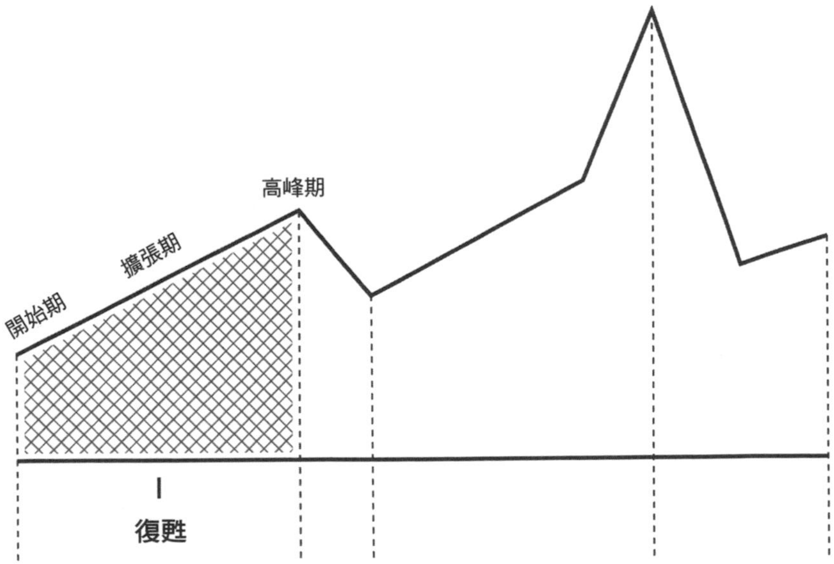

在這一幕，新的景氣循環開始，以擴張為主軸。這一幕平均為時六至七年。

第一章：頗具潛力的新科技拉開了「**開始期**」的序幕，也就是整個景氣循環的開始。在這個階段，股市與不動產市場復甦。這是最佳買進時機。

第二章：從「**輕鬆獲利**」以及「**經濟租定律**」可以看出，房產與土地對於景氣循環而言為何如此重要。房產、土地與經濟學的基本定律有關：進步所帶來的一切收益，皆歸土地所有。你必須好好把握這一點。

第三章：景氣循環的下一個階段是「**擴張期**」。此時不動產市場有所成長，新建房屋數量大增，尤其是在大城市。在這個階段，你應該積極投資。

第四章：「**輕鬆獲利**」與「**新經濟**」研究現代經濟的各種租金，例如授權、自然資源，以及科技。要買進具有數位、自然資源，以及法律優勢的公司。

第五章：「**經濟學的腐敗**」告訴我們，景氣循環明明存在已久，為何大多數人卻不知道，也不了解。控制經濟租的人，將土地的角色從經濟學抹去，以鞏固自身的權力。

第六章：隨著「**高峰期**」來臨，景氣循環前半段的擴張也告一段落。別在這個時候被沖昏頭，現在應該理出頭緒。

第一章 開始期

綜觀全球的過往歷史，每次大蕭條過後，總會有某項新發現，或是某項新發明能振興商業，刺激進步，興起另一場繁榮。

——威廉．江恩，《華爾街四十五年》

新的景氣循環開始……

華盛頓特區沉浸在歡慶的氣氛之中。雖說是嚴寒的一月，林蔭大道的人潮卻仍然連綿不絕，沐浴在燦爛陽光下，欣賞美國史上現場觀眾最多的總統就職典禮的盛景。這是屬於全國的獨一無二的時刻。到了中午，來自伊利諾州，口若懸河的年輕參議員巴拉克．歐巴馬宣誓就職，正式成為美國總統。他是美國史上第一位非裔美籍總統。新時代就此誕生。

總統就職的光明時刻，只能讓人短暫忘卻籠罩全球的濃厚陰影。金融危機仍在肆虐。歐巴馬總統火速以行動振興美國經濟，於二〇〇九年二月簽署《美國復甦與再投資法》。這是美國史上最大的振興經濟法案，規模高達七千八百七十億美元。這些資金將會挹注促進就業計畫，也會大量投資基礎設施、衛生，以及再生能源。這項法案是緊接在中國於前一年十一月宣布的振興計畫之後。中國宣布將斥資四兆人民幣（五千八百六十億美元），這個規模以中國的經濟來看，比美國的投入還大[1]。中國也將投資興建鐵路、道路，以及橋樑，進一步串連其廣大的經濟體。

占全球經濟活動三分之一的二個全球最大的經濟體，同時推出振興經濟方案。金融危機雖然浩大，但也隨著振興方案的推出而宣告終結。而且振興方案也暗示新的發展：以中國為首的新興經濟體，追求原物料、食物與能源似乎永無止境，又有能力運用人民的奮鬥精神，生產優質出口產品，進而帶動新的景氣循環。

同樣在那一年，繼振興方案推出之後，世界最高樓於杜拜啟用。這棟建築物樓高八百二十八公尺，是一項大型市中心發展計畫的門面，目的是炫耀這座城市的經濟實力。然而這座城市六年來的建設榮景，已經毀於金融風暴之手。價值半兆美元的建設計畫只能暫停，市區到處都是未完工的高樓，以及未完成的計畫，包括一項價值一千億美元的計畫，有度假村、四座主題公園，以及一座人工島。這項計畫的金主，是一位名叫唐納·川普的不動產開發商。他說，這項建案會是「極致奢華」。結果始終沒建成。杜拜酋長國本身也耗盡資金，還得由鄰近的阿布達比紓困。為了回報阿布達比相助，世上最高的摩天大樓只能迅速改名，名為哈里發塔，以感念阿布達比酋長哈利法．本．扎耶德．阿勒納哈揚[2]。

二〇〇九年上半年發生了二件事，代表舊循環即將結束，新循環即將開始。第一件是美國以及其他股市，於二〇〇九年三月六日創下新低，標準普爾五〇〇指數更是跌至知名的**六六六**點。此時標準普爾五〇〇指數的跌幅，已經高達百分之五十，歐洲與亞洲各地的股市，跌幅甚至更深。那一年以及隔年的經濟消息越來越糟，包括歐洲國家揚言要債務違約，也許會加速歐元的滅亡，許多金融醜聞也一一曝光，於是第二個信號出現。美國經濟雖然仍在衰退，股市卻又開始回漲。納斯達克領漲各地股市，許多全球最大的科技股，都在納斯達克上市。納斯達克在二〇〇八年末跌至谷底，後來的漲勢也揭露了帶動新的景氣循環的力量：科技，尤其是一款能改變世界的新裝置。

……由新科技帶動

身穿黑色套衫，看起來像苦行者的男人開始說話。大約二小時後，他的談話結束，世界從此不一樣了。他也很清楚這一點：

二年半來，我一直期待這一天……偶爾會出現一個創新產品，改變了一切……今天，我們要介紹三項創新產品……[3]

這是一段大膽的言論。但史提夫．賈伯斯說得對：他的創新發明叫做 iPhone，是觸控式數位音樂播放器、行動電話，以及網路通訊裝置的綜合體。iPhone 雖然是在這次景氣循環開始期的幾年前推出，但等到景氣循環正式開始的時候，也就是大約二〇一二年，已有將近十億人擁有一隻 iPhone（或外型近似 iPhone 的手機）。全世界已開始使用快速的４G無線網路標準，幾乎沒有一個產業不受多功能且力量強大的４G網路影響。

銀行家得救，老百姓遭殃

這項新科技雖說有無限可能，舊景氣循環的結尾，與新景氣循環的開始，卻是依循著熟悉的路線：向銀行紓困，並將紓困銀行的成本強加於全民。

許多國家的政府推出大規模紓困方案，以許多方式支援陷入困境的銀行，包括貸款、資本結構調整、資產購買，以及國家擔保，而且紓困規模是史上最大。聯準會公布的紓困數字是七兆美元。其實真正投入的總金額接近三十兆美元，幾乎是全球經濟產出的一半。英國的紓困計畫將近一兆美元。政治人物當然不想直說紓困規模究竟有多大。歐盟無法整合歐洲的對策，因此是由歐洲各國自行處理[4]。愛爾蘭政府宣布，將承擔腫脹的銀行部門的負債，亦即要花費的金額，是整個經濟體的七倍。其他國家也仿效。但歐盟拿不出整體的對策，導致歐元差點垮台，直到歐洲中央銀行介入，而且如同其他央行，也宣示會窮盡一切手段，拯救整個體系[5]。我們稍後會談到拯救銀行的方法。目標永遠是一樣的：立刻讓銀行得以再度開始放款。

各國政府也推出法令規章，強化銀行體系。美國政府於二〇一〇年通過一套新的銀行法規，加強監管金融業，尤其是金融危機中各界眼中「大到不能倒」的大型銀行。其他國家也跟進。再加上新的國際銀行法令，也要求銀行增加準備金，目的都是確保世界逐漸脫離的金融危機，未來不會再度上演[6]。這些新規則意外造成的後果之一，是限制了銀行流入經濟體的放款，因此無法緩和大多數人感受到的經濟壓力。此外，調降利率也沒能刺激成長。於是各國央行改用新工具刺激資金流動：量化寬鬆。

量化寬鬆與負利率

美國聯準會主席班・柏南克博士，是研究經濟大蕭條的學者。他知道美國政府面臨一九三〇年代初期的危機，卻無所作為，等於任由原本可能只是嚴重衰退的情況，演變成大蕭條，引發一連串社會與政治事件，導致一九三九年世界大戰爆發。他決心要避免歷史重演。

對於銀行不願放款，導致貨幣供給下降的問題，柏南克提出了當時算是新穎的政策，也就是將銀行與其他金融業者在資產負債表上的資產，換成央行的儲備。有人認為這種方法很新奇，但這種方法的基本原理，其實與每一次不動產景氣循環的後續處理相同：打消銀行資產負債表的壞帳，以釋出資金，銀行才能繼續放款。

這項政策對於利率影響甚鉅。短期利率已經處在歷史新低，長期利率也因此被壓低。許多地方甚至是負利率。投資人覺得債券已失吸引力，轉而追求商品、不動產之類的風險較高的資產[7]。這種現象稱為「追求報酬」。

從二〇一〇年開始，世界各大城市不動產價格，多半開始復甦。銀行的壓力也得以減輕。銀行在幕後悄悄擺脫了在二〇〇〇年代的榮景期間，所累積的種種壞帳。華爾街「禿鷹基金」蜂擁而至，以低廉的價格，大買歐洲不動產以及房屋、辦公大樓、旅館、高爾夫球場[8]。美國自己的便宜土地，也吸引了不少海外投資人。政府調降利率，向銀行體系提供流動性的速度很快，因此許多國家的房地產價格，也得以迅速反轉。

人民就沒有那麼幸運。資產價格回升，實質經濟卻沒有起色。接下來發生的事情，更是讓情況大為惡化。紓困的規模相當龐大，傳統的觀點是公共債務一旦達到經濟的一定比例（以國內生產毛額〔GDP〕衡量），政府的借款成本將高到難以負擔的地步，因此不得不刪減公共支出[9]。

然而這種觀點背後的邏輯較為薄弱。

我們很快就會得知，以這種角度看待公共支出為何不正確。二〇一〇年之後，西方國家的政府堅持大舉刪減公共服務。經濟成長因此受到壓抑。受創最深的，是資產較少的勞工階級。勞工階級很有可能已經失業，股票與房地產即使反彈，他們也無法受益。可想而知，經濟不平等的問題大增。但這也是每一個景氣循環都會出現的模式：銀行家得救，老百姓遭殃。

不少人因此怒火中燒。

詐騙、騙子……以及騷亂

在景氣循環的開始期，大家發現原來在前一個繁榮期，發生了大量詐騙，人民心中的怒火，也因此越燒越高。醜聞接二連三爆發，在危機時期總是如此，所以大家更相信華倫．巴菲特那句常有人引用的俏皮話，「潮水退去，才知道誰在裸泳。」那些年暴露的裸泳人士還真多。二〇〇八年底，伯尼．馬多夫所經營的史上最大龐氏騙局曝光，詐騙金額約為五百億美元，已是震驚全球[10]。但除此之外還有許多詐騙案件。信用評等機構對於生產自己評估的產品的公司，照理說應該負有財務上的責任，卻根本沒有能力正確評估這些公司的風險。抵押貸款機構急著放款賺取費用，因此刻意誇大了貸款人的所得與資產，忽視他們的負債。銀行之間互相借款，從來不會誠實申報利率。這項利率就是倫敦銀行同業拆放利率（LIBOR），相當重要，因為是價值大約三百五十兆美元的衍生性合約、抵押貸款，以及美國學生貸款的定價標準。原來在過去二十年間，銀行在主管機關疏於監督的情況下，一直在操縱這項利率，以美化自身的信用，或是從與這項利率相關的交易獲利。先前就有人懷疑銀行操弄利率，後來還是因為金融危機所引發的騷亂，這樁醜聞才終於在二〇一二年曝光。大眾的信任似乎一再被辜負，類似的事件好像永遠不會終止。

抵押貸款詐騙的規模曝光後，全球各地的銀行，支付了三千兩百一十億美元的主管機關罰款[11]。但極少銀行家因為犯罪行為入獄。眼看銀行家犯錯卻不必受罰，人民大為不滿。

經濟大蕭條也是人民絕望的時候，因為處於社會邊緣的人民缺乏安全感。愛爾蘭青年失業率高達百分之三十，卻還是低於幾乎有半數年輕人失業的西班牙與希臘。政府支援銀行以及資產持有者的作為，並未嘉惠生計受到影響的人，人民會怒火中燒也是情有可原。這股怒氣也在許多城市的街頭上演。高昂的商品價格，在二〇一一年引發了阿拉伯之春，也就是中東地區接連發生的反政府抗議行動。在北倫敦，馬克・達根於二〇一一年八月四日遭警方槍殺，在倫敦引起騷亂，後來又擴散到英國其他城市。紐約發生一項名為「占領華爾街」的社會運動，抗議經濟不平等（高舉**我們是百分之九十九**的抗議橫幅）。三百萬西班牙人民走上街頭。二〇一一年六月於雅典上演的抗議行動，也演變成暴力衝突[12]。

市場指路

但各國市場，尤其是美國市場，不太在意這項消息。在歐洲，與歐元相關的問題，引發了二〇一一年七月至九月的市場拋售潮，不過市場後來反彈。二〇一三年三月十五日，道瓊工業平均指數回升至歷史新高，上一次的高峰是二〇〇七年十月十一日，也就是五年又五個月前。

黃金價格也在同一個月大跌，顯然金融體系並沒有崩潰的危機。全球最知名的避險基金經理人約翰・寶森，曾因料中房地產大跌而賺進數十億美元而聲名大噪。諷刺的是，這次他卻因為沒預料到房地產價格回升，而在兩天之內損失將近十億美元[13]。這些就是不知道十八年景氣循環存在的投資人，會面臨的磨難。市場忠實反映出當時的情況。金融體系依然完好，新的景氣循環已然開始。以復甦的速度研判，市場的種種跡象，都顯示這次的復甦力道會很強勁。

開始期解析

一、景氣循環默默開始

從上一次崩跌期的深淵，亦即上一個最高峰大約四年之後，新的景氣循環開始。但很少人能看出景氣循環已開始。關於金融泡沫、狂熱，以及恐慌的報導，全都是些精采故事：賺得與失去的財富、騙子與詐欺犯、展露在外的奢華、非理性的繁榮，以及動物本能的釋放[14]。這些故事說的是景氣循環的最後幾個階段。很少會有故事談到景氣循環的開始期，因為開始期較為平淡，沒那麼多采多姿。因此很少有線索告訴我們，開始期究竟是何時開始，又是如何開始。

至少在過去一百年來，是美國經濟引領全世界走進又走出每一次的房地產循環，分別在一九〇七年、一九三三年（這個循環被一九三九年爆發的二次世界大戰打斷）、一九五〇年代末戰後重建完成之後、一九七四年、一九九二年，以及二〇一一年開始新的循環。從舊循環到新循環的變遷是一個過程，下列提到的幾項因素，有些可能會發生在開始期之前（尤其是股市低點）。但等到土地價格出現低點，那就可以確定開始期確實已到來。這通常發生在上一個景氣循環最高峰大約四年後[15]。

二、銀行的問題緩解，新法令推出

景氣循環要能順利開始，銀行體系的問題就必須解決，銀行才能再度放款。壞帳必須打消。這些事情拖得越久，上一個循環的危機就延長得越久（歐元區國家在二〇〇八年之後，就意識到了這個問題，日本在一九九〇年景氣循環的最高峰過後，也發現這個問題）。政府推出新的銀行法令，以防範危機再度發生，至少政府當時認為能做到[16]。但新法令卻導致企業更難拿到貸款，反而推遲了景氣復甦。我們在後面會發現，景氣循環在最高峰的時候，這些法令並不能防範危機。從未有人發現，銀行貸出的資金都跑到土地市場，所以也始終沒人發現，土地市場才是景氣盛衰的原因。

三、政府的刺激措施讓經濟回溫

各國政府除了制訂新法令之外，通常也會推出大型刺激經濟方案，讓經濟再度活絡。這些方案包括尋常的措施，例如調降利率以刺激貸款需求，以及減稅。政府自己也會增加支出，尤其是增加大型計畫的支出，以振興經濟活動。

這些措施最終導致資金流入土地，推升土地價格（下一章會詳細說明箇中原因）。有些國家以撙節措施因應危機，卻導致國內經濟陷入停滯，歐洲各經濟體在二〇〇八年後，就發現這個道理。至於哪些私營部門復甦情況最好，則視政府推出的刺激方案而定[17]。

四、新科技帶動了景氣循環的開始期

仔細觀察，就會發現活動有所變化。歐巴馬在就職演說就曾預言。他（呼應本章一開始引用的威廉・江恩說過的話）說道：

我們的經濟現狀，需要大膽且迅速的行動。我們也將行動，不只要創造新的工作機會，也要為日後的成長奠定新基礎。我們要建設道路與橋樑，架設供電系統與數位網路，以壯大我們的貿易，串連每一個人。我們要讓科學恢復其應有的地位，也要發揮科技的神奇力量，提升醫療品質，降低醫療費用。我們將運用太陽能、風能，以及肥料，發展汽車燃料，以及工廠的能源。我們要將學校與大學，改造成符合新時代的需求。

每一次新的景氣循環，都是從會徹底改造經濟的新科技、新投資開始。最近的幾次景氣循環，就包括下列的例子：

- 智慧型手機與4G（二〇〇七年開始）
- 全球資訊網與網景（一九九三年）
- 個人電腦（一九七七年）
- 州際／高速公路以及郊區化／航空（一九五〇年代末）
- Model T（一九〇八年）
- 電力（一八八一年）
- 鐵路（一八三〇年代）

五、新的領導者掌權

新一代的政界與商界領導者帶著改變的承諾，登上世界的舞台，例如柯林頓／布萊爾的「第三條路線」（一九九三年／一九九七年）、柴契爾／雷根的「新貨幣主義」（一九七九年／一九八一年）、羅斯福的新政（一九三三年）[18]。這些領導者當然是真誠許下承諾，而且或多或少也是為了因應上一個經濟典範失敗所引發的災難，所做出的正常反應。但這些新領導者當中，沒有一位展現出自己知道十八年景氣循環的存在。他們執行自己的構想，也只是維持體系的現狀而已。

六、收益曲線變陡

調降利率之後，收益曲線明顯變陡。收益曲線變陡，就代表新的景氣循環的開始期已經不遠。銀行也能取得便宜的短期資金，進而完成資本重整。收益曲線很陡，就代表經濟已經逐漸脫離過往的問題，也代表（至少）在接下來的二年，經濟必然會擴張。

七、股市先落底

精明的投資人，應該會發覺股市低點即將來臨。股市是折扣機制，反映的不只是現下的消息，也包括未來的消息。股市的低點，始終是上一個景氣循環到了尾聲的第一個跡象。那要如何判斷低點？正如我們在二〇一〇年所見，是壞消息導致股市創下新低點的時候（見圖四）。這種現象也出現在先前的景氣循環低點，亦即一九〇八年、一九三三年、一九七五年（與一九七八年），以及一九九一年。

八、租金開始上漲，住宅不動產復甦

另一個跡象則是出現在土地市場。慘澹的經濟不斷緊縮，受到高失業率衝擊，房地產價格低迷，城市的景觀被倒閉的企業、空蕩蕩的大街、蓋了一半的建築物破壞，然而矛盾的是，租金卻開始上漲。上述的振興經濟措施，以及新的發展開始奏效。新企業開張，再加上找工作的人潮移動（通常是移入市區，或跨越國界到更大的國家），因此形成了租用空間的新需求[19]。

圖四：2007 至 2012 年道瓊工業平均指數

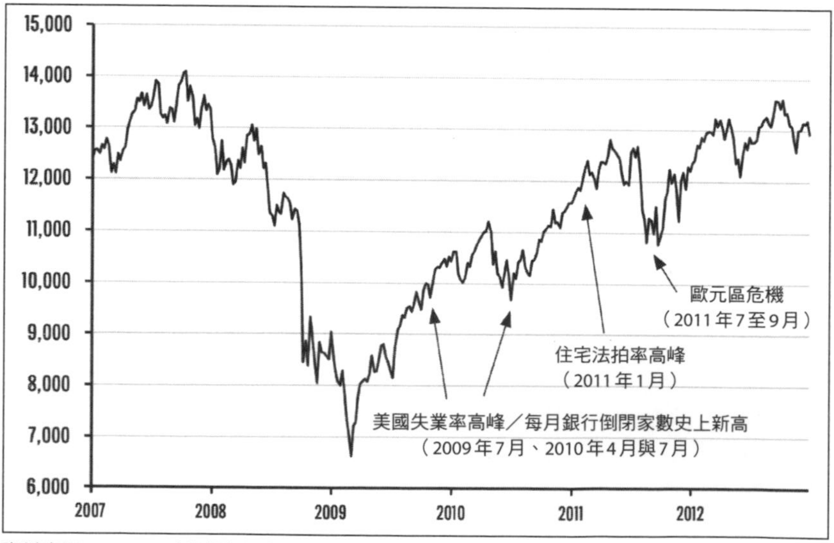

資料來源：Optuma（註解為作者自行添加）

住宅不動產比商用不動產更早復甦。某些地方因為人口移入，導致住宅短缺，住宅的價格與租金也會因此上漲。商用不動產與經濟成長較為有關，需要更久才能復甦。經濟衰退也導致商用不動產供給過剩，需要時間才能消化完畢[20]。

不動產市場在這個階段已經穩定下來，某些地方的不動產市場也已逐漸復甦。上一個景氣循環已經結束，已經走入歷史。新的景氣循環已經開始。土地價格會從低點開始連漲十四年。即使途中偶爾會暫停上漲，在十四年結束之前都不會大跌。你的財務狀況的好壞，都建立在這一點之上。了解這一點，也明白這一點有多重要，你的財富就會增長。

土地為何對我們的經濟體如此之重要？為何土地價格回升，就代表新的景氣循環的開始期已然到來？土地價格在每一個地方都如此重要嗎？我們繼續前往十八年旅程的下一站之前，必須找到這些重要問題的答案，亦即下一章的主題。

致富祕訣手冊，第一部分

最佳買進時刻

階段：開始期

約略時機：第一年與第二年

市場氣氛：否定

管理情緒

市場主流的情緒是否定。壞消息接踵而至，沒完沒了，很少人相信市況會翻轉。投資人受到這種恐懼影響，在每一個景氣循環都不敢行動。在這個階段，管理情緒的關鍵，在於不理會雜音，以及牢記這本書傳授給你的道理，就能擁有在景氣循環的這個階段最珍貴的情緒：信心。未來會有很漫長的擴張期，而你必須做好行動的準備[21]。

管理投資

這是最適合買進股票與房地產的階段。低點已經出現，經濟也逐漸進入新的景氣循環。接下來會是為時十四年的經濟擴張期，只有在景氣循環中期的衰退期，擴張才會暫時中斷。現在就是買進的時候[22]。

一、買進強勢的股票，尤其是美國市場以及科技股

股市依循著房地產市場的景氣循環。股市預期企業獲利會回升，因此通常會在景氣循環的開始期之前落底。能盡早察覺到這一點的投資人，絕對會大賺一筆。要讓十八年的景氣循環指引著你。

企業獲利復甦的主要階段，發生在景氣循環的開始期（以及景氣循環中期的衰退期之後）[23]。從景氣循環的開始期到最高峰，股市平均會上漲百分之四百五十。從開始期到循環中期的高峰，股市的平均漲幅是百分之兩百三十三[24]。

a. 股市投資人應該要善加利用市場表現「非常好的一年」。所謂非常好的一年，意思是在十二個月上漲至少百分之三十五。非常好的一年會出現在市場大跌、政府積極振興經濟，向金融體系挹注大量流動性的時候。如此一來受益更多的往往是金融市場，而不是實體經濟[25]。這些正是景氣循環的開始期，會出現的現象。

b. 要買進美國市場，因為引領全球進入又脫離每次景氣循環的，永遠都是美國經濟。但此時可以買進任何通貨再膨脹的經濟體的指數。投資人若是不敢在景氣循環一開始的時候買

進，可以在股市首次出現較高低點時買進。

c. 買進科技股。在每次景氣循環前半段，科技股會引領經濟進入新的景氣循環，所以會比大盤指數早幾個月落底，漲幅也會超越大盤指數。舉個例子，與景氣循環的後半段相比，偏重科技股的納斯達克指數，在景氣循環的前半段超越道瓊工業平均指數，而且漲幅也較大（見圖五，在一九八一年、二〇〇〇年，以及二〇二一年的景氣循環前半段的股市高峰之前，納斯達克指數的表現相對強勁，而在一九七六年、一九九一年，以及二〇〇九年景氣循環開始期之前的股市低點，表現則是相對較弱）。

d. 買進強勢股票。所謂強勢股，是在上一

圖五：1971 至 2022 年納斯達克一百指數與道瓊工業平均指數漲幅比較

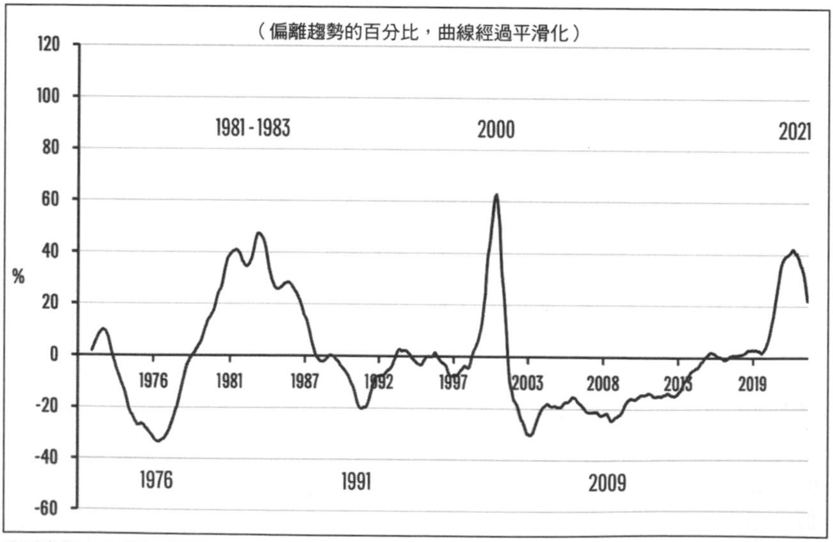

資料來源：作者自行研究

次崩跌期，相對來說跌幅最小，而且比大盤更早落底的股票。這代表這些股票與市場上其他股票相比，不僅賣壓較小，買進力道也較強勁[26]。

e.不要買股價看起來遠低於上一次景氣循環最高峰的股價的股票，例如銀行股。跌得最深的股票之所以便宜，是有原因的。

二、買進優質房地產

雖然房地產市場低迷不振，消息面也很悲觀，但此時其實是投資的好時機。這時的交易機會較為理想，因為會有急售物件，而且買方相對較少。

a.買進位於一個國家或區域的主要城市附近，或市中心的優質地段住宅不動產。這種不動產復甦得最快。這是買進不動產的絕佳時機，因為新的景氣循環的第一個特色，是租金會開始上揚，因此收益會增加。我們花在網路上的時間越來越多，越來越多活動在元宇宙進行，因此在未來的景氣循環，我們會發現虛擬不動產也呈現這種走勢[27]。

b.買進具有開發潛力的不動產（例如需要現代化，或是需要增建額外的樓層或房間，或是增添新建物的不動產）。隨著景氣循環向前推進，收益會來自二方面，一個是土地價格上漲，另一個是增建。如果你買進的，是越來越多人遷入、越來越多新建基礎設施，或是鄰近更好的區域的地區，那收益還會更高[28]。

c. 此時的利率仍在低點，因此可以盡量貸款購買房地產。在這個階段，銀行對於不動產的放款可能較為保守，所以你可能得拿出較多的頭期款或是現金（所以在這個階段，準備工作非常重要）。要買進城市邊緣逐漸擴張的土地（或是城市的重要區塊邊緣的土地）。

d. 如果口袋夠深，也有足夠的時間可以等，那就買進城市邊緣的土地，在城市擴張期間都不要賣出[29]。

e. 買進便宜且可出租的商用不動產。在前一個危機過後的衰退期，企業的情況多半低迷，商用不動產的價值也因此下降。不過許多企業也能安然度過難關，繼續支付從上一個繁榮期一直到現在始終居高不下的租金。這代表有機會以極為理想的價格，買進出租用的商用不動產。

三、手握現金的企業應該努力擴張

現金在手的企業，應該有能力把握經濟復甦，因為他們握有資源，能擴張組織，或是購併其他企業。

第二章 輕鬆獲利與經濟租定律

在有形資源當中，最重要的當然是土地。研究一個社會使用土地的方式，就能大致斷定這個社會的未來。

——舒馬赫，《小即是美》

想了解土地對於景氣循環為何如此重要，先來做個想像實驗。想像一個房地產市場**不會**繁榮的國家。這場想像實驗若想得到重要的結論，那這個國家應該具有我們熟悉的市場經濟。在這個市場經濟，大家可以買賣東西，也可以到各地尋找宜居之處與工作機會。但除此之外，市場經濟不應提供我們投機炒作房地產的誘因。畢竟沒有投機，就不會有景氣循環。

既然每一次的房地產榮景，都會出現金融過剩的現象，所以我們就設想這個國家很窮，很多人民生活在貧窮之中。這種情況要改善的希望不大，所以我們會認為經濟幾乎沒有成長，薪資也沒成長，要創業很困難。你可能會問，那執政當局呢？也許會有一些具有遠見的官員，會以明智的投資，改變這個可憐國家的命運。這確實有可能，所以我們要給這個國家一個效能不彰的貪腐政府，無力實施此等德政。

你可能會說，這個國家只要善用能源、礦產之類的天然資源，就能擺脫這種不幸，畢竟這會是個極好的投資契機。確實是這樣沒錯，所以我們乾脆不要給這個國家任何自然資源，只給她一個小小的陸地面積，日後也不可能發現任何自然資源。說不定這個國家人口很多，能吸引外國投資提振本地市場？唉呀，沒有，人口很少的。

這個國家現況如此慘澹，顯然經濟在短期之內，不可能成長到能掀起房地產投機潮的地步。我們再把這個國家的現況弄得悲慘一些。加入衝突好了。假設這個國家正在被一個強盛得多的鄰國攻打。這個國家並不會因為這場衝突而被消滅（畢竟如果全體人民很快都會死光，那還研究這些幹嘛？），但大量基礎設施卻毀於空襲，整個國家也受到敵國的嚴苛經濟制裁。面對這樣的情況，怎麼還會有長期投資與建設的誘因？

我們塞給這個可憐國家的問題還真多。

現在你問一百個人：這個面積很小、人口很少、沒有自然資源、大多數人民為貧窮所苦、低成長、政府效能不彰，又因為戰爭而飽受蹂躪的國家，有**可能**出現房地產榮景嗎？這一百人當中的每一個人稍作思考之後，就會回答：「不可能，這樣的國家在這樣的處境，不可能會有房地產榮景。」

但也未必不可能。

我們為這個悲慘的國家，想像出那麼多問題，盡可能減少房地產榮景的**任何**可能性，但即使在這樣的地方，還是有可能出現房地產榮景。因為上述的情況，正是約旦河西岸與加薩走廊在二〇一二年左右的寫照。這個區域雖然有不少問題，時而戰爭爆發，時而被占領，但在諸事不順的時候，經濟學的基本定律仍然有效，該地區的房地產市場出現榮景[1]。了解這個定律的運作方式，就等於了解我們為何**一定會**遇到房地產景氣循環。

想要了解得更透澈，我們先看看大概是全世界最不像房地產大亨的房地產大亨。

全世界最不像房地產大亨的房地產大亨[2]

納達終日都在位於加薩走廊南區、逼近埃及邊界的家族農場工作。他僅有的財產，除了幾隻動物之外，大概就是一塊土地，只是可能不怎麼值錢。他的生活非常艱苦。農場的收益很少，他連香菸都不見得買得起。但命運已為他準備了驚喜。

財富幾乎可以說是從天而降，而且誰都想不到，送上大財的竟然是以色列軍方。以色列軍方於二〇〇八年開始轟炸這個區域，二〇一二年再度轟炸，同時實施經濟封鎖，導致許多商品無法合法進口。為了繼續取得商品，當地人民在關係友好的埃及邊界，遠離空襲地帶的地方，挖掘地下通道。這些地道其中一條的入口，就位在納達的土地。

納達不再當農民，開始出租地道入口。地道的結構比較簡陋，但至少重要物資能在此流通。這個區域大多數的商品，都是從這些地道流入，納達也收取一部分的商品作為租金。這位一貧如洗的農民，很快就成為靠租金生活的富翁。

變值錢的可不只是納達的土地而已。以色列軍方轟炸以色列邊界一帶，許多人因此遷往更安全的地方。他們遷入的地方房地產租金大漲，因為新的需求湧入。現有的土地與房地產的持有者，發了一筆橫財。

我們將納達的情況，與另一位加薩走廊本地居民阿邁德比較。納達身為農民，經濟狀況並不穩定，阿邁德的生活則是較為富裕，因為他當警察收入很高。他才剛組成一個家庭，因此希望能在有好學校的好社區買房，與妻子一同養育兒女。但他開始找房子，才發現房地產價格上漲的速度之快。他是有一份不錯的工作，但薪水上升的速度，遠不及房地產價格上漲的速度。他每個禮拜出門找房，都是徒勞無功，符合預算範圍的房屋越來越小。他與妻子不得不面對許多年輕夫妻在購買第一間住宅時，所面臨的無奈選擇：為了地段，只能買較小的房屋。

即使是哈騰這樣富有的企業主，也會遇到不同的難題。哈騰是老牌企業界的一員，與以色列關係友好。戰爭爆發前，他靠進口照明設備致富。如今他的生意，卻面臨從地道偷運商品的走私客的激烈競爭。以前的他比納達富有幾百倍。現在可不一樣了，因為他的淨利率大減。房地產投機才是能賺錢的生意。房地產價格大漲，也掀起了興建新屋的熱潮。但市場已經適應了上漲的價格，而且房屋供給雖然大增，價格卻沒有下降。唯有在市場吸收新供給之際，價格才會暫時停止上漲。

地主、有技術的薪水階級，以及成功的企業家，所面臨的結果差異竟如此之大。地主僅僅是擁有好地段的土地，就能成為富翁。其他人雖然擁有正當職業，也認真工作，卻無法累積如此雄厚的財富。納達致富的情況是比較特別，但地主在短時間內迅速致富，勞工與商人落後的道理，卻並不特別。我們其實已經看見這種現象的開端，就在景氣循環的第一個階段。經濟雖然疲弱不振，人們卻已經到各地尋求工作機會，導致房租上漲，房地產市場復甦。之所以會有這種連動關係，是因為土地的獨特性質，而且這種連動關係，是我們經濟的核心。

人人都需要土地，但世上的土地是有限的

馬克・吐溫說：「要買土地，世界不會再生產土地了。」每個人生活、工作，都需要占用一些土地，而世上的土地只有這麼多。

從絕對的角度看，世上並不缺乏土地。我們的世界遼闊得很。但在人們願意定居的地區，土

地卻是有限的。我們的經濟體是一種複雜的、合作式的事業。所有人一起分工，以製造、交易東西。這些活動是在某些地方進行，而這些地方的土地是有限的。

土地是獨特的，是無法生產的。如果一個地區的所有土地都有人占用，那有需求卻沒有土地可用的人，就不得不花更多錢購買土地，或者是另尋地點沒這麼好的土地。在最佳的地點，最容易接觸到員工、供應商，以及顧客。而在沒那麼理想的地點，就沒那麼容易。每一塊土地都是不同的，甚至可以說地段不同，品質也大為不同。

從下面的例子可以看出，最佳地段與最差地段在品質上的差異，會形成一種連動關係，能決定我們的經濟體中誰會致富，誰無法致富。

經濟租定律：地段價值

一九九一年，社會企業家約翰·伯德，創辦了十年來最轟動的出版品 *The Big Issue*。雜誌的格言「是發行而非贈送」，發行的途徑也很獨特：由無家可歸之人，或快要無家可歸之人，直接在街頭賣給顧客。創辦雜誌的目的，是提供社會邊緣人有意義的工作。不少名流與政治人物紛紛響應，例如流行音樂天王喬治·麥可，就讓這家雜誌獨家擁有他六年來的首次訪問。雜誌上市三十年來，在世界各城市人來人往的街道上，都能看見販售雜誌人員的身影。

這家雜誌確實給了在經濟體邊緣掙扎求生的人一份工作，但雜誌銷售員很快發現一個問題。他們各自分配到一個城市的不同位置，又稱「銷售點」。銷售點之間距離夠遠，所以銷售員之間不會直接爭搶顧客。擁有一個銷售點，就等於享有在該區銷售雜誌的獨家權利。銷售員同樣認真工作，但有些因為銷售點所在地點較佳，所以收入更多。某些銷售點的銷售員，業績只夠領一份薪水。有些銷售點的銷售員，收入卻遠高於此：除了薪水，還有額外的盈餘。收入會有差異，與推銷技巧無關，純粹是因為銷售點所在地點較佳，有些銷售點位在人潮較多的地方。分配到較差銷售點的銷售員，當然會嫉妒能分配到較好地點的銷售員。在美國某些城市，雜誌銷售員還覺得必須有所武裝，以免自己地段較佳的銷售點，被別人以暴力搶走。

想像一下，你是一位研究人員，要研究銷售點的地段價值。你會蒐集每個銷售點在尋常日子的銷售數據，再按照最佳至最差地段的順序，繪製圖表。如此繪製出的圖表，看起來有點像圖六。

出現在圖表最左方的最佳銷售點，會有最高銷售量。最佳銷售點應該會位在市中心，在一個人潮最多的熱鬧街角。次佳的銷售點，也許會稍微遠一些，人潮也沒有那麼多（但一天下來還是足以賺進豐厚的盈餘，只是比不上最佳銷售點）。每個銷售點以此類推，如圖中向下的斜線所示，最後是一個很偏僻的地點，但銷售量仍然剛好能符合銷售員的最低要求：一夜的住宿與餐費。

我們就將這個能符合銷售員最低要求的地點，稱為「邊緣」。沒必要在邊緣以外的地方設置銷售點，因為即使有銷售量，也不足以應付銷售員的生活開銷。換句話說，販賣雜誌的經濟活動，發生在邊緣範圍以內的所有銷售點。

銷售點的分配，是依據先來先得的原則。但銷售員若有機會租用一個銷售點，又願意花多少錢租用？答案就在圖六：銷售點所有的盈餘價值。所謂盈餘價值，是該銷售點的最高可實現銷售量，減去最低銷售量要求的數字。銷售員當然不願支付超出這個數字的租金，否則收入就不足以支付生活支出。而且他們因為面臨競爭，所以出價不能低於這個數字，否則銷售點就有可能被出更高價者搶去。

經濟學家大衛・李嘉圖在二百年前，就已

圖六：The Big Issue 雜誌銷售點的地段優勢或地段價值

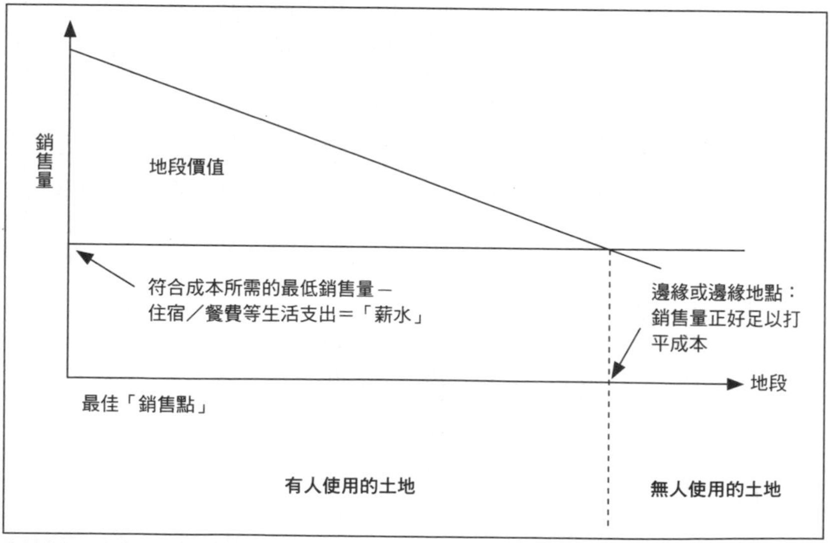

資料來源：本書作者自行研究

經觀察到這個現象，並提出相關理論。在他的理論，地段優勢所創造的盈餘，稱為「經濟租[3]」。最好的地點能創造更多收入，但收入不僅要支付員工的薪水，還要應付其他銷售成本（例如營運資金以及原料）與租金（反應地點的價值）。所謂經濟租，就是最好的地點與可行度最低的地點，也就是邊緣地點的盈餘收入差異。這個現象稱為**經濟租定律**，是理解經濟以及經濟循環的關鍵。

李嘉圖也發現，經濟體中**最重要**的地點，不但不是**最佳**的地點，反而是邊緣的地點。這是為何？因為邊緣的地點能決定薪資水準。以 The Big Issue 的銷售員為例，在邊緣地點賣雜誌，賺到的錢剛好夠打平。但如果這是邊緣地點的薪資，那任何一個人們可以自由移動尋找工作的地方，薪資一定都是相同的。某個地方較高的薪資，會因為競爭而下降，直到所有地點（的任何一種工作）薪資相同。生產物品的其他相關成本，例如資本設備與原料，也是如此。超過薪資的收入，亦即盈餘，就會當成租金，付給持有或是控制地點的人。若有大批勞工要找工作，薪資就會被壓低到勞工能接受的最低限度，甚至到了只能勉強存活的水準[4]。運用技能賺錢，跟運用手中持有的土地賺錢，完全是兩回事，加薩走廊的房地產榮景就是明證。

房地產的地點很重要，這話聽起來像廢話，卻道盡現代經濟體，以及每十八年貫穿經濟體一次的景氣循環的精髓。地段好的土地向來稀少，而且無法移動。這樣的土地會拿走所有的盈餘，因為所有超額的薪資以及投資報酬，都會因為競爭而流失。

我們知道地主如何拿走某個地點的土地所有的盈餘，但盈餘一開始是怎麼出現的？一個地點的價值，來自其周圍的群體，是由經濟體的動態、競爭，以及合作所創造。換句話說，某個地點的價值，是與經濟體的相互連結性一同創造（也反映出經濟體的相互連結性）：「土地的價值，來自周遭環境的自然、社會，以及文化財富[5]」。在現代經濟體，土地價值來自基礎設施、就業機會、住宅、公共空間、本地商店、交通運輸等等。地段價值並不是來自某個個人，或是某家企業的行動。在房地產市場，房地產的價格多半取決於地段價值。價格的標準，是取決於大家認定的房地產價值有多高，又願意花多少錢購買。加薩走廊的那位警察，在為全家尋找地段更好的房子的過程中，就發現這個道理[6]。

但故事到這裡還沒結束。我們的經濟體是動態的、有生產力的，也是永不停歇的。總有東西一直在變。企業會投資、引進新科技，也會努力超越競爭對手。人們會接受訓練，學習新技能，也會努力提升收入。各國政府斥資興建基礎設施，提供公共服務，進而活絡經濟。接下來出現的現象，是經濟的一個重要特質，稱為**吸收定律**。吸收定律與經濟租定律相同，決定了經濟發展過程中，土地價格上漲的幅度。

想了解吸收定律的運作方式，就要看看唐·萊利的經驗。

吸收定律：土地吸收了進步所帶來的收益

唐．萊利於一九六二年從紐西蘭來到英國，口袋裡只有二百英鎊。這筆錢夠買一套便宜西裝，以及支應一個月的生活費。他很快找到一份作業研究的工作，具體來說就是使用大型電腦解決管理問題。後來在一九七〇年代末期，他在倫敦橋站附近，泰晤士河以南的地方，創立自己的公司，買下一間被裁撤的電機工廠。這間工廠的空間，超出他的公司的需求，於是他將多餘的空間，出租給其他公司。他的公司逐漸擴張，他也在那一帶買下更多建築物，出租更多多餘的空間。但倫敦橋一帶在當時，並不像現在是炙手可熱的熱門地段，附近盡是荒廢的倉庫，泰晤士河北岸富有的居民要到此地並不方便。萊利說，在那個年代，他「得揪住別人的脖子，硬拽著他們來看我的辦公大樓，才能順利出租[7]」。

到了一九九三年，一切都變了。英國政府宣布，將倫敦地鐵的朱比利線，延伸到倫敦橋。朱比利線在尚未延長之前，已經將倫敦西北區的知名區域，例如貝克街，連結至龐德街與綠園的精品購物商圈，以及白金漢宮一帶。朱比利線延長之後，泰晤士河以南的居民將可通往滑鐵盧站，再沿著泰晤士河南岸，越過倫敦橋，直通東方的金絲雀碼頭的新興金融區。

萊利的房地產立刻受到朱比利線延長影響。「我簡直是搭上了輕鬆發大財的列車。一九九五年秋季，我把一萬三千平方英尺（約一千二百平方公尺）的土地，還有一些閒置的空地，租給承包朱比利線延長計畫倫敦橋段工程的 Costain Taylor Woodrow 公司。」這才只是開始而已。他持有的房地產價值，還有他能收取的租金，全都暴漲，這都要感謝政府拿納稅人的錢興建的基礎設施。

萊利決定要即時記錄房地產價值的變化，算出像他這樣的地主究竟能獲利多少，因為「坦白說，我覺得公共投資的經濟原理簡直不可理喻，我也覺得很憤怒。」他研究朱比利線延長前後，土地價值的變化，也計算與每個新地鐵車站相隔不同距離的土地的增值幅度，研究結果如表三所示[8]。就我們的目的而言，萊利將土地當成研究重心（不同於其他研究）是很重要的，因為房地產（建築物）包括土地與資本，而我們的目的，是了解**土地**如何吸收動態的經濟體的收益[9]。

朱比利線延長之後，每個地鐵車站的土地需求增加，價格也因此上漲。即使是離車站一千碼（約九百一十五公尺）遠的土地，增值幅度也達到每平方英尺二十英鎊。但在車站方圓四百碼以內，增值幅度更是高達五倍。這些是每個區塊的平均

表三：吸收定律：朱比利線延長所創造的土地增值

與車站距離	總面積（平方英尺）	每平方英尺土地增值幅度	朱比利線延長所創造的土地增值總金額估計值
400碼以內	450萬	100英鎊	4億5千萬英鎊
800碼以內	1350萬	60英鎊	6億7千5百萬英鎊
1000碼以內	1020萬	20英鎊	2億零4百萬英鎊
總計	**2820萬**		**13億2千9百萬英鎊**

資料來源：萊利

值，離車站越近，土地價值上漲越多。

萊利不希望被人批評誇大獲利，所以刻意計算得保守，但依據他的估算，每個地鐵車站周邊的土地價值上漲幅度，大約略高於十三億英鎊。將這個數字乘以朱比利線延長段的十個車站，就會是高得驚人的一百三十億英鎊，幾乎是整個延長段造價的四倍。萊利以當下的例子，讓全世界親眼見證吸收定律的力量：一塊土地周邊區域有任何進步，獲利都是由地主拿走[10]。地主的獲利，甚至遠遠超過創造這些利益的基礎建設的成本。

在有活力的經濟體，進步一直都在持續，包括興建大規模的基礎設施，例如鐵路網，以及較小的工程，例如提升道路與交通流量，以及美化都市環境。另外也包括降低支出的措施，例如引進新科技或是新管理方法。看看圖七所示的更新後的地段價值圖表。隨著成本降低（因為網際網路之類的發展），邊緣就會延長，因為成本降低，就代表原先無法運用的土地，現在已經可以運用。同樣的道理，諸如朱比利線延長段這種，能吸引企業與人們進駐一個區域，擴大當地市場的工程，也會提升一塊土地的獲利能力。這兩者所造成的影響，既不是提高薪資，也不是增加投資報酬，薪資與投資報酬還是有可能因為競爭而降低。這兩者所造成的影響，其實是提高地段價值。更高的地段價值，就是現有土地的房地產價格與租金上漲，導致邊緣地帶出現更多新建建築物。因此，經濟好轉的時候，會有更多新建建築物。

圖七：吸收定律：地段價值（經濟租）因改善而提升

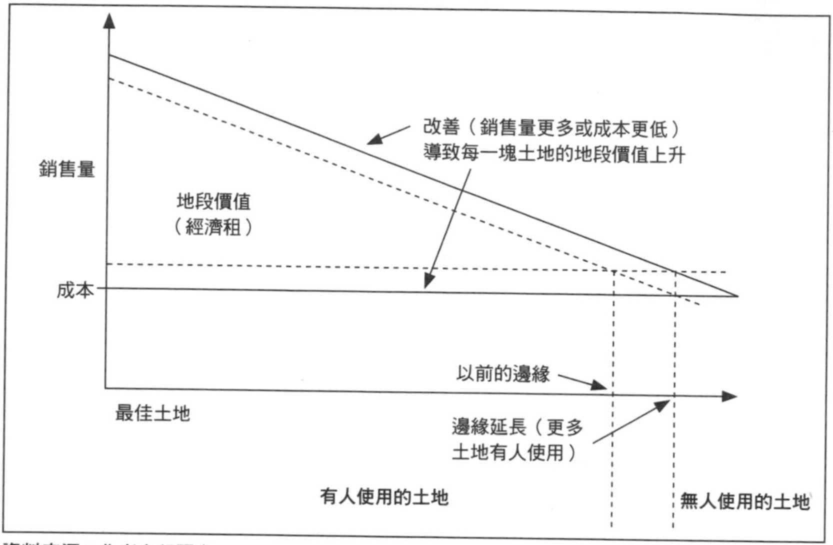

資料來源：作者自行研究

圖八：1977 至 2016 年房價所得比（百分比）增幅

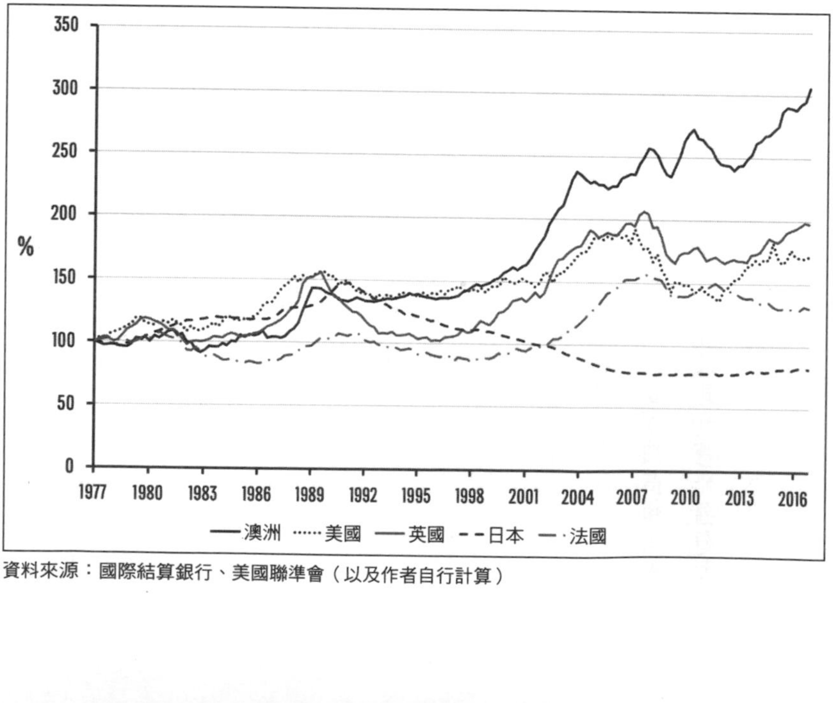

資料來源：國際結算銀行、美國聯準會（以及作者自行計算）

同樣的道理，從圖八可以看出，近幾十年來房價所得比上升的幅度十分驚人（唯一的例外，是受到一九九〇年後住宅市場崩盤影響的日本）。差異很明顯。土地拿走了經濟改善的利益。所以土地是終極的投機資產。地主從種種進步獲取大量利益，自己卻完全不需付出任何成本[11]。這反映在地主的土地價值，全球不動產價值超過三百兆美元，目前是價值最高的資產類別[12]。這些利益是由世界各地的納稅人買單，其中有些納稅人永遠無法享受這些利益。而那些遷入上漲區域的企業與人民，則是要花更多錢購買或租用房地產，等於要再度花錢，才能享有同樣的好處。

土地市場與反常獎勵

稀有的資產若能增添任何額外的稀有性，這項資產的所有人就會受益。所以在土地市場，就有一種反常獎勵，誘導大家增加這種稀缺性。萊利提到一個很好的例子。他的房產對面有棟建築物，屋主在一九八〇年，以十萬英鎊的價格買下。建築物從此閒置了二十年，因為沒有營業活動，毫無生產力可言，所以對於國家稅收毫無貢獻。這棟建築物對當地經濟唯一的貢獻，就是有礙大家的觀瞻。二〇〇〇年一月，屋主將建築物以兩百六十萬英鎊的價格售出，獲利二十六倍[13]。

問題並不是出在地主身上，地主就跟任何人一樣，都想賺錢。就算要長期持有一塊閒置土地，也在所不惜。但稅收制度卻刻意讓囤積土地更有利可圖。萊利身為地主，確實從地段大幅增值獲得不少財富，但他也認真經營，也斥資將建物打理得適合企業租用。荒廢建物的屋主，完全不必應付找尋新租客、維護並改善建物，與服務供應商、保險業務員，以及其他人打交道之類的種種問題。什麼也不必做，就能因為地段大幅增值而大賺一筆。既然如此，理性的地主當然都會效法，更何況他們買進之後，房地產的稀缺性就會更高，更會推升價格。

地主確實會如此計算。城市的閒置建築物的比例，通常在百分之十至百分之二十之間。大家都知道土地短缺，所以這個比例算是非常之高[14]。

這種房地產所有權的特質，並不只是「如何運作」那麼簡單。其實在人類史上大部分的時間，社會在實務上有一些作法，更能凸顯地段價值的公共性。無論是土地為公眾所有，或是制訂一些規則，將土地增值歸公。土地增值之所以變成私有，背後是一段漫長的盜竊、暴力與排擠的歷史，揭露了人類最黑暗的心思[15]。

經濟的萬有引力定律

想要了解十八年景氣循環的運作，就必須理解這些簡單的關係，亦即土地是個稀少的資源（供給量是固定的），向來是一種區位資產（空間是固定的），因此會吸收進步的利益。在經濟復甦、成長的過程中，租金會上漲，土地價格也會。新建建物會因此增加，但價格並不會下降，這反映出經濟的生產力增加。這會助長投機行為。為了投機而持有的土地，即使閒置不用，照樣能賺取投資報酬，如此更是推升價格。銀行放款，借款人的購買力因此提升。價格進一步上漲，掀起了建築熱潮，刺激了經濟成長，更是壯大了土地市場。高昂的價格與租金，最終導致企業不堪負荷，釀成嚴重的災難。接下來的幾章，會詳細介紹整個過程。所以每一個景氣循環，終究是土地的循環，時而上演瘋狂投機，時而上演過高炒作，尤其是銀行也參與其中的時候，我們在景氣循環往後的階段就會看見。

經濟租定律是無可迴避的，即使在約旦河西岸與加薩走廊這些生活不易的地方也一樣。這就是經濟的萬有引力定律：是看不見，也是通用的，無論何時都適用，對任何地方，任何人都適用。你從出生那一刻，就受到此定律的宰制，直到死亡才會終結（而且如果你的遺體是葬在你生前購買的土地，那你在死後依然脫離不了）。

你如今明白土地在經濟扮演的重要角色，在景氣循環的旅程中，你就具備了重要觀念，能理解周遭發生的事情。房地產市場的節奏，決定了經濟的行進速度。

現在該回頭看看景氣循環。景氣循環已經維持了一、二年。我們在景氣循環的開始期，看見剛萌芽的經濟復甦，如今房地產市場強勁成長。我們且看看接下來會怎樣。

致富祕訣手冊，第二部分

利用經濟租定律

第二章探討了土地的獨特性質，以及土地如何吸收經濟成長的利益。了解這一點，也懂得運用，理財就能立於不敗之地。

重點提示

一、土地會拿走經濟進步的所有利益

在景氣循環期間，經濟進步的利益十分巨大。因此想致富，就必須持有一些土地，才能享受土地價值上漲的好處。

二、要買進未來價值尚未反映在現在價格的土地

尤其在景氣循環的初期階段，買進地段好的土地，更是如此。

a. 買進的土地，最好位在基礎設施正在興建，越來越多人遷入的地方。最佳的買進時機，大約是基礎設施進來之前兩年。

b.口袋較深、有較長時間可以等待的投資人，可以買進正在成長的城市邊緣的土地，等待城市擴張。長期下來的報酬率十分可觀[16]。也許需要持有一、二十年，而且初始投資的金額不小，往往還必須以現金支付，所以這種策略不見得適合每個人（要知道某些國家會收取土地持有費用，那就不適合運用這種策略）。

三、不要買進未來增值已經反映在現在價格的土地

買進未來增值已經反映在現在價格的土地，未來的獲利就會受限。因此最好不要在景氣循環的末期買進，也不要買進現有供給量已經很大的地方。

四、買進之前一定要做功課

仔細研究這個地點的品質（新基礎設施、便利設施、對內投資），以及這一帶的買方普遍的需求（例如附帶花園的獨棟房屋）。未來需求的預測，往往是依據樂觀或是不合理的假設。例如買進許多建物正在興建的地方，獲利可能就有限[17]。

第三章 擴張期

世事有起有伏。
乘勢而上，必有斬獲。

——莎士比亞，《凱撒》，第四幕，第三場

（真正的）勝利者得到戰利品

二〇一二年倫敦奧運的開幕典禮，是個英式風格獨具的慶祝活動：傳統的盛會、前衛又創新的藝術、思考英國的歷史，以及大量知名的英式幽默（連女王也參與其中，看似從直升機跳傘進入奧運競賽場館，護送女王的不是別人，正是〇〇七詹姆斯・龐德）。典禮開啟了二週的精采運動賽事，英國的運動員也竭盡全力，與美國、中國、俄國這些運動大國，在總獎牌數排行榜一決雌雄。

運動員儘管優秀，卻不是奧運的真正贏家。地主才是真正贏家。奧運在東倫敦的史特拉福舉行，此地先前的景點，包括「冰箱山」（歐洲最大的廢棄白色物品堆）、「自來水河」（一處污染嚴重的水路，滿是舊輪胎），以及一個擁有「林蔭大道」美稱的開放空間（堆滿了廢棄燒壞的汽車）。但史特拉福因為主辦奧運，成為耗資九十億英鎊的再生計畫的重點。計畫的目的是打造一個全新的倫敦區，有新的鐵路與公路網，大型零售商場，新的商業空間，以及占地廣闊的奧林匹克公園。

奧運結束後，倫敦的房地產市場驟然熱絡。得到最多與奧運相關的對內投資的六個倫敦自治市，房地產交易成長幅度最大。這也代表目前正處於景氣循環的下一個階段，也就是擴張期。在開始期所投資的新科技與基礎設施，引發了土地市場的反應，因此不只是倫敦，世界大多數大城市的房地產價格都暴漲。

在美國聯準會貨幣寬鬆政策的助攻之下，美國股市繼續走揚。其他國家也實施貨幣寬鬆政策，因此包括德國ＤＡＸ指數、日本日經指數，以及孟買敏感指數在內的股市，也隨之走揚。二〇一三年之後，這些股市全都突破了上個景氣循環最高峰的高點。

住宅價格上漲，市場氛圍改變

世界各地的氛圍漸漸有所不同。景氣循環最初幾年的否定與恐懼情緒逐漸消散，取而代之的是一種樂觀。世界在變，引領改變的是科技。舉個例子，智慧型手機應用程式的用途大量成長。使用智慧型手機，就能直通世界所有的線上知識，還可以叫計程車，使用銀行服務與動用存款投資，購買五花八門的商品，預訂假期的食宿，甚至還能經營事業。

各大城市的房價開始迅速上漲，引發新屋興建熱潮，房地產市場出現迷你榮景。隨著價格上漲，大家又開始擔心新建的房屋不夠。而僅僅幾年前，房地產市場才因為新建房屋過多而被拖垮。愛爾蘭在二〇〇七年景氣最高峰時，興建中的房屋足夠應付整整三年的需求，如今卻也面臨房屋短缺。房屋供給增加，並不會導致價格下降。建商刻意將完工的住宅慢慢釋出，以免影響價格。供給量增加，頂多只能阻止房價迅速上升，而且即使如此，房屋價格也還是受到飛漲的土地價格主宰。

二〇一四年，國際貨幣基金副總裁朱民表示，房地產市場的成長恐無法持續，因為百分之六十的國家，過去二年來房地產價格都在上漲。國際貨幣基金也推出「全球房地產研究」，追蹤房地產市場的動態。看來大家似乎領悟了二〇〇八年金融危機的教訓，只是遲了六年。顯然有些人還在回顧先前的危機，而不是展望新的景氣循環[1]。

朱民是在柏林發表演說。德國是少數在二○○○年代並未出現房地產榮景的國家之一，所以當地房地產市場沒有崩盤（雖然德國的銀行，確實在歐洲其他國家吹起房地產泡沫）。而且德國向來敢於以自己「負責任」的經濟管理，凸顯歐元區與盎格魯撒克遜鄰國的揮霍無度。但德國的利率很低，因此出口導向的德國經濟，大大受益於美國與中國的刺激措施，所以德國正處於房地產繁榮期。從二○一○至二○一九年，德國最大的七個城市的房屋價格漲幅，甚至超越倫敦與曼哈頓[2]。

在擴張期期間，無論是已開發國家還是開發中國家，大多數最大城市的房價加速上漲。新興經濟體迅速都市化，創造出大量需求。資本在世界各地流動，想要在某處落腳。西方城市的頂級房地產，成為從奧克蘭到溫哥華全球

圖九：2002 至 2021 年美國住宅興建（在 GDP 占比）與美國住宅價格指數

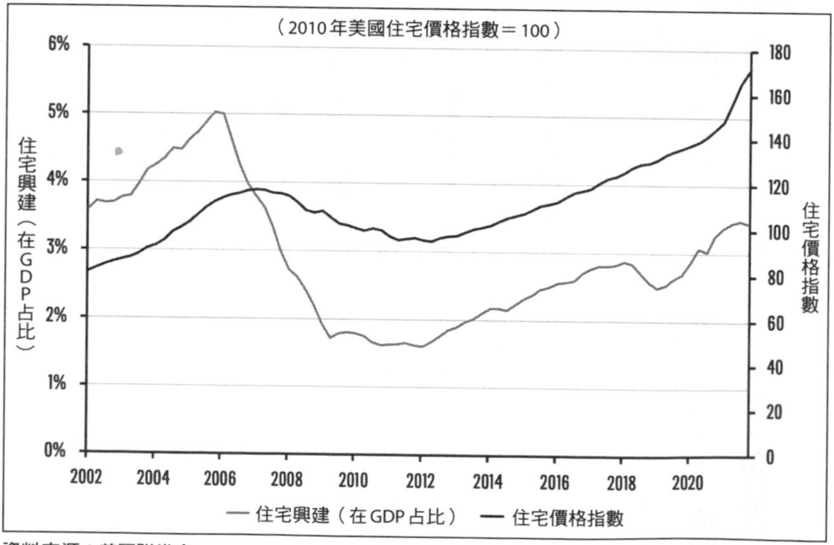

資料來源：美國聯準會

富人的銀行金庫。頂級房地產的屋主，通常懶得將房地產出租，所以這些頂級地段變成「殭屍」地段，平靜得很，幾乎沒有動靜。精華區房價高漲，導致更多居民遷離，這些居民遷入的地方，房價則是會上漲[3]。無家可歸的人口增加，這是房價居高不下的附帶效應。在先進國家，生活無著的人不得不在街頭乞討的悲慘畫面，是越來越常見。

銀行放款再起，只是有一些變化

隨著新建房屋數量大增，銀行也脫離紓困方案，擺脫壞帳，再度開始放款。建商與銀行的股價開始勁升。在規則改變，以及行動科技普及的推升之下，新銀行紛紛成立。在英國，要開設一家銀行，僅需一百萬英鎊的資金。到了二〇一三年，五家新銀行拿到執照。英國金融行為監管局局長馬丁．惠特利表示：「在任何產業，市場的新來者會帶來全新的想法，也迫使現有的企業思考，該如何製造更好的產品，或是改善現有的服務[4]。」這話說得有理。但他沒有說出口的是，新銀行與新融資公司與現有的同行競爭對手相比，總是有競爭優勢，因為他們的經常開支較低，管理階層也較為年輕有活力。我們在後面會看見，他們一旦知道如何有效率地進行房地產放款，就會帶動景氣循環後半段的繁榮期。

創新並不是僅限於銀行業。企業也會運用網際網路，打造網路借貸（P2P）平台，集合眾人的小額資金，投資企業與房地產。P2P Foundation 網站二〇〇九年二月十一日一則無傷大雅的貼文，提到這個領域會出現的最重要變革，是運用一種名為區塊鏈的新科技，創造「名為比特幣的全新開放原始碼 P2P 電子現金系統」。這則貼文的作者，是一位用名中本聰的匿名電腦程式設計師。有些人買進他發明的比特幣，是希望日後會增值。

二〇一三年五月，美國聯準會主席柏南克表示，量化寬鬆將在某個時間點結束。各國市場聞言大驚，尤其是正在大量買進美元計價的低利率貸款的新興經濟體。債券殖利率大增。但這不過只是過往的歷史重演而已。一九九四年二月，也就是上一個景氣循環的同一個階段，美國突然大幅升息，引發了小規模的市場恐慌。緊縮政策在一年後就反轉，改為寬鬆，這次也不例外。資產購買一直到二〇一四年底才停止，而且利率是從二〇一五年底才開始逐步調升。英國也開始升息，日本與歐洲則是進一步實施貨幣寬鬆政策，防堵通貨緊縮的威脅，包括針對銀行存款實施負利率[5]。

美國經濟率先復甦，至少在全球最富有的國家當中率先復甦，美元也大幅升值。隨著各國市場適應這種趨勢，也出現了許多劇烈的走勢，包括歐元對美元大幅貶值，最終貶至與美元幾乎一比一。石油價格於二〇一四年底大跌[6]。

各國央行持續實施低利率政策，「追求報酬」的熱潮繼續延燒，資產價格不僅迅速成長，波動率也大幅降低。低等級債券（又稱垃圾債券）與高等級債券（又稱投資等級債券）的利差大幅縮小[7]。評論者對此感到不解，因為當時許多政治事件，照理說都會引起市場恐慌，例如伊斯蘭國在伊拉克的崛起、俄國於二〇一四年入侵烏克蘭、敘利亞難民危機等諸多事件，但價格卻持續上漲。

許多流動的資金來自中國。中國當局實施資本管制，但總有人有辦法規避。有時是直接行賄，例如花錢買通銀行主管，將存款接連轉匯國外，稅務人員就無法追查。有時則是將大量現金運往澳門的賭場，鈔票混雜之後，「賭桌上贏來的錢」再以另一種貨幣領出。在二〇一四年之前的十二年，大約有一．四兆美元的資金流出，用於購買西方的房地產與藝術品[8]。西方的房地產與藝術品價格也因此大漲。這是中國再一次展現對於全球經濟的影響力。放在全球層面來看，則不過是舊事重演罷了：新錢在全世界流動，最後落腳在能收取租金的資產。

無殼蝸牛

在擴張期期間，年輕人很難爬上房產階梯，因為薪資趕不上不斷上漲的房價[9]，所以不得不延後買房，而且要背負更多貸款，延長貸款年限，或是與人合購。於是很多年輕人第一次約會，都在聊存錢、買房、如何在房貸利率不斷調升之際省錢這些不甚浪漫的話題。英國很快發現，一種全新而且完全不受管制的借貸方，如今成為房貸市場的主力。這個借貸方就叫做「父母銀行」。房價已是天價，年輕人連小額定金也無力籌措。做父母的只能出手相助，拿自己的住宅抵押、為兒女的房貸作保，或是在銀行帳戶存一筆錢，作為額外增貸的擔保。大多數人的父母手頭都沒有閒錢，因此越來越多人只能一直租屋，形成所謂的「無殼蝸牛[10]」。各國政府以各種手段想解決問題，包括貸款限制，以及針對海外買家與第二戶購屋者的種種限制，藉此降低需求。這些手段成效有限。房價繼續上漲。

房價繼續上漲。許多城市的建築物也越蓋越高。在景氣循環的前半段，不太可能看見這麼多超級高樓。但超級高樓林立的現象，反映出市區土地價格高漲、利率維持低檔[11]。這種現象並不是只出現在最大的城市。例如荷蘭的港口城市鹿特丹，就因為天際線極高，而有「默茲河上的曼哈頓」之稱。興建超級高樓的目的，是提高市中心貧民區的建築密度（意思永遠都是土地價格上漲）。

政治風向改變

中國房地產價格也在飛漲。土地交易以及新建房屋數量大增，是中國得以從危機復甦的關鍵。房地產價格於二〇一二年觸底，於二〇一三年開始大漲。到了二〇一四年，中國當局認為房地產價格過高，因此在房地產市場實施價格管制。房地產價格應聲下跌。於是中國政府以另一種措施發展家戶財富：將投資股票定義為愛國行為，並鼓勵股市投機。在二〇一五年的前五個月，新開立的個人帳戶共有三千萬個，其中許多帳戶用於融資買股（中國政府現在允許融資買股[12]）。泡沫很快形成，中國政府有所警覺，開始限制融資買股，希望能化解泡沫。在六月的三週之內，限制融資買股的規定引發股市大跌，上海與深圳的指數市值幾乎蒸發三兆美元，相當於全英國的GDP。中國當局不得不改弦易轍：降息讓房價再度上漲。

新任中國國家主席習近平的治理風格，與他的前任幾位國家主席截然不同。這是中國的時刻。中國再也不會依循鄧小平「韜光養晦」的方針，而是要在對外關係上堅定自信，與美國平起平坐。中國立刻開始在南海建造人工島。習近平最具代表性的政策，是「一帶一路」，將在歐亞大陸興建港口、鐵路，以及公路運輸網。目的是為數眾多的中國人民，取得重要資源，同時讓中國商品無須美國海軍保護，照樣得以出口全世界。第二章已經告訴我們，基礎設施進場會造成怎樣的效應：土地價值迅速上升。評論者把曾經說過「控制世界島（歐亞大陸）就等於控制全世界」的十九世紀英國策略家哈爾福德．約翰．麥金德爵士的著作拿出來溫習。美國可不會容忍自己的霸權受到挑戰。歐巴馬總統宣布，美國外交政策將「轉向亞洲」。逐漸崛起的強國與當今強國，眼看就要硬碰硬，這也是先前的景氣循環經常出現的現象。我們在第十一章會詳細討論。

在國內，習近平全面掃蕩瀰漫在中國共產體系各階層的貪腐行為。掃除貪腐的努力絕對值得，因為還可以順便肅清他的政敵，以及反對他施政的人。二〇一八年，中華人民共和國全國人民代表大會，廢除了國家主席只能做二任的限制，等於習近平可以終身掌權。二位（勇敢的）人大代表（全體二千九百六十四位）投下反對票。隨著景氣循環邁入最高峰，世界第二大經濟體的領導人終身掌權，全無反對派的問題，將更具影響力。

每一次的景氣循環，都會伴隨著政治與經濟的動盪，人民的注意力也因此轉移，不再注意背後推動的力量（經濟租定律）。在擴張期，會出現許多類似的不穩定。許多國家因應金融危機，實施新的銀行法令及撙節措施，導致經濟成長的好處分配不均，歐美的政治動亂因而大增。

歐洲仍然深陷自身的經濟困局。希臘選出的政府，承諾要帶領全民擺脫歐元區債權人所要求的撙節措施。希臘政府雖有民意支持，歐盟機構還是以將希臘逐出歐元區作為要脅，迫使希臘政府屈服。這還是歐洲所面對的最輕微問題。英國也舉行類似的公民投票，但這次要決定是否留在歐盟。二〇一六年六月二十四日，英國人民以選票命令政府脫離歐盟。這是國際關係史上的大地震，震撼程度堪比大約六十年前的第二次以阿戰爭。英國成為歐盟自一九五七年成立以來，第一個脫離歐盟的國家。在接下來的至少五年間，英國政界都必須全力投入，釐清脫離歐盟的確切條件。分析英國脫歐原因的文獻，可說是汗牛充棟。這種事情會發生，有許多原因，但至少也可以說是人民投下反對票，反對的是那些自滿的政治人物，掌管一個不時製造嚴重危機以及越演越烈的不平等的體系。

類似的因素也影響美國的政治，形成更大的衝擊：川普於二〇一六年十一月當選美國總統。

他的競選方式備受爭議，卻很有效。他會勝選，是因為承諾要「抽乾沼澤」，意思是趕走那些從景氣循環得利的既得利益者，一掃這些既得利益者毫無節制的行為。綜觀歷史，很難找到比這更諷刺的例子：一位房地產大亨，靠著景氣循環致富，卻宣稱要為被景氣循環重創的人民討公道。更諷刺的是，他的支持者當中竟然還有銀行，因為他承諾要鬆綁限制銀行放款（給房地產）的法規。川普就職之後，最感興趣的事情，似乎就是推翻前任總統對於銀行與環境法規的改革。他甚至幾度也想破壞前任總統的醫療改革。他宣稱要「讓美國再度偉大」，（在他看來）意思就是毀棄國際聯盟，與中國展開貿易戰。

市場持續走揚

可想而知，市場再度讓投資人明白，市場並不在意意識形態，也並不憂慮。曾在一九九二年房地產引發市場下修期間，藉由放空英鎊賺進十億美元的喬治．索羅斯，在二〇一六年川普勝選後放空美國市場，卻損失十億美元。該學到的教訓很明確：必須了解我們處於景氣循環的哪個階段，而且要看懂走勢圖所透露的訊息。川普向他的共和黨同志承諾要減稅，眼看企業獲利將要上升，股市紛紛上漲。轉手公司也受益匪淺，川普本人就持有幾家這樣的公司。納斯達克漲幅最大，在二〇〇〇年（網路公司泡沫破裂之前）的上一個高點的十七年之後，指數不僅突破上一個高點，還漲得更多。率先衝鋒的是蘋果公司，這家公司從景氣循環的開始期，一直都在率先衝鋒。二〇一八年八月二日，蘋果公司成為第一家市值突破一兆美元的美國企業。不到兩年之後，蘋果的市值就達到兩兆美元。

所有主要城市的房地產價格持續上漲，尤其是矽谷之類的具有大型科技業的地方。不久之後，就連彼得·泰爾這樣的億萬富豪，也埋怨房地產價格簡直高得離譜。他投資新創企業，這些新創企業的員工，卻必須負擔高昂的住房成本，所以他投資的錢，等於直接流入房東的口袋。這足以證明，經濟租定律也能影響我們的科技界的新領域。根本不可能避開[13]。

川普以一位形象類似他自己，也就是經商經驗豐富，身材又高大（顯然他很重視這一點）的人，取代美國聯準會主席珍奈特·葉倫（川普在考慮是否讓葉倫續任聯準會主席時，覺得葉倫雖說資歷無懈可擊，但身材還是太矮，不像個央行總裁[14]）。傑洛姆·鮑爾開始升息。升息就代表收益曲線變得平坦。幾乎沒有人注意到。川普執政的那些年亂歸亂，美國經濟仍然繼續走在從歐巴馬執政時期就已開始的擴張期。到了二〇一八年，市場氣氛可說是一片狂喜。投資人砸錢進場，代表景氣循環的擴張期已經進入尾聲。

解析擴張期

擴張期大約在景氣循環的第二年開始，一直維持到第六年左右。經濟復甦與成長的跡象已然明朗，人盡皆知。

一、新建房屋數量增加

在擴張期，新空間的需求會增加。在景氣循環開始期不斷上漲的租金，現在演變成人口密集之地現有建築物的高昂房價。所謂人口密集之地，意即許多人遷入，新企業（尤其是科技公司）接連在此設立的地方。高房價會衍生出更多新房，進而刺激土地需求，經濟活動也會增加。營建業是本土產業，是資本財與原料的大買家，也僱用許多員工。到了景氣循環的第二至第三年，突然間處處都有鷹架、起重機，以及建築施工的鏗鏘聲。

新建住宅增加是率先出現的現象，但隨著經濟再度成長，商用不動產的需求也逐漸成長。於是新辦公室、零售商場、物流中心等場地接連落成，以滿足這個新時代的經濟需求。

二、新區域變得熱門

房地產市場逐漸復甦，舊城市的新城區也頓時變得熱門。二〇一二年之後，熱門地點是東倫敦之類的區域。鄉間的新城市也頗有人氣，例如曼徹斯特，以及美國德州的奧斯汀。很多人想搬進這段期間落成的新房子。新科技、新產業出現，空間的需求也因此增加，而這就是新房地產市場前進的方向。曾經荒廢的地區的地主，突然間發了橫財。早期進場投資房地產的人也獲利豐厚。

這就是循環開始，擴散到新地段，進而帶動新建房屋數量增加，經濟成長的過程。

三、政府投資領路

政府在景氣循環的開始期推出的振興經濟方案，通常包括基礎設施投資。到了擴張期，這些基礎設施通常正在興建中，或是已經完工。第二章已經告訴我們，結果會是什麼。基礎設施只要真正實用，就能促進經濟的效率，（例如）減少旅程所需時間，以及增加新興區域的吸引力。基礎設施還能帶動土地價格上漲，對地主有益。

四、銀行放款增加

到了這個階段，經濟已經恢復元氣，市場上信心再現。開始期的陡峭收益曲線，讓銀行得以進行資本重整。可以賣出持有的不動產，釋出一些資金。銀行在這個階段降低成本、關閉分行，以及裁減員工。隨著房地產價格上漲，銀行也重返市場，新創企業也因為銀行放款而得以成長。銀行在新銀行法規許可的範圍內放款，提升了房地產的買氣。需求增加，價格就會進一步上漲。經濟成長、薪資上漲，價格也會隨之上漲。

首購族擔心自己離房產階梯越來越遠，竭盡所能想買屋。買屋需求大增，更進一步推升房價。市場上充斥著房屋短缺，需要興建更多房屋的呼聲。世代公平成為重要議題。

越來越多人認為，在上一個景氣循環尾聲推出的、為了防範下一場危機的那些法令規章，如今阻礙了銀行的擴張。法令要過一段時間才能鬆綁，畢竟大家對於上次的危機記憶猶新，但法令鬆綁已經是浮上檯面的議題。再過幾年，接近擴張期的尾聲，競選公職的政治人物只要承諾鬆綁或撤銷法令，就能拉攏銀行金主。

五、開始有人買進閒置土地

成長非常強勁，尤其是擴張期的熱門市中心區或主要城市（這些地方就業機會充足，尤其是推動經濟擴張的新產業，更是提供大量就業機會）。這些地方的土地價格已經太高。精華區的建築量已飽和，建商紛紛轉向新地點。建商通常會跟隨基礎建設投資，以及企業與家庭的遷移，因此房地產榮景開始從市區向外擴散。房屋供給量雖然增加，但在市場上的售價，絕對不會比先前低。

六、收益曲線變平坦

景氣循環繼續前行。幾年之後，收益曲線變為平坦。這是因為經濟成長強勁，市場預期短期利率將會調升，以緩解逐漸上升的通膨壓力（不過各國央行會盡可能維持低利率，而且往往會維持得太久[15]）。

七、股市

此時早已脫離低點的股市，通常會上漲至少四年，甚至更久都有可能。相較於其他部門，銀行股的股價需要更久才能回升，因為銀行需要時間，才能擺脫在前一個景氣循環累積的壞帳。而且政府在上次危機出手紓困的條件，可能是銀行必須暫時降低股利，甚至停發股利。房地產價格復甦，銀行就有了餘裕處理壞帳，等到壞帳處理完畢，銀行股就會開始上漲。科技股持續領軍，但隨著擴張期站穩腳跟，營建股與消費類股將會大漲。

如果股市從低點起飛的時間超過四年，而且迅速突破上次循環的高點，那整個景氣循環的前半段都會是牛市，從一九五〇年代至一九六〇年代中期，以及一九九〇年代（還有二〇一〇年代）便是如此[16]。

八、美元走強

在景氣循環的前半段，美元通常會對其他貨幣走強，因為（到目前為止），每一次都是美國帶領全世界進入以及離開房地產循環。美國率先走過擴張期，帶動市場對美元的需求。投資資金流入市中心，也流入全球各地的經濟重鎮，引發美元對大多數的其他貨幣升值[17]。美元走強也會對商品價格形成壓力（商品價格是以美元計價）。

景氣循環正在展開。土地市場主導經濟成長的速度與方向。你現在可能會想，如今科技越來越先進，土地對於未來的景氣循環，還能有如此大的影響力嗎？地點與實體空間的重要性，難道不會因為科技進步而降低嗎？如果會，那經濟租定律在科技進步的世界，又會形成怎樣的效應？經濟租定律還會像上一章形容得那樣重要嗎？

這些都是值得探討的問題。所以，在擴張期繼續進行的同時，我們先暫時脫離旅程，在下一章討論這些問題。

致富祕訣手冊，第三部分

擴大你的投資組合

階段：擴張期

約略時機：第二年至第六年

市場氣氛：樂觀

管理情緒

在這個階段，開始期的那種全面的恐懼與否定氣氛已然消退，但即使經濟好轉，很多人仍然難忘先前的危機。先前危機的餘波依然蕩漾（例如雖有下降，卻依然居高不下的失業率），不過市場對於經濟擴張與資產價格上漲仍然樂觀，這種現象在擴張期初期尤其明顯。對於你的整體財富而言，這個階段相當重要。在景氣循環的開始期，因為負面消息接踵而至而趨於保守，還算情有可原，但在這個階段，可就不能再保守。現在是樂觀、行動的時候。要分散投資。

管理投資

一、分散投資多種類股

a. 科技股仍舊領漲，但其實許多產業的公司股價也開始爆發。要買進走勢向上的股票。隨著擴張期持續展開，股市也會不時有所修正，這是正常現象，有時是由政治危機、刺激經濟方案退場，或是升息之類的外部事件引發。在這段期間，市場若是劇烈振盪（例如在一九七〇年代末），要記得看長遠：在一個景氣循環，市場終究會衝上比上一個景氣循環更高的高點，很少會有例外[18]。

b. 隨著牛市擴大，資金會在類股之間輪動，例如必須消費品、原物料，以及能源股。接下來又流入週期性產業，例如營建股，以及其他房地產類股。這些不斷上漲的股票都可以買進。

c. 銀行類股的表現往往會落後，因為銀行必須擺脫壞帳，而且公營銀行還不能發放股利。此外，銀行必須適應更嚴格的資本適足率，獲利也會因此下降。再過幾年，銀行股將開始復甦走揚，這個時候就是買點。

d. 如果你投資了美國追蹤指數基金，可以繼續持有，但也可以分散投資跟隨美國進入擴張期的其他市場。

二、建立房地產投資組合

a. 房地產市場重返成長的道路，放款也有復甦的跡象，因此現在很適合貸款，善加利用仍在低檔的利率，持續買進房地產。

b. 買進新的房地產熱門地點。

c. 如果你想蓋房子，此時可以找到開發良機，尤其在土地價格便宜，回歸市場的買家越來越有興趣的新地區。

d. 隨著經濟逐漸擴張，不妨投資日漸成長的產業的商用不動產。

三、買進商品

在經濟穩定復甦期間，要買進工業商品，尤其是與科技、營建有關的工業商品（例如鐵、銅）。要知道，美元不斷升值對商品走勢有利，因為商品通常是以美元計價（見下方）。

四、買進美元

在景氣循環的前半段，美元通常會對其他貨幣升值，所以用閒置資金買進美元，至少會比持有其他貨幣增值。

五、可考慮買進另類資產

a. 不妨將少部分資金，用於買進隨著投資熱潮越演越烈、可能會形成泡沫的資產。這類資產通常是很有意思的題材，能吸引較新的投資人，尤其是能代表新典範的資產。這類資產往往與新科技有關（一九九〇年代的網路公司股、二〇一〇年代的比特幣）。拿少量資金買進是划算的，但不要做長期持有的打算。要準備在這個階段末，或是下一個階段之初賣出[19]。

b. 近年來，越來越多人有興趣投資藝術品、酒類之類的「另類資產」。這些資產在擴張期有可能增值，也值得投資，但投資之前，必須徹底了解相關成本（有些投資標的的儲藏成本、保險費用相當可觀，而且恐怕不容易賣出）。

六、企業可望繼續擴張

在成長中的經濟，企業將有擴張的機會。銀行多半會以很優惠的利率，提供大量的貸款，助企業一臂之力。現在是擴張的好機會。

第四章 不費吹灰之力就能得到的投資報酬和新經濟

我們正在包圍世界，這次用的不是法律，而是數字。

——卡塔琳娜・皮斯托，《財富背後的法律密碼》

歌手寇特妮・洛芙二〇一五年六月抵達巴黎戴高樂機場時，做了每一個想快速前往市區的人，都會做的事：她叫了計程車。她雖說是著名藝人，也是已故超脫樂團主唱寇特・柯本的妻子，但這趟短短的車程，照理說應該不會登上新聞。沒想到卻真的登上新聞。

她搭上計程車的時候，並不知道車子會載著她直直駛入一場即將失控的街頭抗議。我們會得知這些，是因為洛芙女士在推特上，向全世界直播事情的經過。她對於自身處境真實的危險程度，以及誰該出手收拾亂局，有一些頗具創意的言論，但撇開這些不談，當時的情況確實堪稱慘烈：

他們包圍我們的車子，挾持我們的司機，還拿著金屬球棒敲車子。這是法國？？？我在巴格達還比較安全。

歐蘭德，你們的警察他媽的在哪裡？？？你們國家的老百姓攻擊遊客，這樣是合法的嗎？快滾過來機場吧。這什麼鬼啊？？？

最後是二位摩托車騎士救了她。她的司機可就沒這麼幸運。車子被金屬球棒砸毀，整個翻覆，他被抗議民眾挾持。原來抗議群眾鎖定的目標是他，而不是洛芙[1]。

為何會這樣？因為洛芙透過網路叫車應用程式 Uber 叫車，而他回應了。那些抗議群眾，是巴黎的有照計程車司機。他們認為 Uber 司機經營成本較低，形成一種不公平的競爭。Uber 司機並不需要當時要價二十五萬歐元的計程車執照，照樣能營業，所以他們能以較為低廉的費率載客。

第二章告訴我們，因為經濟租定律的緣故，所以土地是了解景氣循環的關鍵。在我們的經濟體，實體土地顯然是最重要的租金來源，但並不是唯一的租金來源。無論是利用自然資源之類的自然界禮物，還是擁有包括網際網路在內的基礎設施，也能收取租金。法律構件，例如賦予獨占權給特定實體的執照，也是租金的重要來源。Uber 的爭議即源自於此：現有執照持有者的租金受到影響。從計程車司機的怒火即可得知，執照持有者相當不滿。

為了更了解這個問題，我們來看看紐約市的執照制度。

執照與標章

在經濟大蕭條時期，失業率居高不下，許多人轉為在紐約市一帶開計程車，賺取收入。但市場過度飽和的結果，就是整個產業很快變得無利可圖。執業的計程車共超過三萬輛，比乘客人數還多。司機無奈之下，只能延長工作時間，才能謀生。司機不得不長時間開車，久而久之無論是汽車的狀況，還是自身的健康都深受影響。

紐約市政府為了限制計程車數量，推出執照制度。總共只發出一萬六千九百份執照，也就是標章，計程車的總數等於減少了將近一半。如此一來，計程車司機供給量過高的問題是立刻解決了，但很快又製造出一個嚴重得多的問題：標章持有者的卡特爾（即獨占團體）。

標章是可以買賣的，意思是駕駛計程車的權利是可以轉讓的。久而久之，隨著紐約市成長，計程車服務的需求也有所增加，但執照數量仍然不變，因此開計程車的獲利，遠遠高於適度競爭的市場應有的獲利。標章的價格也因此大漲（見圖十）。

標章在一九三七年的發行價格是十美元。不到十年，價格就調漲了二十五次，變成二千五百美元。到了二〇一三年，已經漲至一百三十萬美元。

這種現象與不動產市場相似。唐・萊利從他在泰晤士河南岸的房地產歸納出的道理[2]，就是紐約市計程車執照持有者，從標章歸納出的道理：城市的成長，以及新住宅、辦公大樓、交通網路等改善項目的投資，會吸引企業與人潮，他們的資產價值也會因而大增。他們不需要承擔額外的風險，也不需付出額外的努力，只要持有稀有的資產，就能得到如此報酬。重點在於持有，而非做了什麼[3]。

可想而知標章的持有者，是竭盡所能阻止更多標章核發，為此不惜遊說政治人物，在選舉時提供獻金。他們的努力成效卓著，直到將近六十年後，也就是一九九六年，才終於核發新執照。

圖十：1940 至 2010 年紐約市計程車標章數量與價格

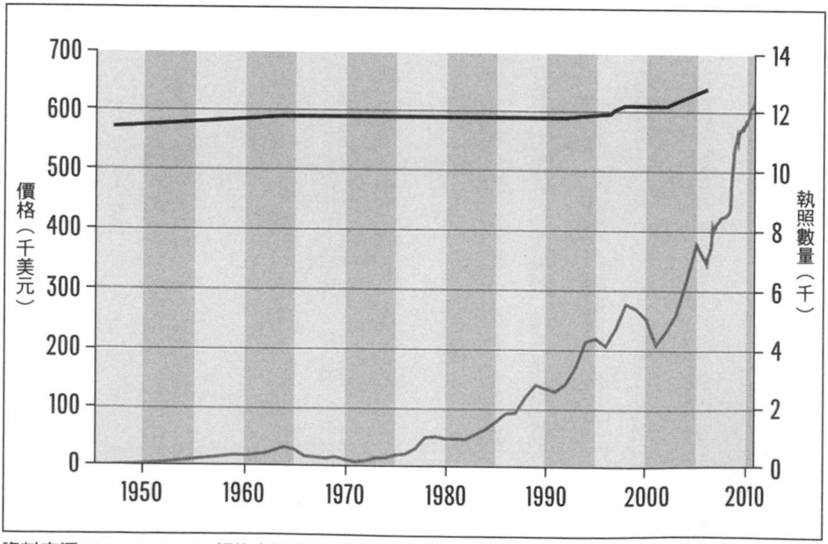

資料來源：luiscabral.net。紐約市計程車數量（水平線，右軸），以及商業標章價格（上升線，左軸）。

在 The Big Issues 販售者使用的販售點的例子，我們能看見地段價值與薪資的巨大差距。計程車標章的例子則有所不同。持有標章的人當中，很多根本不開計程車，標章變成他們致富、過好日子的工具。莫斯坦家族便是如此。莫斯坦爺爺在一九三〇年代拿到一個標章，後來又買了幾百個。他的兒子開設了貸款公司，借錢給那些想購買不斷漲價的標章的計程車司機。等到孫子安德魯加入家族企業的時候，家族已經跨足經營房地產、消費貸款，甚至擁有賽車隊，極其富有[4]。

相較之下，計程車司機的薪資並沒有成長。持有執照的人只要將執照出租，承租的人就必須長時間工作，才能賺取足夠的盈餘，也才有像樣的薪資。所有的風險都在司機身上，而不是在執照持有人身上。先前幾章告訴我們，勞工賺取低薪，而稀有資產的持有者，則是得到所有的額外價值。

標章的價格高昂，因此大多數的標章為少數人所持有。這是因為他們以現有的執照賺取租金，再以租金買進更多標章。

Uber 之類的網路預約出租汽車應用程式的問世，為市場增添五萬名新司機，也打破了這個局面。只要使用 4G網路智慧型手機的應用程式，這些並未取得執照的司機，就能為你服務。他們的成本較低，因此收費也較低。這種創新服務，導致標章的價值重挫，截至二〇二一年底，標章的價格已經重挫超過百分之九十，跌至十萬美元左右[5]。

受影響最深的執照持有者，是吉恩・弗里德曼，又稱紐約的「計程車大王」。他持有的標章，大約介於八百至一千一百個之間。他拿這些標章抵押借款，用借來的資金打造商業帝國，包括販售高端睡衣的連鎖店，也接連購買幾處房地產，例如位於曼哈頓公園大道旁，三百七十平方公尺的連棟住宅、紐約州布里奇漢普頓的一座莊園，以及法國蔚藍海岸的一處別墅。他所持有的標章價值大跌，只好將不少標章轉讓給債主抵債。

弗里德曼安排他旗下的司機上街頭抗議，自己則是循司法途徑，對抗產業改革。他與當時的紐約市長麥克．彭博見面，引爆一場唇槍舌戰。大為光火的市長吼道：「我他媽的就是要滅了你們這一行！」下一位市長的競選經費，弗里德曼捐獻了不少。經濟租受到影響的時候，通常就能看出金錢與權力的關連。我們在下一章會再討論這一點[6]。

新科技讓更多司機加入計程車市場，現有執照的持有者會倍感壓力也很正常。這就是巴黎的那場抗議演變成暴力衝突，寇特妮．洛芙的司機被挾持的原因。

除了計程車以外，許多行業也需要執照，例如博弈、漁業與林業，以及與科技有關的產業，比方說智慧財產權。一個經濟體中最重要的執照，大概是銀行執照。持有銀行執照，就有權力製造現金供給。執照制度會產生一個重要影響，就是會製造稀有性，稀有性會帶動價格上漲。在大多數的情況，執照持有者能享有法律的保障與特權，擁有執照所創造的不斷流入的收入，還能交易執照，或是以執照抵押貸款，套出現金價值[7]。

租金清單

經濟租的來源還有很多種。機場、公用事業之類的自然獨占能產生租金。自然界的恩賜，例如能源（石油、天然氣、鈾）以及水資源，也能產生租金。我們在第十一章會討論自然資源的重要性。下表列出經濟體中經濟租的主要來源。

表四：經濟體中經濟租主要來源列表

類型	經濟租資產舉例
土地	住宅、商用、鄉村等土地
自然資源	能源，例如碳氫化合物（石油與天然氣）、鈾、再生能源
	底土礦物，地表上下的礦物
自然獨占	水權
	計程車執照
	機場
	公用事業
	漁業與林業執照
	博弈執照
	電磁頻譜
	衛星軌道權
	網際網路基礎設施
執照及其他來源	網域名稱註冊
	銀行執照
	企業共有財
	專利
	停車費
	公共運輸
	酒類執照（或是其他遭禁的商品與服務）
	行車執照
	排放權
	廣告
	繫泊權
	路權
數位經濟	數位貨幣以及非同質化代幣
	數位平台

上表的最後一行，是現代經濟越來越重要的經濟租來源：數位平台。

殖民虛擬空間：數位平台

在網路時代，平台租金的重要性大有提升，因此現在有些經濟評論者，提出一種新型態的資本主義，叫做「平台資本主義」。平台是亞馬遜、Google、Meta、Airbnb，以及Uber這些企業建立的有價值的數位位置。買家與賣家可以在此交易商品與服務[8]。常有人認為，這些企業是「創造電子商務進行的市場」。

用一種比喻，也許較能說明這些平台的作用：平台就像是網際網路廣大的新數位大陸上，第一批出現的殖民聚落。網際網路空間就像新世界的原始大草原，在早期充滿了各種可能性，但並不怎麼有價值。但正如實體土地，網際網路空間完成下列建設之後，價值大增：建設高速寬頻網路、核發電磁頻譜許可、發射衛星、架設電纜、管路等數位網路的基礎設施、建立全球標準，以及開放數十億網路公民藉由非常精密的電腦、平板電腦及智慧型手機使用。這些作為讓數位「土地」價值暴漲。這些平台公司率先占領數位空間，開拓成類似殖民地的地盤，也因此成為網際網路的統治者與收租者。他們對於在自家地盤上營運的人與公司，有著莫大的影響力。

新的公司當然可以創設自己的平台，與最早出現的平台競爭，但最早出現的平台因為最早出現，所以擁有極大優勢。這種優勢在於：

- 網路效應（使用服務的人越多，服務的價值就越高，因此競爭對手必須達到同樣的規模，才構成威脅）。
- 競爭對手必須付出極高的前期成本，才能達到類似的規模經濟，也才具有真正的競爭力。
- 範圍經濟（有能力將自身在一個領域的優勢，轉移到另一領域，例如將賣書的優勢，轉移到賣居家用品[9]）。

現任者也擁有數位鄰近與預設的優勢。網際網路使用者，通常缺乏時間，也沒有耐心花很多時間，尋找另一家服務提供者，所以往往會使用「距離最近」，或最熟悉的服務提供者。在實體世界，消費者也喜歡鄰近所能帶來的便利[10]。現任者亦可在較新、較能創新的競爭對手坐大、形成威脅之前予以購併，鞏固自身的獨占優勢（同時吸收新平台的科技，或是默默予以廢棄[11]）。現任者所擁有的大量收益與現金餘額，足以證明這些企業從數位殖民地汲取利益的能力。

「平台」是個中立的字眼，但數位經濟的平台公司，可並不中立。只要在亞馬遜賣過東西，或是在 Meta 登過廣告，就知道平台的影響力之巨大，能決定誰的產品賣給誰，又是以什麼樣的條件賣出（尤其是交易的產品，是平台販售的產品的競爭對手的時候）。

平台公司稱霸數位世界，也能透過種種手段，拿捏員工與供應商，例如連雇主應承擔的義務都不願承擔（Uber），以及即使在獲利一飛沖天之際，也揚言要將工作外包，通常是外包到海外，以持續壓低薪資。計程車執照制度也是如此，這些都是經濟租定律的效應。

經濟租的另一項重要來源，是這些企業有能力監控、彙整大量使用者行為的資料集，運用在商業用途。資料的價值是由公眾製造，卻被平台私自擷取[12]。也許有人認為，這些平台服務通常是免費提供，所以受到監測是一種交換條件（俗話說得好，「如果你沒付錢買產品，那你就是產品」）。然而在實體世界，一個人要進入一棟建築物做生意，通常不需付費。而且最了解顧客的往往是企業主，而非房東。平台公司能控制私營交易的程度，是以前的殖民強國意想不到的。

十九世紀頗負盛名的企業家，例如范德堡、洛克斐勒、摩根、梅隆，以及卡內基，都是以私營方式收取租金，進而成就企業帝國。二十一世紀上演的是同樣的歷史，只是換了一群人物：貝佐斯、布蘭森、蓋茲、米塔爾、馬斯克、史林、祖克柏。

隨著我們的經濟生活遷移至元宇宙，已經可以公然持有數位空間：區塊鏈不可造假的紀錄能保障財產權。我們使用非同質化代幣（NFT），能交易多種資產的一小部分，例如藝術品、另類貨幣。甚至還能透過自然資產公司，買賣大自然。未來的經濟租會有多麼龐大？我們會發明多少投機炒作經濟租的途徑？除非控制得當，否則二十一世紀的循環，將達到我們無從想像的規模，而且會同時發生在數位宇宙、實體世界，也許甚至包括外太空的聚落與運作。

我們注定要一再經歷這種循環，永無休止嗎？這的確是個很重要的問題。你已經知道循環的起因，不妨想想，為何沒人發現循環的存在。最有學問的專家，竟然沒發現循環的存在，實在令人費解。如果他們沒發現，那又怎麼可能解決？倘若沒解決，後果又會是什麼？

這些重要問題的答案，就是下一章的主題。

致富祕訣手冊，第四部分

買進具有數位、自然，以及法律優勢的企業

重點提示

這一章詳細介紹我們運用經濟租定律的方式。致富祕訣手冊的這一部分所能歸納出的道理，是經濟租定律亦可應用在更多種的可投資資產。

投資界的傳奇人物華倫．巴菲特，偏好投資具有「護城河」的企業。這些企業或因產品，或因自身在業界的地位，不會面臨競爭，所以獲利不受影響，也有充裕的資金能用於擴張。最理想的護城河，是擁有獨占的地點與執照，因為這些類型的護城河有政府保護，被攻破的機率大減。

一、數位租的價值，代表控制網路空間的程度

不少人認為科技公司的股價過於昂貴，通常是目前收益的好幾倍。這種顧慮雖說有理，但必須放在整個情境來看。科技公司的資產價值來自經濟租，經濟租不見得是連續的收入，而是資本利得。

這又一次與實體世界的經濟租類似。想想在日漸成長的城市，擁有一塊空地，萊利在倫敦橋附近的鄰居便是如此。空地並沒有租金收入，但隨著周圍環境的經濟不斷發展，這塊空地的價值也會大漲。土地漲幅一旦公開，會在公司的資產負債表累積，而不是出現在公司的損益表上。數位世界的租金，也是依循同樣的過程。投資人花錢以控制數位空間，並將數位空間私有化。這些投資人如同新大陸的拓荒者，占領大片土地，隨著遷入人口越來越多，土地價值將一飛沖天。

二、投資具有數位、自然，以及法律護城河的公司

數位、自然，以及法律護城河能產生租金，因此你應該投資下列公司：

a. 擁有或能控制數位空間，這樣的企業在未來數十年將更為重要。

b. 受惠於自然資源，包括開採自地球及小行星的礦物，或是獨家享有進入太空的權利（例如運行軌道）。

c. 擁有執照，能在經濟活動漸趨活躍的領域提供服務。

其實只要持有追蹤股市指數的投資組合，就能間接投資這些類型的公司，因為在股市，（市值）最大的公司，如今主要的收入來源都是租金[13]。

第五章
經濟學的腐敗

是這個世界蒙蔽你的雙眼，害你看不到真相。

——莫斐斯，《駭客任務》

查爾斯・達洛在一九三五年三月十九日的早晨，走進曼哈頓第五大道上遠近馳名的三角形的熨斗大廈，步伐很是輕快。知名遊戲業者帕克兄弟想與他簽約。這家公司願意以七千美元，以及未來獲利分紅，換取行銷、銷售達洛的房地產遊戲的權利。

達洛用不著考慮多久，就答應了。這麼好的條件豈容錯過。他原本是散熱器修理工，後來失業，在經濟大蕭條時期，一直找不到工作。他想盡辦法想維持生計，連遛狗的差事也做，卻無法打平開銷。他頗感羞愧，自己幾乎無力養家，只能依靠妻子做些女紅，賺取微薄收入。這種艱難的日子就要結束了。

他萬萬料想不到接下來的事情。他始終覺得他的遊戲應該能賣錢，卻沒想到突然暴紅。短短幾年，他已賺進鉅額分紅，全世界都認識了《地產大亨》這款遊戲。

帕克兄弟一心想保護自己的投資，於是申請專利。他們問達洛，遊戲的構想從何而來？他說，當初是幾位朋友對他說，在一個大學課堂上，教授發給學生假的錢，要學生用這些錢投資，他的構想便是由此而來。達洛後來又向當地的一家報社表示，發明這款遊戲是「靈光一閃，完全是意外」。當時失業的他，有不少時間可以打磨這款桌遊。帕克兄弟將達洛白手起家的經歷，當成行銷賣點，因為這段經歷與遊戲的概念十分吻合。《地產大亨》遊戲在一開始，每一位玩家都握有少量現金，而玩到最後，有一位玩家會變得極為富有。

但達洛的故事是捏造出來的。《地產大亨》根本不是他發明的。這款遊戲的真實由來，遠比捏造的故事精采。遊戲的目的雖說是休閒娛樂，但也有教育意義[1]。

大家應該都熟悉《地產大亨》。《地產大亨》是全世界最長壽，也是最受歡迎的遊戲之一。但我們玩這款遊戲的原因，以及從中歸納出的道理，卻與遊戲的宗旨完全相反。我們在這一章會討論，現在的人不知道《地產大亨》宗旨的原因，正是許多人從不知道景氣循環存在的原因。世人沒能領悟這款遊戲的意義，也釀成後來的悲劇。

《地產大亨》的真正發明人：社會行動主義者

達洛自己是幾年前，經由鄰居陶德一家人介紹，才認識《地產大亨》遊戲的概念。陶德先生說，幾位玩家一開始各自擁有相同金額的現金，以順時針方向移動自己的棋子。達洛立刻受到新遊戲吸引，因為在當時，環形的桌遊並不多見。棋子走到棋盤上以本地街道命名的某一格，只要玩家手上的現金足夠，這一格又還沒有人購買，玩家即可購買紙牌繪製的所有權狀。玩家每走完棋盤一圈，就會獲得額外的一筆現金，作為走完一圈的工資。棋盤的一圈代表人生的一個階段。玩家若是走到其他玩家擁有的空格，就必須支付租金，才能在該空格上停留一輪。付租金是免不了的，因為總得停留在某一格。玩家定期領取工資，就能支付每走一圈必須支付的租金，以及其他大大小小的生活支出與稅金。玩家若有剩餘現金，可以決定是繼續持有現金，還是用於購買公用事業或土地。

陶德說，最佳的遊戲策略，就是以最快的速度，多買一些土地。等到所有的土地都有人買下，好戲就開始上演。如果你持有位置相鄰的土地，也就是顏色相同的土地，你就壟斷了土地。你可以在土地上蓋房子，其他玩家的棋子要是碰巧落在你的土地上，你就能收取高昂得多的租金。遊戲突然翻轉。在所有土地都由玩家收購之前，每一位玩家都有充足的現金。等到所有的土地都由玩家收購，就變成大多數的玩家持有大量資產，卻欠缺現金。接下來就是玩家之間的競爭，看哪一位壟斷土地的玩家能收到夠多租金，足以讓其他幾位玩家耗盡現金，不得不賣出房地產，最後破產收局。

《地產大亨》是個複雜的遊戲，但達洛很快發現，遊戲與現實人生如出一轍。玩家在遊戲中，必須判斷要買進什麼，要蓋多少房子。遊戲的過程印證了「現金為王」這句商場上的老話。但這個遊戲也有碰運氣的成分。第一個壟斷土地的玩家，就能控制整個局面。而能否壟斷土地，則是取決於運氣（也許這一點也像現實世界[2]）。

達洛問起這款遊戲的發明人，但陶德並不知道是誰。他手上的遊戲，也是朋友在那年稍早給他的。其實這款遊戲當時已經風靡美國東北部。每位玩家都擁有一套手工製作的原版遊戲，也發展出具有本地特色的地名與規則。而原版遊戲的專利，則是由一位名叫伊莉莎白・瑪吉的不平凡的奇女子持有。

瑪吉是個聰明、有創意，受過高等教育的女性。她是為女性爭取選舉權的運動人士，也是詩人、散文作家、演員、發明家。一八九三年，二十六歲的她為自己發明的裝置申請專利。這款裝置能加快打字機裝紙的速度。在當時，世界上只有不到百分之一的專利為女性持有。

她發現，自從住宅有了電力，一家人在日落之後也能有休閒娛樂，越來越多中產階級人士，會在晚餐後玩桌遊。向來鼓吹社會與經濟正義的她，偶然有了構想，要發明一款寓教於樂的遊戲。於是她發明了房地產桌遊，稱之為《地主遊戲》。這款遊戲在一九〇四年，成為全球第一款取得專利的桌遊。她希望遊戲能量產，想賣給一家公司，但為了遊戲能普及，她只能允許其他人複製。達洛謊稱發明了遊戲的時候，這款遊戲已經歷經超過三十年的考驗與改良。達洛靠這款遊戲，賺進數百萬美元之譜的分紅。瑪吉到了晚年雖說不至於窮困潦倒，卻也不算富有，也沒能看見自己的願景成真。《地產大亨》後來的成功，證明了她顯然發明了一款趣味十足的遊戲。但她發明遊戲的真實目的，是想體現十九世紀知名經濟學家、社會思想家亨利．喬治的思想。

史上最知名的經濟學家

亨利．喬治在一八四〇年代，成長於費城的一個信仰虔誠的家庭，在十四歲那年輟學。他不曾在大學主修經濟學，也沒接受過經濟學的正規訓練，後來卻成為史上最知名的經濟學家[3]。

喬治在年輕的時候四處漂泊。他有漫遊癖，在一艘前往印度與澳洲的船隻工作。他後來前進位於美國西部的加州，尋求黃金與財富。他早年的生活就是辛苦工作，中間穿插著幾段失業期。他就像達洛，也能體會無力養家的辛酸。

後來他總算以寫作為業，畢竟先前從事過新聞業，累積了些經驗。年輕時的他廣為閱讀，對經濟學尤其感興趣。他成長於鍍金時代，也就是經濟與社會飛速變遷，導致不平等與動盪嚴重的時代。生性好奇又努力不懈的他，當然會想解開那個時代的謎團：為何在經濟進步神速的時代，總會有大量人口陷入貧窮，艱難度日？為何經濟在大幅成長之後，往往會陷入蕭條？

他身在舊金山這個迅速成長的城市，思索這些問題多年。他一直到一八六九年，在人生的正中點，去了紐約一趟，才靈光一閃，發現了答案。

他後來寫下這段經過：

在那一刻，在白天的市區街道上，我的腦海突然閃過一個念頭、一種景象、一個呼喚，要稱做什麼都行。但我的每一根神經都在顫抖……

……我第一次發現，潑天的財富與困窘的匱乏之間驚人的差距。

於是他向自己承諾：

我立誓要找出導致幼童陷入大家所知的貧民區生活的原因，如果可以，我也想根除這種原因。我下了決心，也從未動搖。

他在後半生，都受到這項神聖的使命驅使。一八六〇年代末的美國，因為鐵路建設而欣欣向榮。第一條橫貫大陸鐵路，於一八六九年五月完工，但喬治在此之前，已經看見鐵路的其中一項效應。有一天，他在舊金山市區外乘車，問起一片農地的價格，對方回答售價是一千美元。當時的平均價格，大約是每英畝五美元。炒作土地的人，比鐵路更早進入這一州。鐵軌多鋪設一公里，他們就又多一大筆橫財入袋。就在這一刻，謎團自己解開：

突然閃過一個念頭，我頓時領悟，之所以有些人越富有，有些人就越貧窮，是有原因的。人口越多，土地價值就越高，而在土地上耕作的人，必須花更多錢才有權耕作……彷彿由閃電照亮，我沉思的思緒頓時變得清澈、連貫……我頓時發現一種自然次序。這樣的經驗，能讓從未有此經驗的人感覺到，依稀能理解神祕主義者與詩人所說的「狂喜的洞見」。

他的「狂喜的洞見」，就是發現李嘉圖的經濟租定律，正在美國的發展過程中上演。他也發現，經濟租定律正是進步與貧窮共存，也是工業經濟每隔一陣子就會遭到毀壞的原因。我們在第二章討論的見解，源自喬治的思想。喬治的靈感來得正是時候。鐵路落成的時間，正好是房地產循環的最高峰。不久之後，美國經濟就會崩潰，半數的鐵路公司將會倒閉，五萬四千家企業將會破產，五千家銀行將會倒閉。這段時間史稱長期蕭條，延續了大半個一八七〇年代。

瑪吉發明的遊戲所要呈現的，正是這段過程。每位玩家每經過棋盤上的「開始」一次，就會得到一份工資，可以用來支付租金。遊戲繼續進行，玩家在自己的土地上蓋房子，也就是說這個經濟體繼續發展，租金也大漲，漲幅遠超過工資。玩家唯一的選擇，就是收租金、炒作土地，哪怕只能在遊戲中多活一點時間。久而久之，所有的閒置資金都被吸入不動產市場。玩家之間的差異很快顯現：擁有最多土地的玩家因為運氣好，最先拿到最好的地點，所以累積的財富遠勝其他玩家，其他玩家則是損失慘重。沒有一位玩家能永保安全。一位玩家在這一輪現金充裕，到了下一輪，若是走到另一位玩家所持有的蓋滿房子的土地，就有可能破產。經濟如同喬治所言，向來就不穩定。

如果有人懷疑土地在這個過程的重要性，那請看完遊戲附帶的瑪吉所寫的說明文字，所有的懷疑都會煙消雲散：

《地主遊戲》是依據目前主流的商業方法所設計……壟斷土地的人，在遊戲中握有絕對優勢。

為了強調這一點，她說：

如果有人先證明了這個遊戲的原則是依據現實情況，又想證明這句話確實無誤，只要將所有土地給予一位玩家，再將其他所有的遊戲優勢，交給其他玩家。在遊戲一開始，發給每位玩家一百美元，讓玩家按照規則玩遊戲，但地主不能得到工資（亦即經過「開始」也不能得到一百美元）。只要使用這個簡單的方法，就能證明壟斷土地的人，確實是稱霸世界的人。

喬治的解方

但喬治已經立誓要找到這些問題的「解方」。他擅長綜合：他並沒有分別解決不平等與景氣循環的問題，而是找到能解決這二個問題的一套方案。既然問題是出在土地投機炒作，公眾產生的價值被私人拿走，喬治的解決辦法，是收取服務費或土地稅，將這項價值歸公。如此一來，土地投機的誘因就沒有了，因為誰也無法賺取土地漲價所帶來的非勞動所得[4]。土地漲價是由公眾創造，理應歸還給公眾。這些錢可以用於投資基礎建設與公共服務，大大增強我們經濟的生產力。在另一方面，喬治說人民的收入以及企業的獲利，都屬於私營所產生的價值，因此應該免徵扭曲性租稅。徵稅就等於是沒收。

換句話說，在現在的制度，公眾創造的價值，被少數私營的個人吸乾，因為土地無論在過去，還是現在，都是高度集中在少數人手裡。而廣大經濟體系的所有成員共同產生的私營價值，則是被稅務人員取走一部分。喬治想匡正這樣的制度。如此即可解決貧窮的問題，因為企業與家庭都能從越來越大的餅中，分到應得的部分。包括亞當・斯密在內的古典經濟學家，很清楚這種方式的好處，但沒有一位能闡述得像喬治那樣簡潔有力，能讓世界各地的普通人都理解。

喬治的解方是瑪吉的遊戲的精髓，也是瑪吉發明遊戲的最主要原因。遊戲有二套規則。一套是剛才介紹過的，凸顯出整個體系的不平等與不穩定。第二套規則在其他方面都相同，只有一個地方不同。玩家走到一個地方，不必再支付全額租金給地主，而是支付地租給全體國民，再付房租給該土地上房屋的屋主[5]。房租一開始會高於地租，但隨著遊戲進行，地租也會增加。

依據第二套規則，公共的財政收入會用於改善整體環境，包括建設公用事業，提供免費教育，以及提高玩家經過「開始」時能領取的工資。玩家不需要繳交其他稅金，久而久之就能累積盈餘，也就能開發土地，收取房租。結果是隨著遊戲進行，公共財富累積得越來越多，每位玩家皆可分享。重點在於無論遊戲持續多久，沒有一位玩家能藉由壟斷土地，導致其他玩家破產。這就是喬治的解決方案：更公平，壟斷土地者無法賺取非勞動所得，整個制度也沒有固有的不穩定性。解決方案的種種好處，就呈現在一款適合晚飯後玩的趣味桌遊。

喬治履行了他的誓言。他找出了問題的成因，也想出了解方。在他看來，解方必須付諸實行，是不言而喻的。畢竟這是舉世通行的道德法則：人人皆平等，皆應享有追求成功的機會，也皆應享有共享公共財富的機會。

喬治於一八七九年發表 Progress and Poverty 一書，闡述他的發現，各界大表激賞[6]。他起初不得不自行出版，首印量才五百本，不過很快就有出版社接力出版。真正暴紅是在英國發行的時候，立刻登上經濟學暢銷榜。那不是一本專門寫給象牙塔看的大部頭書，而是直入社會大眾在意的議題。每一位英國知名經濟學家，即使不喜歡與非學界人士打交道，也不得不回應喬治的構想，擺出一副指導他的樣子。世界各地都有人發起運動，響應喬治提出的解決方案，鼓吹社會與經濟改革，久而久之也點燃美國的進步運動。

成名之後的喬治，於一八八〇年代多次巡迴英國各地演講。他成為繼偉大的老首相威廉・格萊斯頓之後，全英國最多人談論之人。據說當時只有二位美國人比他更有名，一位是馬克・吐溫，另一位是湯瑪士・愛迪生。

到了一八八〇年代末，喬治已經成為英國自由黨的顧問。他的勝利時刻出現在一八九一年，自由黨正式採用他提出的解方，作為經濟政見的核心。偉大的首相自己一開始雖然存疑，但在女兒瑪麗等人的勸說之下，也認同喬治的理念[7]。

當時的喬治已是世界名人，在美國競選公職。但他的健康不斷惡化。他在一八九〇年中風，雖然恢復到能行動的程度，卻仍然在一八九七年競選紐約市長期間二度中風，這次要了他的命。他的葬禮是政治家的規格。棺木中的遺體在大中央車站開放公眾瞻仰，超過十萬人前來致意。自林肯總統於一八六五年去世以來，喬治是最多人致哀的美國人。

這位堅持不懈，專心一意，沒受過正規教育，卻相當博學的加州人，完成了一本不朽的經典。Progress and Poverty 於一八九〇年代賣出三百萬本，暢銷程度僅次於《聖經》。到了一九三三年，哲學家約翰．杜威估計，「這本書的銷售量，超過所有其他政治經濟學書籍的銷售量總和」。史上從未有一本經濟學書籍，能達到如此銷售量。這本書即使到現在，依然是史上最多人閱讀的經濟學書籍。

喬治極有名望，在政壇也頗具影響力，他的思想難免會與根深蒂固的金融與土地利益團體有所衝突。這個現象在他去世後，也並未改變。他窮盡後半生之力提出的解方，將由二位意想不到的擁護者推動，進而掀起一場動搖英國國本的驚天衝突。

人民預算

> 這是戰爭預算，是要募集資金消滅窮困，不達目的誓不罷休。我不免希望，也不免相信，在這個世代的人去世之前，我們將已經朝著美好的時代邁出一大步。在那美好的時代，貧窮，以及伴隨貧窮而來的悲苦與屈辱，將徹底遠離我國人民，一如昔日在我國的森林中，氾濫成災的狼群。

英國財政大臣大衛．勞合喬治以這段宣言，結束他對英國下議院的演說。這次的演說，是要提出自由黨政府一九〇九年的預算案。這項預算案包括第一批依照亨利．喬治的主張，所做出的稅制改革的條款。這項預算案稱為「人民預算」。

勞合喬治向貧窮宣戰，但他真正的敵人，是控制英國大部分的公共事務的貴族。英國國會為兩院制，下議院全部席位都是經由選舉產生，上議院則盡是些世襲地主。

政爭就此展開。勞合喬治的身旁，站著一位口若懸河的年輕人。他的名字是溫斯頓．邱吉爾。這是一對意想不到的組合。勞合喬治是屬於勞工階級的威爾斯人，向來排斥世襲特權。邱吉爾則是出身貴族的英格蘭人，家族世世代代都是貴族地主。但兩人的目標一致，都想實現喬治提出的解方。邱吉爾想贏得這場戰爭，也與個人因素有關。他脫離原本的政黨，加入自由黨以推動人民預算，但他畢竟是貴族出身，所以離別時想必很痛苦[8]。勞合喬治與邱吉爾雖然非常不同，卻是相當強大的組合，反對勢力稱之為「恐怖雙人組」。

顯然一場惡鬥即將展開。充斥收租地主的上議院，絕大多數議員都是保守黨員，反對自由黨政府。而且這些上議院議員，在下議院也有走狗，要修理政府不愁沒手段。在一個漫長炎熱的夏季，在野的保守黨針對政府的法案，推出一項又一項修正案，沒完沒了。能使出的拖延手段全使出來了，包括在深夜討論是否允許深夜開會。在野勢力一再找碴，邱吉爾有一次還因為穿著睡衣出席而遭到指責。歷經六個月耗時費力的辯論，下議院才終於通過了自由黨政府的預算案。

勝利時刻即將到來。喬治雖然沒有活著看到這一天，但他提出的解方，即將成為當時世上最重要的國家的法律。

反擊

自由黨政府的改革，有強大民意為後盾。依據英國憲政微妙的慣例與先例，上議院必須通過民選的下議院所支持的財稅法案。政府預料到保守黨控制的上議院，可能會違反憲政慣例，所以表示上議院若否決法案，政府將立法取消他們的特權。

上議院領袖蘭斯當侯爵會怎麼做？他只是動了否決法案的念頭，都足以讓多位上議院議員大為緊張。他們再怎麼反對改革，還是苦勸蘭斯當侯爵別否決法案，畢竟若是為此失去政治權力，損失未免太大。

蘭斯當侯爵卻沒那麼好騙。既然法律並沒有規定不能否決財稅法案，他下令動用否決權，等於引爆英國脆弱憲政體系之下的炸彈。

政壇就此開始動盪。一九一〇年舉行了兩場大選，決定是否廢除上議院的權力。一九一一年的《國會法》，正式廢除了上議院否決法案的權力。

在這幾場選舉，自由黨政府失去在下議院的壓倒性多數優勢。儘管後來推出地價稅，一九一四年大戰爆發後，也不得不停徵。大戰結束後，英國的保守黨政府又廢除地價稅。由喬治發起、邱吉爾支持的運動本應歡慶勝利時刻，沒想到就這樣被打斷。政府甚至還將收來的地價稅還給地主。這絕對是人類史上難得的例子，政府竟然主動歸還合法收來的稅金。這是終極的恥辱。

瑪吉說得對。正式的政治權力是次要的，壟斷土地的人，才是這世界真正的霸主。蘭斯當也理解這個道理：「地主貴族與政府是一體的，政府只不過是一個維護地主貴族權力與特權的組織罷了[9]。」從他狹隘的利益來看，他所做的政治決定完全正確。

地主利益團體最終勝出，阻擋了他們眼中有違正常秩序的反叛。但喬治與當時也有著作在外流通的卡爾・馬克思不同，並不是革命份子。他的聰明才智，在於凸顯出現今制度的最高理想，亦即自由市場經濟，是可以實現的[10]。這就是瑪吉的遊戲核心概念：只需要稍加調整規則，要求玩家向公共金庫繳交地稅，其他規則都照舊。這樣一來，幾乎**每一位玩家**都會更富有。

政治反擊暫時奏效。但收租的地主也面臨一個問題。他們是在情急之下破壞英國憲政，喬治的提議才沒能在英國實施。喬治去世之前，差點贏得紐約市長寶座，那可是全美國最具影響力的民選高階公職之一。喬治的理念，在世界各地都有不少追求進步的政治人物與運動人士認同[11]。喬治的解方廣受歡迎，而且是正確的。支持喬治的知名人物托爾斯泰說得對：「很多人並不反對喬治的理念，只是不知道而已（而且除了認同，也別無其他選擇，因為一旦熟悉喬治的理念，就忍不住要認同[12]）。」

在一個人民知識水準較高，能理解喬治的理念的民主國家，喬治的解方對於收租地主的利益，始終是個威脅。若要徹底剷除喬治的解方，需要一個更深層、更狡詐的策略。無論使出何等詭計，都要想辦法贏得這場思想之爭。

學術的腐敗

在一八八〇年代，幾乎每一位經濟學家，都認為有必要撰文探討喬治的解方。有些學者頗為認同喬治的觀念，但也有很多學者無論是自願還是被迫，並不認同。商學院與經濟學院的觀點，通常較為保守，而且美國的商學院與經濟學院，非常依賴富人捐贈。富人捐贈是有條件的：這些學院不得發表損害有錢金主利益的言論，也不能與這樣的觀點有所牽連。

當時最有名望的幾間大學，都是由國內最知名的地主資助：芝加哥大學（約翰・戴維森・洛克斐勒）、哥倫比亞大學（約翰・皮爾龐特・摩根）、賓州大學（約瑟夫・華頓），以及康乃爾大學（以創辦人埃茲拉・康乃爾命名[13]）。他們能累積大筆財富，是因為聽話的國會，在十九世紀末由鐵路創造的經濟繁榮期間，給予他們土地，他們又拿到其他獨占權。喬治的解方，等於是正中這些地主的要害。這種提議斷然不能容忍。賓州大學經濟學家史考特・尼爾林付出了慘痛的代價，才悟出這個道理。他認同喬治的理念，也在課堂上拿瑪吉發明的遊戲當作教具，又在一九一五年，在認同喬治理念的刊物發表文章。這樣做的下場卻是被免職。賓州大學的一位董事說道：

> 華頓學院的教職人員，卻傳授與學院創辦人背道而馳的學問，而且矢口妄言，完全不符華頓先生廣為人知的觀念，無視商界人士的保守觀點……

只要想想，比方說華頓在紐澤西占地十萬英畝的莊園，就不難想像何謂「與創辦人背道而馳的學問」。絕對不能容忍異議。

壓制學術思想自由是一種手段，但還是需要一個一勞永逸的方法，免得每一場新危機過後，喬治的理念春風吹又生。要斬草除根，就要將喬治的解方打成忌諱。要形成沒人敢提起的風氣。這些人使出的手段很高明：重新塑造經濟學，讓絕大多數的主流人士都不會再提起。重新塑造經濟學的工作，由哥倫比亞大學兩位經濟學家領軍。一位是約翰．貝茨．克拉克，另一位是艾德溫．賽里格曼。兩位對於經濟學與租稅政策的影響非常深遠[14]。

喬治之所以主張按照土地價值收取服務費，而不是按照薪資、獲利收取服務費，是因為土地作為生產要素，具有獨特性，而且徵稅會扭曲、也會破壞經濟活動。所以要從學術角度推翻喬治的主張，第一步就是要證明，土地並沒有那麼獨特。既然土地並不獨特，那就應該視同薪資、獲利。既然不應對薪資、獲利課稅，那就也不應對土地課稅。

但要怎麼證明資本，例如生產所用的資本設備，跟一塊土地、一個空間是一樣的？無法證明。研究真實世界的學科，是無法證明的。然而積極進取的克拉克，倒是找到了解決的辦法：將經濟學帶到幻想的領域。在幻想世界，資本是永恆的，是永遠存在的，一如柏拉圖式的靈魂，會流動或「轉生」，從一個物體到另一個物體，從工廠到機械再到土地。他的論點說穿了就是：你要花錢才能蓋工廠，也要花錢才能買土地，所以工廠跟土地一定是一樣的。既然工廠是一種資本，土地一定也是，而且兩者都是永久的[15]。

不怎麼思考的人，也許乍聽之下會覺得合理，但這些論點其實站不住腳。儘管如此，這些論點經過一再重複，變得流行。在精明的行銷包裝之下，這些經濟學的變異有了名稱，叫做「新古典」，彷彿源自洛克、休謨、斯密、李嘉圖，以及法國重農主義者的古典經濟學，所以看似可信，又經過更新，以符合現代的需求。坦白說，這種作法比較像是惡意併購經濟學[16]。這些人的目的，並不是拿一套同樣精確、只是不同的論點，取代喬治精準的診斷。反而是越不精確越好：他們只要種下夠多惑亂的種子，讓合理論證、正確診斷沒有生存的空間，便已足夠。

最後的分析認為，腐化經濟學是一種極為有效的手段。「（這是）科學知識發展史上，最令人髮指的事件之一[17]。」現在的人研究經濟學，就是由這種人為加工的變異演化而來，而且現在主張生產要素有二種，而非三種，因為把土地視為一種資本。我們現在也時常面臨這種語言上的混亂。你把一間增值的房子賣掉，我們稱之為「資本」利得，但其實是房子坐落的土地價值上漲[18]。但凡想得到的經濟變數，我們都會衡量：經濟產出、就業率、貿易量、商品價格、最終財貨與勞務、利率，甚至是城市的照明密度。稅務機關密切掌握我們買了什麼，賣了什麼。但無論在何地，幾乎沒有人有半點興趣，去衡量這些資產當中最有價值的一個：土地。

左右當今政府政策的經濟模型所處的世界，是一個幻想世界。在這個幻想世界，地段並不重要。這些經濟模型的數學計算再怎麼精密，對於現實的表徵，也是粗陋到了極點（但模型的目的，就是要表徵現實）。人類在二千多年前就得知，自己所居住的地球是圓的，但掌管現代經濟的那些傳統的長老，似乎還不懂得這個道理。因為一個地段不重要的世界，等於是平面的世界。

大多數總括的經濟模型，都是依據這個基本概念，所以現在經過專業訓練的經濟學家，並不清楚經濟租推動經濟體走過景氣循環的力量[19]。因此，誰都不知道景氣循環的存在，更不可能去預測。這才是英國女王提出的問題的真正答案。

此外，現在不平等的現象越來越嚴重，不平等的起因，也成了格外熱門的話題。但是相關的分析，卻是混亂得很。多項研究已經分析過現代資本主義的問題：氣候變遷、環境退化、社會與經濟不平等，以及其他種種問題。但沒有一項指出土地，以及我們處理土地的方式，才是這些問題的根源[20]。這些研究甚至都認為，應該將土地與資本綁在一起，所以齊聲護航新古典主義衍生出的腐敗經濟學[21]。

經濟學整個學門的基礎都被推翻，就為了不讓喬治的思想危及菁英富人的金錢利益。一九〇九年之後，雖然景氣循環所引發的諸多事件，一再重創人民的生活與生計，但在大型已開發經濟體，再無人認真考慮喬治的解方[22]。

還有一次最終的轉折。達洛竊取了瑪吉《地主遊戲》的構想，卻將第二套規則，也就是要讓大家明白分享租金的效應的規則，予以刪除。《地產大亨》風靡全球，「大概除了西洋棋以外，沒有一款遊戲能在天下人的心中，留下如此深刻的印象」，瑪吉發明這款遊戲，是想告訴世人，毫無節制的房地產炒作，所能造成的危害。沒想到這款遊戲到頭來，卻淪為宣揚房地產炒作的工具，還真諷刺[23]。

世人也只能自作自受。除了無法理解，也無法預測景氣循環，這種由大學反覆灌輸，再由現代經濟政策不斷延續的無知，又回過頭來戕害西方。

苦澀的收穫

一九八九年十一月，發生了世界史上最重大的事件之一：柏林圍牆倒塌，七十年來殘酷的共產壓迫統治宣告結束。那天發生的事情，所造成的影響非常深遠，史書上也有不少記載。其中包括一則經濟思想腐敗的實例，只是很少人提起。

蘇聯解體後的前蘇聯諸國，擁有大量自然資源。若說世上哪裡有一群國家，能按照喬治提出、邱吉爾支持的理念發展，那就是前蘇聯諸國，而且時機正好。這些國家與英國不同，原本應可建立的經濟治理體系，並不會受到現有機構與制度約束。而且還有政治意志。這些新成立的共和國的人民，從未放棄希望，始終相信總有一天，他們也能選擇生活方式，付出勞力能換取合理的報酬。這些都是他們在共產黨統治之下，無從享有的。

一封於一九九〇年十一月七日發出的公開信，呼籲米蓋爾．戈巴契夫總統推出能定期收取地租的政策，以利蘇聯的市場經濟轉型：

> 蘇聯的市場經濟轉型若能成功，您的人民的富有程度將大為提升……必須將地租列為政府收入來源之一……全面收取地租與自然資源租，能達到三項目的。第一，可以保證沒人能因為手握過多的自然資源，導致同胞的生活無以為繼。第二，政府收取租金，就能負擔對社會有益的活動，既不會導致人民不積極創造資本、努力工作，也不會以其他方式，妨礙資源分配的效率。第三，政府若是收取租金，具有顯著的規模經濟或密度的公用事業等服務，定出的價格就能促使人民提升使用效率。
>
> 最理想的狀態是平衡，應該要讓地主保有透過自身努力，維護且改善土地所創造的價值。而天然固有，以及整體社會共同創造的土地價值，則是應該收歸公有。不應允許土地使用者只

花一次錢，就擁有無限期的權利。為了效率、政府應有的收入，以及正義起見，應該要求每一位土地使用者，每年向地方政府繳納費用，金額相當於別人無法使用，只有地主能使用的這塊土地現在的租金價值[24]。

經濟學雖說出現了上述的腐敗現象，但還是有人理解經濟租的重要性。這封公開信由三十位全球最知名的經濟學家署名，包括三位諾貝爾獎得主法蘭科．莫迪利安尼、勞勃．梭羅，以及詹姆士．托賓。另一位簽署公開信的威廉．維克里，後來也榮獲諾貝爾獎。

包括弗雷德．哈里森[25]在內的專家團隊，在俄羅斯科學院工作，在俄國國家杜馬舉行代表大會與研討會，向俄國的政策制訂者，介紹這個模型。他們與來自丹麥、英國的土地稅專家合作，也在俄國以前的首府諾夫哥羅德，展開先期研究，想證明即使沒有不動產市場，也照樣能迅速成立收取租金的稅制。

從俄國人民起初的反應看來，顯然整體而言相當支持。但正如邱吉爾與勞合喬治在八十幾年前所發現，反對共享租金的勢力相當龐大。從一方面看，俄國的自然資源，已經開始遭到竊取。在一九八九年之前的幾年，國家安全委員會（KGB）已經預料到蘇聯終將瓦解，因此預先竊取財富，以維持自身的影響力。他們需要友善的西方企業，以及腐敗（財務困難）的商人，協助吸收流動的資金。從另一方面看，戈巴契夫在一九八〇年代末期推出的市場改革，只是讓情況更糟。在市場改革之下，年輕企業家得以掌握大型蘇聯企業的盈餘，再以遠低於黑市匯率的價格，轉換成外幣。他們透過這種方式，掌握大量財富，用於買下許多企業。除此之外，他們還得以開設銀行，為自己的企業籌資[26]。

到了一九八九年，戈巴契夫對於先前推出的改革有些顧慮，於是出手限制這些企業能賺取的獲利。但如今已是覆水難收，這些新企業家，轉而支持俄國總統鮑利斯・葉爾欽。葉爾欽於一九九一年八月鎮壓強硬派政變，不久之後成為俄國的新領袖。政變之所以失敗，原因之一是國家安全委員會想繼續竊取國家財富，所以不支持政變。

哈里森以及那些支持三十位知名經濟學家的觀點的人，也根本招架不住來自西方機構，尤其是國際貨幣基金與世界銀行的強大壓力。這些西方機構想將俄國的自然資源全面私有化，當然也包括俄國所有的土地，還要將繳稅的負擔，轉嫁給俄國企業與人民。等到這一步完成，就會有大量從未抵押的新土地與自然資源釋出，西方的銀行也就能將更多租金證券化。

葉爾欽迫於兩股勢力的壓力，主導史上最大的土地與自然資源贈送活動。一如《地產大亨》遊戲，最終是贏者全拿。與權力核心關係密切的贏者全拿。對於不是贏家的其他玩家，也就是人民而言，最終只有混亂。西方主張以「休克療法」，實行「市場改革」。換句話說，就是複製西方的土地獨占權制度。這就是我們先前討論過的經濟學的腐敗，但卻是在一個沒有社會福利安全網，無法緩和最負面效應的國家推動。結果就是預期壽命直線下降，嬰兒死亡率上升，自殺與酗酒率增加等諸多負面效應紛紛出籠[27]。西方的政治與學術腐敗的致命打擊，也在開放的俄國上演，而且極為嚴重。

日後的情況還會更糟。在層出不窮的亂象當中，俄國政府於一九九五年瀕臨破產，少數俄國商人借錢給政府，讓政府得以繼續運作。他們拿到國營事業的股份，作為政府的抵押品。後來政府無法償還貸款，這些現在叫做「寡頭」的商人，就直接以低價，將國營事業的股份賣給自己，再操縱當時的民營化拍賣，將剩下的股份賣給自己。例如米哈伊爾．霍多爾科夫斯基，僅僅掏出三億美元，就拿下國營石油公司尤科斯石油的所有權[28]。他幾年前也創立了 Menatep 銀行，所以都不需要從自己的口袋掏錢，就能取得買下股權所需的資金。

到了一九九六年，寡頭們知道終日酗酒、民心盡失的葉爾欽，對他們來說是個負擔，於是策畫了一項他們稱之為「接班人行動」的計畫：安插一位克里姆林宮的新主人，一個聽話的人，他們目前掌控的體系，就能繼續下去，他們的利益也能延續。他們找到了適合的人選，是一位沒什麼名氣的職業官僚，名叫弗拉迪米爾．普丁。

很多人知道，普丁很能擺平事情，也向來忠於支持者。他曾經擔任聖彼得堡副市長，以及外交經濟關係委員會主席，因此熟知俄國豐富的自然資源的價值。據說他也曾參與某些可疑的勾當，將國內的自然資源賣往國外，又將賣得的錢，存入他所控制的銀行帳戶。對於寡頭來說，他似乎是個值得培植的人選。他會是個穩定的掌舵者，會忠於有錢的金主。有他在，金主們可以放手打造商業帝國，不會受到干擾。

這些人真是大錯特錯。

普丁完全不是個能讓人隨意操縱的木偶。他曾任職於國家安全委員會，在俄國的政治體系逐漸往上爬的過程中，仍與以前的同僚密切來往，也積極參與他們延續對抗西方的戰爭的計畫。他反叛了金主，操縱俄國的政治、司法以及執法體系，強迫金主們就範。為了震懾這群金主，他拿最大的一位，也就是霍多爾科夫斯基開刀[29]。他隨即鞏固權力，自行取走俄國財富的一部分（目前據說是迄今全世界最富有的人）。

如此一來，他所領導的俄國，對於西方利益團體越來越不友善。在一開始，俄國的財富是被偷藏在西方企業。後來則是用於購買影響力，尤其是資助未來可能會助俄國一臂之力的商人，俄國也握有這些商人的把柄。一九九〇年代不動產循環的打擊相當沉重，所以樂意與俄國合作的商人很多。也許在那十年，企業倒閉最著名的例子，是一位名叫川普的紐約房地產開發商。當時（除了德意志銀行之外）沒有一家銀行願意與他往來，他是靠俄國的錢，才能降低負債。他拿到遠高於市場價格的授權費，這才重返昔日地位。他喜歡蓋高樓，把自己的名字大大展示在上面，想必也希望能在莫斯科蓋川普大樓，說不定還會是歐洲最高樓。俄國就一直拿這個美夢吸引他[30]。

川普是俄國在一九九〇年代初資助的眾位好友之一。俄國當時在他身上花的錢不算多，報酬卻高得驚人。普丁與川普在二〇一八年七月，於赫爾辛基召開聯合記者會。在那場記者會，誰都能看出債權人（也是全世界最重要的地主）普丁，拿捏債務人（也是全世界最重要的房地產大亨）的程度。這兩位的政治生涯，是建立在飽受不動產景氣循環衝擊的人民的痛苦與憤怒之上。問題是不動產景氣循環之所以能延續，也不乏他們二人的功勞。這顯然是西方現代史上，最詭異的奇觀之一，也是政治與學術腐敗，直接引發的另一個後果。

看完這一章，你應該能理解，那些在二〇〇九年寫信給英國女王的人，為何無法回答她的問題：他們當中大多數人，因為所受訓練的關係，並不知道景氣循環的存在。就算知道，也缺乏出手處理的政治意志。所以景氣循環才會存在，你了解景氣循環，就能做出適合短期的重大投資決策與商業決策。

我們暫時偏離了景氣循環旅程，現在要回歸正軌。在我們偏離旅程的同時，景氣循環的擴張期仍在進行。我們在下一章就會看見，我們現在大概處於景氣循環的第六年，快要到達短期的高峰。

致富祕訣手冊，第五部分

控制租金等於控制世界

重點提示

從經濟租定律即可得知，為何即使在數位時代，不動產景氣循環也會發生。跟著租金走，就會得知經濟前進的方向。

這一章告訴我們，不動產景氣循環存在的原因：因為沒人能診斷，也沒人能解決。唯有在經濟租受到影響的時候，我們才能知道誰真正控制政府。因此政府會致力維護、強化現今的制度。看到這裡你應該明白，景氣循環絕對會一再重複。

一、只參考了解經濟租的專家的分析

很少人分析市場與經濟的時候，能理解經濟租定律的影響。要特別注意那些懂得經濟租定律的專家。至於那些不懂的專家的意見，略為看看即可。

二、要承認經濟租定律的存在，也要順從

只要現在這種以土地獨占權為基礎的制度維持不變，我們就必須搞懂經濟租定律，依據這個定律打理財務。目前不可能避開景氣循環，你**一定會**受其影響。

三、只要有人倡議改革，就要支持

我們都只是平民百姓。大多數的平民百姓，大概希望生活在較為公平的社會，付出努力能有合理的報酬，也不會不勞而獲。因此以徹底的改革消滅景氣循環，雖說不容易，但仍有可能做到。要特別注意那些願意對抗現有勢力，也願意提出共享租金方案的領導者，並給予支持。這些領導者若能掌權，我們的經濟與社會都會強大得多，也會更繁榮，人人都能受惠。

第六章 高峰期

我今天非常榮幸地宣布，美國經濟正處於繁榮期，而且是史上最大的榮景。

——川普，二〇二〇年一月二十一日

垃圾桶、比特幣，以及超高大樓

英國街頭藝術家班克斯的作品《氣球女孩》，最近在蘇富比的倫敦拍賣會上，以創紀錄的一百萬英鎊的價格賣出。交易一經確認，遠端的開關隨即啟動，這幅畫就被隱藏在俗豔金色畫框中的刀片絞碎。（很高興的）拍賣商說：「我們剛剛被班克斯了。」意思是班克斯總能做出驚人之舉。班克斯後來證實，毀壞的畫作為真跡，給予新的畫名：《垃圾桶中的愛》。這場驚人表演的目的，是要凸顯藝術界鉅額交易的荒謬。也許是這樣。但這場現在大家口中的「也許是藝術史上最大的惡作劇」，卻揭露另一種荒謬：誇張的投資行為。

類似的例子還有很多。從圖十一即可得知，比特幣的價格已經形成泡沫。比特幣上市之初，價格只有一美分的一點點，後來在二〇一七年突破一萬美元，在二〇一八年初，又上漲百分之七十。比特幣的價值不斷上漲，早期拿來當成貨幣買東西的人，則是感到駭然，自己花掉的竟是一筆鉅款。電腦程式設計師馬特．漢尼塞斯用比特幣買比薩。他後來說道：「我想買比薩，因為在我看來，用比特幣買，就等於比薩是免費的。」比特幣的價格在二〇一八年一月，衝上一萬七千五百美元的最高峰，他向 Papa Johns 買二份超級起司比薩所用的比特幣，變成價值一億七千五百萬美元。

處處皆可見過度的情況。二〇一九年的摩

圖十一：2010 至 2018 年比特幣價格

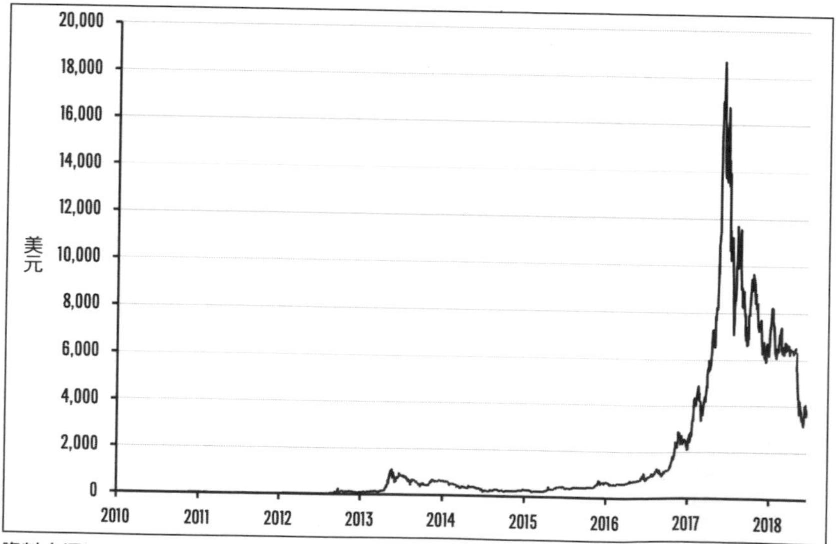

資料來源：Optuma。

納哥遊艇博覽會，是史上最盛大的一次。一共展出一百二十五台超級遊艇，總價值為四十三億美元，為史上最高[1]。股市漫長的牛市邁入第十年。這是美國史上最長的牛市，是由低利率，以及總計二．四兆美元的史上最高企業獲利推動[2]。各地市場都是一片熱鬧景象。大麻概念股大漲，漲幅大到有些大麻公司買下加州的整個城鎮，認為旅遊業前景可期。新聞充斥著無人駕駛汽車、空中計程車，以及運輸艙在真空管行駛的「超迴路列車」進行測試的報導。臉書宣布發行自己的貨幣「天秤幣」，而引領市場的大型科技公司，則是全面進軍消費金融。

全球建築榮景仍在持續，而且建築高度不斷刷新紀錄。二〇一九年是摩天大樓落成啟用的豐年，共有二十六座摩天大樓落成啟用，二〇二〇年還有三十七座將落成啟用。其中半數位於中國[3]。在大多數的先進國家，房價重回史上最高點，而且還在上漲[4]。美國政府針對富有的股市投資人，開設「機會區」。這些投資人手握二兆美元的未實現利益，現在可以（免稅）投資以前的鐵鏽地帶城鎮，賺取同樣免稅的報酬。這麼龐大的資金，大部分不流入土地市場的機率能有多大？全球財富如今達到三百六十兆美元，可見資產價格有多高[5]。其中將近三分之一，也就是超過一百兆美元，是在過去短短三年創造出來的。

美國聯準會考量經濟處於繁榮期，因此升息。上一個擴張期平坦的美國收益曲線，在二〇一九年八月，也就是開始期大約七年後，短暫倒轉。美國經濟走向何方，全世界就會跟隨。其他指標也顯示，全球經濟日漸趨緩[6]。於是，在二〇一八年的股市拋售潮，以及川普上推特大發雷霆的影響之下，美國聯準會政策轉彎，再度開始降息。

破紀錄交易與「史上最大的榮景」

投資人完全不顧警訊，前仆後繼投入市場。私募股權投資公司科爾伯格—克拉維斯—羅伯茨，想創下槓桿收購的新紀錄，提出以七百億美元，收購連鎖藥房沃爾格林聯合博姿。倘若收購成功，就會打破這家公司自己在二〇〇七年，亦即前一個景氣循環的最高峰，所創下的全球紀錄。二〇一九年十月，標準普爾五百指數史上第一次突破三千點。二〇二〇年一月世界經濟論壇會議上的氣氛，是牛氣沖天[7]。川普吹噓美國正處於史上最大的榮景，當然都是他治理經濟有方的功勞。瑞·達利歐於一月二十二日表示：「現金是垃圾。」達利歐是全球最大避險基金橋水基金的總裁。他的財務長宣稱，我們所知的景氣循環已不復存在。美國人懂得他們的暗示：失業率創下一九六〇年代以來新低，家家戶戶都有錢投資。彭博報導，十一年的牛市期間始終沒進場的「爸爸媽媽」投資人，如今瘋狂買股[8]。標準普爾五百指數，又上漲百分之十三。

顯然必須使出洪荒之力，才能喚醒大大小小的投資人，讓他們看清真實的狀況。在景氣循環的這個階段，投資人往往是盲目的。

高峰期解析

企業獲利狀況幾年來都很理想，失業率維持低檔，房地產市場強勁，股市也屢創新高。在這個時候，做出重大決策容易多了，例如擴大生產、買進價格處於高檔的資產，或是承擔風險，因為市場上的消息，大致是樂觀的。在這個階段，你應該提防下列現象。

一、奢侈行為

要格外留心出現在開始期的六至七年後的奢侈行為（例如購買奢侈品或藝術品）。這時候往往還會有個名人大肆宣稱，現在真是榮景盛世，暗示大家踴躍買進（見下方）。

二、漫長的牛市

在這個階段，股市可能已經上漲一陣子了，而且通常是處於或是回到史上最高點[9]。先前景氣循環的擴張期與高峰期（例如一九五〇年代與一九九〇年代），都出現漫長的牛市。自一九五〇年代以來，從開始期到景氣循環中期的高峰期的股市平均漲幅，為百分之二百三十三[10]。

三、房地產市場創下史上新高

在每一次景氣循環的高峰期，房地產市場都會超越上一個景氣循環的最高峰[11]。隨著市場飆漲，興建更多房屋的呼聲四起，因為首購族難以搭上房地產的列車。房價越高，就會有越多房屋興建在新地點的新土地。大城市的空地變為建築用地，城市的建築物越來越高。到了高峰期，會有許多施工中建案。大型建商的營收與獲利創新高，但股價卻下跌，因為他們在景氣循環的開始期便宜買進的土地，都已興建完畢。往後只能在較昂貴的土地上興建，並向外到二級城市、三級城市，尋找有利可圖的開發機會。

四、銀行放款

銀行放款是建築榮景與房地產飆漲的推手。在大多數的地方，放款回歸正常，銀行的獲利因此升高，股價照理說也應該反彈（但也取決於銀行打消在上一場危機所累積的壞帳的速度）。景氣循環正在全速行進。

五、收益曲線倒轉

各項經濟指標，整體而言是樂觀的，但也有警訊浮現，代表經濟即將放緩，甚至衰退。收益曲線倒轉，也是警訊之一，是象徵經濟趨緩最可靠的領先指標[12]。但眼下正值榮景，所以許多負面警訊，都被三言兩語解釋過去，很少有人留意。

六、誇大的公開言論

在這樣的環境，只要有知名政治人物或企業人士公開誇口，說當前真是盛世景象（或是與先前相比是多麼不同），就代表景氣循環中期的高峰期即將結束。舉個例子，在上一個景氣循環的一九九九年十月，有一本廣為宣傳的書宣稱，當時處於一萬零三百點的道瓊工業平均指數被嚴重低估，而且將在未來三至五年間，上漲至三萬六千點[13]。結果道瓊工業平均指數在兩個月後登上高點，隨即下跌將近百分之四十。

我們已經完成了十八年景氣循環的第一幕：復甦。現在又是一片榮景，一掃旅程之初的憂鬱與恐懼。在這一路上，我們看見經濟體在新科技的引領之下，進入新時代。我們也看著新創企業開張、興盛。房地產市場與股市，也大幅反彈到創下史上新高的地步。

發生的變化不少，但我們也發現，經濟體最基本的特質依舊不變，仍然是由經濟租定律推動，走過擴張（就是現在），（最終）在歷經繁榮之後，陷入危機而崩潰。這些往後都會發生。我們現在知道，為何大多數人看不見，也無法看見不斷重複的景氣循環。

現在我們必須展開下一幕，也就是景氣循環的中期。一切很快就不會如此美好，因為衰退期即將開始。

致富祕訣手冊，第六部分

別迷失在眼前的榮景，把你的財務打理好

階段：高峰期

約略時機：第六年與第七年

市場氣氛：信心過高

管理情緒

景氣循環中期的高峰期，出現在景氣循環的第六、第七年。隨著擴張期成熟，市場的樂觀最終演變成信心過高，投資人與企業也會過度投資。類似的行為包括高價買進資產、興建豪華的企業總部大樓、新的一批天價奢侈品上市、遊艇、汽車、私人飛機博覽會吸引大批人潮等等。現在應該要保持冷靜，不要做超出能力範圍的事。好時光不會永遠持續。

管理投資

這個階段的重點，是為景氣循環的下一個階段做好準備。把你的財務打理好，不景氣的

日子很快就會來臨，要確定自己能活下去。這時你就能體會，搞懂景氣循環，能預判經濟前行方向的好處。

一、不要再買進股票

a. 股市持續上漲，但最好不要投入更多資金在股市，而是應該準備一筆閒置資金。等到資產價格在衰退期下跌，你就能把握機會進場。

二、房地產投資組合務必保留安全邊際，要小心謹慎

a. 房地產投資人的投資項目，賺取的現金必須足以承受所有的問題，例如在景氣循環的下一個階段，可能發生的租金下跌，拖欠債款等問題。

b. 若你想縮減投資組合的規模，現在正是賣出的好時機。錯過了這個階段，可能要等一段時間才能賣出。

c. 房地產開發商最好在這個階段結束之前賣掉存貨，否則就要有在整個經濟衰退期間，繼續持有的準備。

d. 即使很容易就能借到錢，也不要累積債務。

三、另類資產獲利了結

a. 若你持有其他資產，尤其是已經泡沫化的資產，現在就獲利了結。不要去猜測市場的最高點。收益較低，或沒有收益的資產的價格，接下來可能會大跌。泡沫化的資產，若是遇到整體市場下修，或是推動這個投資項目的題材，並沒有投資人當初以為的理想，價格就有可能崩跌。獲利了結的最佳時機，是利率較低，而且仍有不少消息研判價格還會大漲時。

b. 獲利了結的最晚時機，是各國央行開始升息的時候，因為一旦升息，泡沫難免就會破裂。如果你錯過過去幾年的價格大漲，那現在即使上漲動能看似（而且大家也都說是）勢不可擋，也不要買進。價格絕對不會一飛沖天。

四、企業主：現在應該節制投資，擬定應變計畫，並控制成本

a. 企業主應該儲備現金，控制成本（包括勞動力成本），不要增加負債。在業績強勁成長，機會充足的時候，要能如此克制並不容易。說穿了就是要以高昂的短期機會成本，也就是放棄一些生意，換取中期的利益，也就是安然度過衰退期，而且在競爭對手陷入困境時，能伺機擴張。要在短期與長期策略之間取得平衡。記得要能預判接下來的情況，據此做出決策。企業若要在高峰期擴張，必須謹慎為之，千萬不可冒進。

b. 想出售企業的企業主，現在就該出售，而且動作要快。

第二幕

景氣循環中期

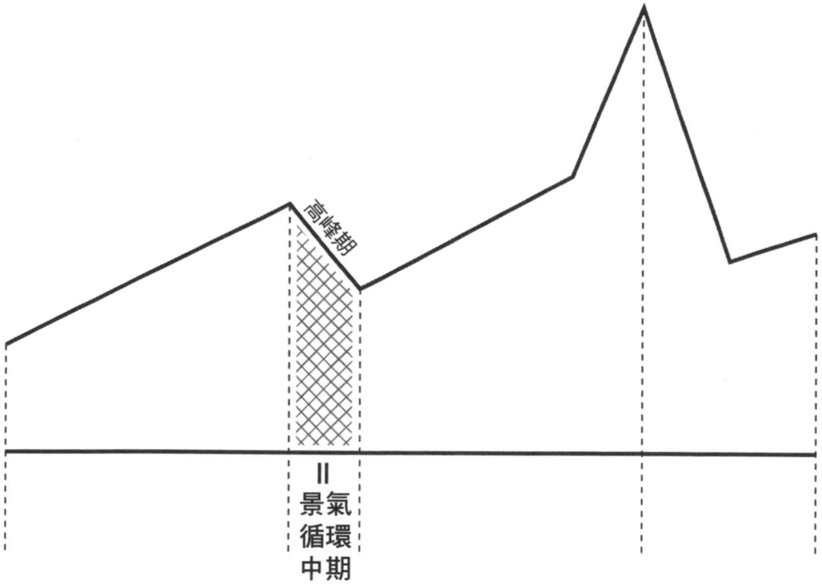

在這一幕，經濟逐漸走緩，或是衰退。景氣循環這個階段的延續時間長短不定，不過平均而言是一至二年。

第七章：衰退期的景象，是經濟趨緩，股市崩跌。相較之下，房地產市場與銀行體系則是有支撐。此時應該保持穩定，準備買進。

第八章：貨幣的魔法要告訴我們貨幣究竟是什麼，銀行又是如何無中生有創造出貨幣。銀行很擅長利用租金，擴大經濟繁榮。你應該也投資一家。

第九章：貨幣的魔法，第二部分說明各國政府也會製造貨幣（支出的時候），還會摧毀貨幣（徵稅的時候）。政府投資，尤其是投資基礎設施，會推升土地價格，創造繁榮。要跟隨政府的腳步，跟進政府投資。

第七章
衰退期

新冠肺炎疫情對全球經濟的衝擊，比二〇〇八年的全球金融危機，甚至是經濟大蕭條來得更快，也更嚴重。

——魯里埃爾．魯比尼教授，二〇二〇年三月二十五日

恐懼再現

各國市場衝上史上高點，政治人物爭先恐後誇口景氣有多好。在這樣的情況下，什麼能影響市場信心？顯然必須是個重大事件。

雖然當時很少人注意到，但中國政府於二〇一九年十二月三十一日向世界衛生組織通報，中國湖北省武漢市出現數起肺炎死亡案例，是由一種來源不明的病毒引起[1]。在此之前，中國當局

極力封鎖消息。但憂心忡忡的李文亮醫師，將疫情爆發的消息，發表在社群媒體上。武漢市公安局的警察，立刻指控他發布不實消息，擾亂社會秩序。李醫師被一位病患傳染，不幸於幾天後去世。越來越多病例出現在中國以外的地方，顯然病毒會引發嚴重的問題，而且大多數國家並未做好應對的準備。美國股市在二月十九日衝上高點，隨即開始下跌。

全球新冠肺炎確診病例，很快突破十萬例，而且成長速度還不斷加快。才過了幾週，公共衛生體系已是不堪負荷。包括氧氣、防護衣在內的重要設備嚴重短缺。二〇二〇年三月十一日，世界衛生組織宣布疫情爆發。各國政府陷入恐慌，情急之下關閉邊界，想減緩病毒傳播。同時也命令企業停業，人民待在家中，盡量別出門。

已然趨緩的全球經濟，如今更是全面停擺。恐慌情緒在金融市場蔓延。到了三月九日，世界頓時亂成一團。長期向金融機構提供流動性資產，例如美元或銀行準備，推動國際金融前行的銀行間市場停擺。大型基金需要美元，才能應付投資人贖回的需求，但如今美元短缺。就連全世界最大、最安全，流動性最佳的資產，也就是美國政府公債，也很難賣出。如果沒人要買美國政府公債，那其他的投資商品大概也無法賣出。所有資產都受到波及。美國各市場下跌的速度，是史上最快的[2]。

各地封鎖導致全球經濟急遽緊縮。由石油生產國組成的卡特爾，也就是石油輸出國組織（OPEC），無法就石油減產達成共識，石油價格應聲大跌。旅行大幅減少，燃料需求因而大減，於是在某個狂躁的四月天，現貨市場的石油價格，暴跌至每桶負四十美元。各經濟體逐漸步入衰退，有些人預測這次的衰退，會比經濟大蕭條更嚴重。世界各地的新聞標題，都反映出投資人的憂慮：僅僅幾週前，市場還牛氣沖天，如今卻真的擔心，我們處在新的全球金融危機。

殺掉景氣循環這頭怪獸，讓經濟再膨脹

各地市場都在崩跌，世界需要一位救世主。有人應聲承擔：傑洛姆．鮑爾。無論金融體系需要多少美元才能滿足需求，鮑爾治下的美國聯準會都會提供。美國聯準會在僅僅幾個禮拜，就購買了市場上全數二十兆美元的美國政府公債的百分之五。任何一個國家的央行，需要美元以應付當地需求，美國聯準會都會提供。美國聯準會成為全世界走投無路的時候的借貸對象[3]。

美國政府公債以及其他資產的拋售潮終於停歇。美國聯準會接下來，要處理股市的恐慌情緒。眼看生產量大減，聯準會採取措施，確保資金持續流向銀行、大型企業，以及市政府。市政府位於對抗病毒的前線，急需補充資金。

這些措施很快奏效。到了三月二十三日，市場的恐慌已消退。各國政府迅速開始振興經濟。接下來的幾個月，政府實施超過十四兆美元的振興措施，包括多種政策：就業輔導計畫、銀行擔保、購買債券、延期徵稅，以及銀行規範鬆綁[4]。這些措施推出速度之快，不可能防範大規模詐

騙，但防範詐騙目前不重要。美國說要「重建美好」，意思是大幅增加基礎建設支出。如今知道疫情的罪魁禍首是新冠肺炎病毒，用於開發新冠疫苗的公共投資金額，是史無前例地高。不到九個月，第一款新冠疫苗核准使用。疫苗接種潮迅速展開，緊接著就是經濟解封潮。

政治人物這一次急著居功，說自己的行動，是拯救經濟的關鍵。疫情紓困的金額，看似遠高於全球金融危機的因應措施，所耗費的金額，其實並非如此。但在金融危機最慘澹的那段日子，整個系統都有可能崩潰，當時的目標，是不公開確切的紓困金額，盡量輕描淡寫[5]。

從市場崩跌也可看出，過去幾年的牛市，遮蓋了許多詐騙與騙子。類似的例子在二〇二〇年十分常見，例如Wirecard、格林西爾資本，以及螞蟻金服。許多詐騙份子有個共同點，就是與掌權者關係密切。

股價下跌將近百分之四十，各國央行又向金融體系，挹注大量流動性，因此二〇二〇年的股市，勢必表現極佳[6]。果然如此。各國市場，尤其是美國市場，上演了驚人的復甦。到了六月，納斯達克一百指數已經超越二月的高點，全年漲幅高達百分之四十六。各國市場持續上漲，評論者看得一頭霧水。想必是央行眼看衰退如此嚴重，慷慨紓困，股市才能如此大漲吧？

到頭來，美國經濟只衰退了二個月，是美國史上最短的衰退期[7]。中國經濟甚至在二〇二〇年有所成長。復甦速度何以如此之快？雖說負面新聞報導每日不停轟炸，引發眾人擔憂，但這並非金融危機。各國政府面對的，並不是房地產市場與銀行體系崩壞。房地產市場與銀行體系非常穩固，因為我們處於景氣循環中期的衰退期，這兩者相對穩定。政府對策的成效，是出乎意料地好[8]。那會不會振興過了頭？很多人擔心，振興方案是否造成嚴重的財政負擔。這種擔憂其實是搞錯對象，因為各國政府的負擔能力，並沒有上限。更重要的問題，是究竟有多少新錢注入經濟體。振興經濟所投入的經費，遠高於實際所需。通貨膨脹是遲早的事[9]。

世界不同了

隨著世界脫離衰退期，從某些指標，可以判斷景氣循環剩餘的日子的走向。在疫情那幾年漫長的封鎖期，大家只能待在家裡，重新思考自己的居家環境，很多人覺得確實有必要改善。在疫情期間，消費與旅遊支出減少，儲蓄金額來到歷史新高，於是他們動用存款，也利用低利率（以及其他購屋補助方案，尤其是為首購族推出的方案）改善環境[10]。突然興起一陣住家改造熱潮，對房地產市場感興趣的買方也大增。大家最重視的是戶外空間，例如花園，以及鄰近主要街道與公園之類的便利設施。在世界各地，都有不少有所選擇的人，離開最大的城市，搬遷至較小的城市，或是鄉間。各國政府也承諾，要投資小城市與鄉間的基礎設施。

因為儲蓄金額較高，很多人因此首度投資股市與加密貨幣，尤其是年輕人。用智慧型手機，即可操作新的投資與交易平台，既方便，手續費也低廉。不久之後就出現投資狂熱，也引發許多詭異事件，甚至還有人操縱價格[11]。在此同時，比特幣的價格，升上六萬八千美元的高點，比二〇二〇年三月的低點高出十七倍。以加密貨幣的榮景來看，這樣的漲幅還算少。在景氣循環中期，大家認識了非同質化代幣、特殊目的收購公司（SPAC）、迷因股，以及迷因幣（最惡名昭彰的例子是狗狗幣，是二位科技人為了嘲諷比特幣而發明。在伊隆・馬斯克發了幾則推特之後，狗狗幣在二〇二一年的前五個月增值六十八倍，之後迅速崩跌）。

歷經一開始的適應期，經濟體的許多部門，在封鎖期間也能照常運作，因為員工可以透過家中的寬頻網路，連結公司總部的伺服器。本地零售業（在最嚴格的限制解除之後）以及咖啡店的業績，立即有了起色。疫情前的景象，是年輕父母與嬰兒車，如今取而代之的，是穿著休閒的上班族，以及一排排的筆記型電腦。

市中心熱鬧的商業區，有一陣子成了鬼城。隨著經濟體解封，顯然那種在法律允許範圍內、盡量將越多人塞進小空間的大型企業辦公室，已經過時。現在需要的是更大的空間，更好的設備，這也抵銷了某些公司遷移到較為便宜的地點，所造成的空間需求下降[12]。

隨著建築業榮景再現，商品價格跟隨股市上漲，木材、銅、鋰的漲勢尤其明顯。市場普遍擔憂通膨，因此黃金價格也上漲。受到振興經濟措施影響，債券收益較低，所以實質收益率為負。金價的走向，通常與實質收益率相反。

外部與內部動亂

二〇二〇年的特別之處，是國際與國內的衝突與緊張情勢，都大為增加。從地緣政治的角度來看，隨著世界忙於因應新冠疫情，美國與英國利用機會，派遣軍艦進入俄國在北極地區獨有的經濟區[13]。俄國與西方之間的對立慢慢升高，不只浮現在北極區，也出現於包括中歐在內的其他地方。中國依據國家安全法，進一步壓制香港的民主政治與異議，也派出越來越多噴射戰鬥機，飛越台灣上空，藉此提醒台灣人民，與大陸統一的日子近了。二〇二〇年六月，印度軍人與中國軍人在拉達克，介於兩大國之間存有爭議的東方邊界的高緯度地區，爆發幾場小規模衝突。我們在第十一章會談到，這些事件是已經開始加速運轉的長期衝突循環的一部分。

就國內而言，二〇二〇年爆發了幾場多年來最嚴重的抗議行動。這些事情與景氣循環密切相關，因為景氣循環造成的影響之一，是經濟不平等的現象，難免會更嚴重。新冠肺炎起初看起來，彷彿是彌平不平等的一大利器，畢竟無論是總統、首相、王侯還是乞丐，都有感染的可能。但大家很快就發現，事實並非如此。甚至可以說新冠疫情的效應不僅凸顯、更加深了西方國家經濟與社會結構的嚴重分裂。

你在哪裡生活，會影響主要的社會與健康指標，例如收入水準、預期壽命、肥胖，以及整體身體健康，當然也會影響確診新冠肺炎的機率，以及確診之後的恢復率[14]。雖說疫情席捲全球各地，但不同地方的人，實際生活卻差異甚大，尤其是經濟方面的差異。

在我們的經濟體，體制的諸多不公義之處，始終是滋生民怨的溫床。但二〇二〇年夏季的那幾個月，許多人面臨失業，以及嚴重的不確定性，怒火眼看就要在街頭爆發，就只缺少一點火花。火花在五月二十五日，在美國明尼蘇達州一個炎熱的夜晚點燃。當地便利商店的一名十幾歲的店員，發現一張二十美元的偽鈔，警方接獲通報，前往該處。警方懷疑，偽鈔可能來自該店的一位非裔美籍男性常客，於是其中一位白人警察，逮捕了一名坐在不遠處自己車子裡、絲毫不知自己被指控的非裔美籍男子。短暫爭論過後，被上銬的非裔美籍男子，面朝下趴在街上。他並沒有再掙扎，但其中一位警察，仍然使用一種備受爭議的壓制方式，用膝蓋壓住他的頸部，為時超過九分鐘。男子的臉部壓在堅硬的柏油路面上，他懇求警察別再壓住他的脖子，警察不予理會。他無法呼吸。一個人在一生的最後時刻，腦袋會想些什麼？喬治・佛洛伊德是呼喚兩年前去世的母親。

手機是推動十八年景氣循環前半段的科技，如今已是無所不在。有人用手機，錄下整起事件的所有過程。這起事件是美國警方粗暴執法的又一個例子。這種黑人死於白人警察之手的例子，近年來層出不窮。在經濟衰退的大環境下，經濟生活的不穩定暴露無遺。這起事件點燃了抗議的大火，也引發了自一九六〇年代末美國民權運動以來，最大規模的種族正義遊行[15]。世界各地也爆發抗議行動，因為貧富差距、種族，以及政府高壓統治，同樣也是許多國家的問題，尤其是發生過相關歷史恩怨的國家。各國政府面對抗議四起，自然是以公共衛生為由，極力防堵抗議行動。

一場場的抗議活動背後，也許有許多因素。但這些因素或多或少，都與經濟租定律所造成的不平等有關。所以怒火才會在十八年景氣循環的重要轉捩點爆發，以往也是如此。

在此同時，川普大半個二〇二〇年，都在對抗疫情期間的封鎖，對他的選情的負面影響。最終他連任失敗，輸給拜登。隨著經濟衰退結束，世界重返一種新的常態，世人很快就發現，無論是社會、商業，還是政治，幾乎一切都受到影響。這次的衰退似乎獨一無二，不同於先前的衰退。我們走向新的十年，這一次一切**真的會**不同，對吧？

衰退期解析

發生在景氣循環中期的衰退期，往往是混亂又令人摸不著頭緒。剛開始衰退的時候，大家會感到意外，接下來恐懼會再度來襲，一如景氣循環的開始期。但衰退期會比上一次景氣循環尾聲的危機更快結束。在衰退期，下列事件通常會依序發生：

一、經濟放緩或衰退

發生在高峰期之前的收益曲線倒轉，通常代表景氣循環中期的衰退期即將到來。有時候所謂的衰退期，只是經濟成長有一陣子較為緩慢，並不是嚴格定義上的衰退[16]。外部的衝擊引發信心危機，接著是恐慌，經濟也因此越發放緩或衰退，至少有一陣子是如此。一九二〇年代的景氣循環中期，碰巧遇到商品價格崩跌，以及西班牙流感疫情。聯準會於一九八一年努力控制通膨，短期利率因而創下史上新高。二〇〇一年的景氣循環中期，受到九一一恐怖攻擊事件的撼動。這些事件深深影響了往後十年，但並沒有改變其所屬的景氣循環的方向。

二、股市崩跌與詐騙

股市崩跌或是熊市出現，更加重市場恐慌。二次世界大戰以來，景氣循環這個階段的平均跌幅，是百分之三十八。復甦平均所需時間是二年。隨著各國市場崩跌，擴張期與高峰期的種種魯莽行為也會曝光。財經媒體大肆報導大規模詐騙的消息，唯一的結果就是整體氣氛更為低迷。二〇〇〇年網路公司泡沫破裂後，陸續發生了恩隆、世界通訊，以及安達信會計師事務所等醜聞。

三、迅速（且有效）的因應措施

各國政府迅速因應經濟放緩，推出的振興經濟措施包括減稅（如一九二一與二〇〇一年），將貨幣政策由緊縮改為寬鬆（例如一九八一年），以及為了振興經濟而投資農業、基礎建設等特定部門（例如二〇〇一年與二〇二〇年）。因此，發生在衰退期的事件無論有多嚴重，經濟都能迅速復甦。很多人似乎沒有注意到，經濟之所以能復甦，是因為不動產市場有支撐，土地價值也沒下跌，尤其是政府若為了因應經濟放緩而調降利率，就更會是如此。

四、銀行與不動產維持穩定

同樣的道理，銀行放款依舊強勁。一個銀行持續提供貸款、土地價值也穩定的經濟體，是不會出現危機的。在一九二一年，以及一九八一年景氣循環中期的衰退期，基於不同的原因，經濟頗為蕭條，社會也混亂不堪。但儘管如此，也並未爆發大規模的銀行危機。銀行系統並沒有槓桿過高。當時的經濟問題，也沒有導致銀行的資產負債表出現問題，或是全面爆發擠兌。

五、人們遷往他處

衰退期的亂象，往往會引發遷徙潮，尤其是在衰退期即將結束的時候。遷徙通常是遷往較為便宜的地方。在每個景氣循環，遷徙的原因可能不同，但基本的動態是相同的。先從市中心開始，再搬出市中心之外，這是因為不斷高漲的價格，迫使人們遠離市中心，或是人們想尋找更大的空間。這為景氣循環的下一階段奠定了基礎。二〇二〇年的新冠疫情，加劇了這個過程。

六、「新時代」開始

景氣循環中期的衰退期所帶來的改變，以及相對迅速的復甦，讓很多人覺得我們邁入新時代，要思考新的作法，還會有新的社會運動。我們持續前行，感覺時代正在改變。

景氣循環中期的衰退期有個矛盾現象，就是這段期間的難題越深層，越嚴重，就越能抹去我們對於上一次危機的記憶，也越能強化會在景氣循環下一階段釋放的投機力量。一九二一年、一九八一年，以及二〇〇一年的景氣循環中期，全都是極為混亂的時期，就達到了這種效果。各國政府因應衰退期，以及衰退期的後果的行動既迅速又果斷，也助長了投機的意願。政府對於經濟的劇烈波動，似乎有一定程度的控制能力[17]。

於是我們很快淡忘景氣循環的前半段。新時代即將開始。我們進入下一段旅程之前，必須先解開幾個謎團：景氣循環中期的衰退期，為何不會引發危機？不動產市場為何還能如此穩固？景氣循環的後半段，規模為何通常會遠大於前半段？到目前為止，我們討論過經濟租定律，也理解為何各種形式的土地，會引起景氣循環發生，並一再重複。要回答這些新的問題，我們必須研究銀行與政府扮演的角色，也要探討與商品有關的較為長期的循環。

我們在下一章會發現，銀行要扮演一個格外重要的角色，亦即創造經濟體的貨幣供給，進而放大了經濟的興與衰。

致富祕訣手冊，第七部分

保持穩定，做好準備

階段：衰退期

約略時機：第七年與第八年

市場氣氛：恐懼

管理情緒

衰退期出現在景氣循環的第七至第八年左右。歷經景氣循環中期的高峰期的信心過高，經濟開始衰退，正面的情緒很快消散。人們以及市場都在恐慌。別被情緒牽著鼻子走。你已經做好準備。要記住：景氣循環較大的後半段尚未來臨。

管理投資

一、在高點賣出股票，等到市場來到低點再買回

a. 股市投資人可以逢高賣出套現，等到低點再買回。你最起碼也應該準備好一筆閒置資金，股價下跌時才能把握良機。如果市場已崩跌，各國央行向市場注入大量流動資金，那未來一年的股市，將有極佳表現[18]。

b. 股市會率先走出衰退期[19]。從股市可以看出，什麼會帶領市場衝入景氣循環的後半段。在崩跌或熊市期間，跌幅最小的股票，以及比其他股票更早到達低點的股票，就是最強勢的股票。但這次會有所不同：房地產與銀行類股的股價也有支撐，因為此時並沒有土地危機，所以房地產業者與銀行的獲利，相對來說不受影響。從過往歷史可以看出，這是買進股票的好時機（例如一九六二年、一九八二年，以及二〇〇二年，都是衰退期結束後，買進股票的好時機）。從衰退期的低點，到景氣循環最高峰的漲幅，平均是百分之二百二十七。

c. 從復甦過程，也能看出哪些企業，可望在景氣循環的後半段領軍，股市的哪些類股將有強勁表現，哪些地方會有空間以及新員工的需求。從某些跡象可以看出，新資金會流向經濟體的哪些部門，又會流向哪些國家。想知道哪些股票值得投資，並不需要費心研究。只要找出率先登上史上高點，尤其是在景氣循環中期期間曾經盤整的股票。觀察最先登上高點的股票，即可得知投資人積極買進哪些部門與公司。企業主就能知道哪裡有新的商機，投資人也能知道該投資什麼。

d. 不想在最高點賣出股票的投資人，可以針對投資組合的價值予以避險，就能安然度過崩盤期。也可以將資金轉入「防禦」類股，也就是即使在危機期間，產品需求仍能保持穩定的公司（例如公用事業與醫療）。亦可投資其他會繼續發放股利的股票。這些股票的股價，會在熊市期間下跌，但跌幅會較小，而且仍能產生收益。

二、房地產投資人應繼續持有，並在恐懼氣氛最嚴重的時候買進

一般而言，只要你做好準備，有足夠的現金流量，就不需要在衰退期賣出房地產。房地產價格通常不會下跌太多，甚至完全不會下跌。此外，經濟衰退會迫使很多人重新開始租屋，進而帶動住宅租金上漲。然後隨著經濟復甦，較高的租金會轉化為較高的房價。

a. 尋找估價較低，以及被賤賣的房地產。較為強勁的景氣循環後半段即將來臨，因此現在是買進的好時機。再也不會遇到如此低的價格。

b. 買進政府要實施振興經濟方案的地區。這些地區會興建新的基礎設施，會有人與企業遷入，房地產價格也會上揚。

c. 銀行體系依舊穩固，政府為了對抗經濟衰退，又會降息，因此銀行會繼續提供便宜的資金。向銀行借錢買進房地產，是個不錯的策略，前提是把握景氣循環的正確時機。現在就是景氣循環的正確時機。收取的租金，將足以支付成本與貸款。你也會得到土地價格上漲

的利益。在景氣循環的後半段，通膨也會較高，因此你需負擔的實質債務將會減少。

d.一般而言，在景氣循環的前半段，住宅不動產的漲幅，大於商業不動產。商業不動產在景氣循環的後半段，表現更為強勁，因為商業不動產與經濟表現較為相關，而繁榮期尚未來臨。現在應該要考慮投資商業不動產。但要慎選。某些產業在衰退期較為艱辛，所以要審慎評估。

三、企業主：要保持安全，才能活下來

如果你是企業主，在衰退期，永恆的經商之道更顯重要[20]。這些道理非常簡單明瞭，但必須要在十八年景氣循環的正確時機應用，才有價值。所以絕對要了解景氣循環。企業的實力與顧客的實力息息相關。如果你的公司與其他公司做生意，那要確定這些公司營運正常，具有強勁的商業模式（尤其在景氣循環的低迷期，能挺住的商業模式），而且口袋很深（企業的投資人，口袋也要很深）。

a.任何企業都要遵守的第一條規則，就是要撐過衰退期，努力捱到復甦期。千萬不要恐慌。經濟復甦的速度，會比上一次危機更快。但在衰退期，企業會需要動用閒置資金。在先前的擴張期，槓桿過高的企業，或是在景氣循環前半段的晚期，才大舉僱用員工，以及大筆

投資的企業，是最脆弱的，因為他們的可動用現金流量最低。任何企業在衰退期都不好過，但只要累積一筆閒置資金，不盲目擴張，就能安然度過。

b.企業應該仔細評估支出，盡量刪減。

c.企業也應該盡量避免裁員，而是改為縮減工時，或是採取其他措施。大型企業應參考本地經理人對於本地的了解，允許他們依據本地的商業環境，彈性調整。

d.最後，現在最該投資較為精實的企業。能挺過經濟衰退的企業，一旦經濟反轉向上，就能迅速擴張，也能把握出現在景氣循環後半段更大的經濟擴張。有些企業還沒脫離景氣循環中期衰退期的負面影響，而精實企業能從這些企業手中，搶去一些市占率。

第八章
貨幣的魔法

與經濟學其他領域相比，貨幣研究是以複雜來掩蓋真相，或迴避真相，而不是昭示真相……創造貨幣的過程，其實是簡單到讓人類的大腦排斥的地步。

——約翰．肯尼斯．高伯瑞

我最久遠的兒時記憶之一，是媽媽帶我去看《超人》電影。我們搭乘鮮紅色的倫敦公車，到一個叫做「電影院」的地方，我就能看見心目中的英雄對抗「壞蛋」。一路上，我簡直難以克制內心的興奮。但下了公車，我滿心的期待頓時破滅：我不但沒看見超人，還得站在我媽身旁排隊（當年只有三歲的我，也知道排隊是怎麼回事）。門廳花紋地毯上的人龍，簡直像是沒有盡頭。我真搞不懂是怎麼回事。

過了一會兒，我們到了櫃台。好奇的我抬頭望著我媽打開皮夾，把一個個圓圓的、亮亮的籌碼，交給櫃台人員。就這麼一個簡單的動作，等於施展了魔法。服務人員帶領我們走向黑暗的洞穴。就在這裡，我總算看見我那身穿天藍色衣服、身披紅色斗篷的朋友，幫助一位記者避開直升機意外事故，修復受到地震重創的災難現場，甚至還讓時光倒流。他可真是大獲全勝啊！我媽只要拿出一個閃亮亮的籌碼，我就能看見這麼多神奇的景象。在這個奇幻又神奇的一天，難道那不是天下最令人驚奇的東西嗎？

貨幣。

我們都會談論貨幣。大半輩子都在追求貨幣。只要有充足的貨幣在手，就能悠閒度日，有時還會招致罵名。但大多數人，都希望能有多一些貨幣。要是口袋裡的貨幣太稀少，我們就會非常焦慮，因為沒有貨幣，就無法滿足最基本的需求。我們想開創事業，或是買房子，往往需要向銀行經理借些貨幣。政府花很多時間思考如何徵稅，也就是如何向我們收取貨幣（而且是在我們不知不覺中）。我們也會儲蓄貨幣（通常存得不夠多）。我們也會拿貨幣投資（通常太晚進場）。騙子利用的，就是我們對貨幣的渴望（騙子有時候太容易得手）。我們會嫉妒擁有貨幣比我們多的鄰居。貨幣能團結、也能分化眾人。想一想就會發現，貨幣在這個世界是無所不在，卻也神祕得很。

「有錢好辦事」這句話，確實很有道理。貨幣對於我們的生活，顯然很重要，卻很難定義。而且專業人士似乎都已放棄，不再思考貨幣的定義。學者艾莉森．辛斯頓．奎金曾經戲言，除了經濟學家之外，每個人都知道貨幣是什麼。傳統經濟學模型，根本沒將銀行納入考量，也只知道貿易是由貨幣的交易所推動，直到近代才有所改變。但若想了解十八年的景氣循環，就不能不知道貨幣究竟是什麼，它又是如何創造出來的。我們在這一章，會探討貨幣**究竟是**什麼，也會研究銀行如何創造貨幣，銀行又該在經濟體扮演什麼樣的角色。接下來我們會討論，銀行的角色如何變得扭曲，導致銀行放款，變成能影響十八年景氣循環後段的繁榮程度的重要因素。

貨幣相關的討論，通常是偏重貨幣的形式，或是貨幣應有的形式，無論是黃金、紙鈔、電腦螢幕上的數字，或是最近出現的加密數位代幣。但貨幣的本質，其實比形式更重要。貨幣的精髓並不在於形式。形式只是包裝一個更重要的東西的實體外殼。而這個更重要的東西，就是貨幣與生產體系之間的關係。

要想進一步了解，我們造訪雅浦島上的原住民。他們雖然並未接受正式教育，不知道島外的世界，也毫無類似現代經濟的體系，但他們對於貨幣的淵博知識，足以讓許多現代專家汗顏[1]。

石造錢幣與藍色深海

雅浦島的陸地面積，僅有一百平方公里。雅浦島現為密克羅尼西亞聯邦的一部分，位於西太平洋上，菲律賓以東約一千三百公里處。四周環繞的珊瑚礁，是為數眾多的無刺蝠鱝與鯊魚的家。

雅浦島位處偏僻，所以幾乎與世隔絕。居民就像一千年來的歷代祖先一樣，生活在豐饒的天堂。世人是近來才得知島民的存在。西班牙王國在統治雅浦島二百年後，於十七世紀將其賣給德國。人類學家因此湧向雅浦島，想研究未與外界接觸，也未受外界影響的島民的古老習俗。

雅浦的經濟體很簡單，只交易少數產品。造訪雅浦的西方學者，以為當地是以物易物的經濟，因為早在亞當．斯密的時代，世人公認的事實，就是現在的貨幣系統之所以問世，是為了解決直接以物易物所引發的問題。按照這樣的邏輯，貨幣就是一種代幣，與貝殼或是一塊黃金一樣，用於漸趨複雜的經濟體當中的交易。

這些人類學家萬萬沒想到，竟然在雅浦島看見一種截然不同的貨幣制度。島民似乎持有他們稱之為 fei 的硬幣。這種硬幣是大型的石頭輪子，大小不一，直徑從三十公分到三．六公尺都有。有些硬幣的重量高達一公噸。硬幣的中間有個孔，島民拿一根杆子插進去，就能扛著走。Fei 作為一種貨幣，似乎非常難用。貨幣應該要便於攜帶，應該要讓一個人可以拿給交易對象。但島民使用的硬幣很難搬運，有時候根本無法搬運。硬幣的大小與重量，遠遠超過所換取的基本商品，例如魚類[2]。

學者還遇到另一項驚奇。當地一個富有的家族，擁有一枚特別大的 fei。有一天，這枚硬幣從一個島要運往另一個島的途中，因為船隻翻覆而落水。按照尋常的貨幣觀，這起事件對於這個家族，應該算是財務上的重大打擊，家族的財富很快就要沉入海底。沒想到並非如此。學者完全沒想到，這起事件竟然與這個家族的經濟地位完全無關。他們的 fei 沉落海底，根本無所謂。只要其他島民承認這枚硬幣現在的所有人是誰，這個家族就仍能用它購買產品。是否持有石造硬幣並不重要，因為硬幣顯然無法取回。這枚大幣與其他 fei 一樣，很少會搬動。顯然代幣的實體移轉，在交易過程中並不重要。至少在雅浦島是如此。

這個很值得深思的例子，闡述了貨幣問世的基本過程。貨幣的形式並不重要，可以是任何形式，例如貝殼、香菸、無法搬動的大石頭，甚至可以是黃金。無論是什麼樣的形式，貨幣終究只代表了一個更重要的東西：一種信任，也可以說是信用的制度。

有些人可能認為，fei 是雅浦島貨幣制度的基礎，正如過去幾百年來，黃金有一陣子曾是歐洲，以及其他地方的貨幣制度的基礎。但這種觀念也不正確。就沉落海底的那一枚大幣而言，它的所有人不可能將它撈起。這枚硬幣的實體，已經從經濟體消失。

這起事件凸顯的，是對於交換經濟的核心而言，更為重要的東西，亦即以信任為基礎，給予並接受信用。「信用」的英文字 credit，源自拉丁文 credere，意思是「相信」、「信任」。「所謂信用，就是相信交易的另一方會完成交易[3]。」

生產與信用

一位島民若想向另一位島民購買產品，比方說一顆椰子，就必須拿出等值的另一項產品交換。第二個人，比方說一位漁民，必須支付第一個人，也就是椰子採收者。這項權利（或信用）以 fei 為代表，可以用來購買第三位島民生產的商品或服務，例如撈海參（海參在雅浦島是奢侈品）。第三位島民只要接受了椰子採收者的償付，又稱信用，就等於相信漁民會履行承諾，以等值的魚貨交換。這些信用的交易，推動了商品的交易，各方都能得到自己想要的。Fei 只是反映出這種基本的生產制度，而不是實現這種生產制度。

理解貨幣的關鍵就在其中：貨幣所代表的，是交易自己所生產的東西的各方之間的信任。每一次交易都需要信任，而信用代表的就是信任[4]。我們都想要食物、住所、衣服、娛樂等等的東西。我們也有技術，能生產特定物品。我們藉由分工、專攻自己擅長的領域，再互相交易，能做到的事情，遠遠超過獨自一人所能做到的。但滿足我們的慾望及需求的時間，以及生產能滿足我們的慾望及需求的東西的時間，是不一樣的。例如蓋一間房子所需的時間，就超過將小麥磨成粉，製作我們日常食用的麵包的時間。

有了信用，要交易生產時程不同的各種商品，就會更方便。建商在建造房屋的時間吃了多少麵包，就等於欠麵包師多少債務。麵包師可以用這項債務（從他的角度看，是他的信用），購買衣服與鞋子。做衣服的裁縫以及鞋匠，也能運用他們的信用，取得他們生產所需的材料，也能向麵包師購買麵包，以餵飽自己。即使在如此簡單的經濟體，很快也會發展出龐大的交易量，以及多元的交易類型。

無論在任何時候，總會有一人欠另一人東西。在雅浦這樣的小型經濟體，島民能自行記錄欠人人欠的東西，不需要借助外力索償。大型經濟體則非如此，因為產品種類較多，而且交易各方不見得互相認識。要一一記錄未免太難，因此使用代幣交易，就能立即索償，也就解決了這些問題。代幣亦可作為不同信用之間的衡量標準，亦即依據共同的衡量標準，要拿出多少麵包，才足以支付欠蓋屋的建商的債務[5]。代幣本身並不是最重要的，代幣所代表的信用才是。

貨幣必須是一種世人皆承認，也接受的結算信用結餘的方式，才能推動社會內部的信用交易。作為貨幣使用的代幣本身的價值，與此無關。亨利．喬治曾說：「代幣之所以能擁有貨幣的必備特質，而且與其他東西有所不同，並不是因為代幣本身的特質，而是代幣的用途[6]。」任何東西只要能為世人所一致接受，就能當作貨幣。有時候，黃金或是另外一種貴金屬，也能充當貨幣，但別的東西也可當作貨幣。貨幣的重要特質，是接受度廣，便於移轉，也就是你可以很容易交給對方，而對方也願意接受，你用這個貨幣抵銷債務。

從這個角度看，貨幣其實什麼也不是。貨幣本身並不是很有價值的東西。我們現在熱中討論貨幣的形式，就像討論一本精采的小說，是寫在哪一種紙上，而不是討論小說的內容。貨幣只不過是一種對於有價值的東西的主張權利。是先有生產與交易，才會以貨幣解決一方欠另一方的債務。因此，所有的貨幣都是信用[7]。

可信賴的中間人

在一個交易各方互不認識的大型經濟體，還會出現另一個問題。在雅浦島上，誰都認識誰，認為其他生產者會信守承諾，也很相信自己的判斷（只是沒有明言）。第一位生產者因為有這樣的信心，所以知道花費時間與精神去，比方說採集椰子，再將椰子用於交易，是值得的。使用交易得來的款項去買別的東西，是很方便的。

在較為複雜的環境，必須有外力相助，否則不可能會有這樣的信心。必須要有可信賴的中間人，評估生產是否會按照承諾進行，商品是否會交貨。中間人無論是誰，還是哪間機構，都必須為整個社會所熟知，了解社會的成員，也願意拋開自己的喜好與偏見，審慎評估一個人是否應該拿到信用。大家也必須接受中間人的判斷。能擔任中間人的人與機構很多，也許在未來，人工智慧與區塊鏈科技也能勝任，但在我們目前的制度，是由銀行擔任可信賴的中間人。

銀行評估各人的信用等級與償債能力。通過銀行評估的人，就會得到銀行放款。放款是以紙幣的形式提供，可以用來購買生產過程所需的東西，因為銀行在交易過程中，是可信賴的中間人。銀行預先提供信用，再由其他方花掉。銀行提供的信用，就是貿易運作所使用的貨幣。只要眾人普遍接受銀行的紙幣，銀行的紙幣就能作為整個生產過程，以及整個經濟體的貨幣。

這就是銀行固有的角色：創造並維持互不認識的兩方之間的信任。但愛爾蘭在一九七〇年的一個例子足以證明，其他人也能扮演這個角色。一九六〇年代末以及一九七〇年代，是愛爾蘭各工會非常活躍的時代。許多先進經濟體也是如此。工會主要是協商加薪，以跟上迅速上漲的生活成本。銀行難免也受到來自工會的壓力。一九七〇年五月，銀行無法與工會就薪資達成共識，因此不得不關閉。許多人以及企業已經預作準備，儲存現金，但沒想到罷工一罷就是幾個月，遠比預期的時間久。預先儲存的現金，並不足以應付經濟體如此長期的金融需求。不過這並不是問題。有銀行帳戶的人，開出的支票仍在流通，是一種支付方式，只是當時並不能存入，也不能兌現支票，至少暫時不能。銀行的地位依舊穩固，銀行的支票仍然是清償債務的工具。當然這個制度也有可能被濫用：開出的支票還是有可能因為存款不足而跳票。但這個制度之所以有效，是因為有能保證信用的另一方參與。這一方就是社會上最重要的機構，也就是酒店的業主。正如愛爾蘭經濟學家安東．墨菲曾戲言：「一個人不可能長年賣酒給另一人，卻不知道對方有多少流動資金[8]。」整個過程的關鍵，同樣是信任與判斷。

在近代早期，一位在海外具有知名度的大商人開出的票據，能為小商人的交貨提供擔保。他們的信用對於交易對手而言，就等同貨幣。

貨幣的鍊金術

以前的銀行能自行發行紙幣，但在英國，一八四四年《銀行特許狀法》實施後，銀行就逐漸停止發行紙幣。在美國，南北戰爭過後，出現了第一波終結銀行發行紙幣的行動[9]。但在現代經濟體，這並不重要。

世界並不需要銀行自行發行的紙幣。銀行改為標記放款對象的銀行帳戶的新增款項。如果銀行放款是用於生產，銀行會在收款人的銀行帳戶，標記新增的支付款項，也會在放款對象的銀行帳戶，標記減少的款項。換句話說，各家銀行之間，會自行處理這些事情。到目前為止，以銀行放款形式出現的銀行貨幣，在任何經濟體都是最大比例的貨幣。

這種貨幣，就像雅浦島上的貨幣，是完全憑空創造出來的。

除了主管機關以及央行之外，沒人會注意銀行資產負債表那些枯燥乏味的表格。但產生了現代經濟的鍊金術，就存在於那一排排數字之中。任何一個企業的資產負債表，都會記錄企業的資產。企業使用資產產生銷售，收穫經濟利益。資產負債表也會記錄企業的負債，也就是企業欠其他實體的錢。就銀行而言，每借出一筆款項，都會標記一筆資產（銀行放款就能賺取費用與利息），同時也標記一筆負債（將款項存入借債人的帳戶）。這筆存入的款項，再由經濟體中的顧客花掉。然後，變，銀行家的魔杖一揮（應該說按下滑鼠按鍵比較貼切），貨幣就這麼出現了。

在放款之前，這筆貨幣是不存在的。圖十二詳細解析這種貨幣魔法。

賣出商品與服務所得到的錢，就成為收款人銀行帳戶裡的存款。銀行帳戶裡的錢，主要來自銀行系統其他地方的放款。一開始是銀行家預先提供的款項。在現代經濟體，市面上流通的貨幣供給，絕大多數是由銀行創造。

這項事實破除了兩種關於經濟體貨幣的常見錯誤觀念。最簡單的錯誤觀念，是銀行拿存款戶的錢，再借給貸款戶。稍微比較不簡單的錯誤觀念，則是經濟學

圖十二：銀行如何創造貨幣

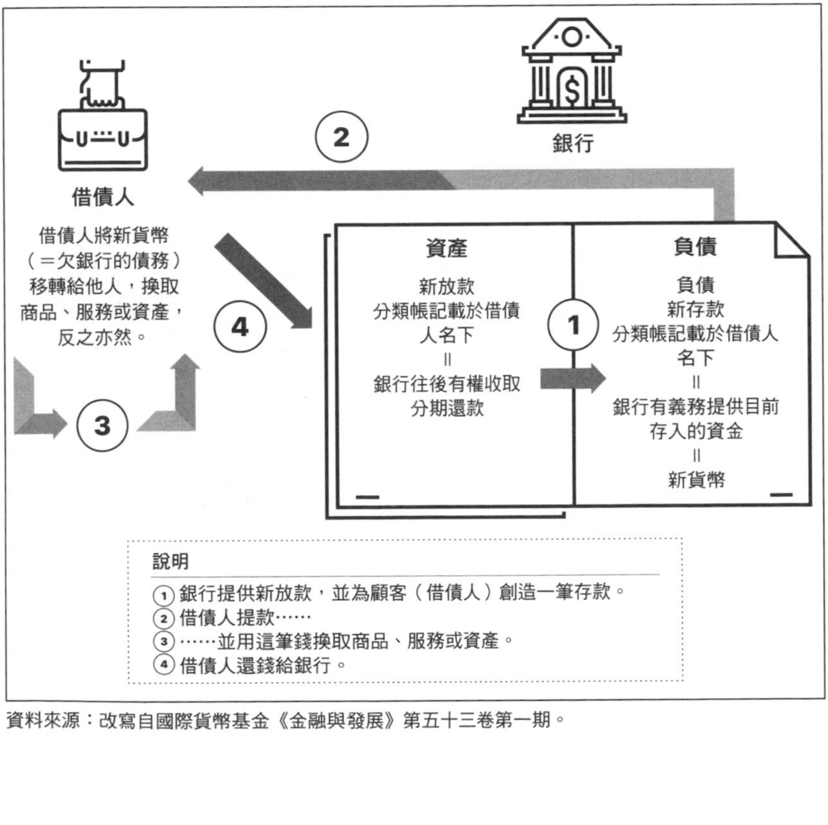
銀行
借債人
借債人將新貨幣
（＝欠銀行的債務）
移轉給他人，換取
商品、服務或資產，
反之亦然。
資產
新放款
分類帳記載於借債
人名下
॥
銀行往後有權收取
分期還款
負債
負債
新存款
分類帳記載於借債人
名下
॥
銀行有義務提供目前
存入的資金
॥
新貨幣
1
2
3
4
說明
① 銀行提供新放款，並為顧客（借債人）創造一筆存款。
② 借債人提款……
③ ……並用這筆錢換取商品、服務或資產。
④ 借債人還錢給銀行。

資料來源：改寫自國際貨幣基金《金融與發展》第五十三卷第一期。

教科書告訴我們的，也就是貨幣來自存款戶，但銀行有能力將存款戶的錢倍增，因為在任何時候，銀行金庫只需要存有所有存款的一小部分即可[10]。所以銀行透過「部分準備銀行制度」，讓現有存款倍增。之所以有此名稱，是因為銀行只需保留少部分的存款，足以應付大眾的需求即可。這有點接近銀行創造貨幣的概念，卻也延續了一種錯誤觀念，讓人誤以為原先就有貨幣存量可供放款。但這種想法，完全沒能理解貨幣的關鍵本質，亦即貨幣是一種眾人接受的、可轉讓的信用。從中本聰討論比特幣的原始貼文，即可看出這種錯誤觀念的影響有多大（粗體是我自行添加）：

> 傳統貨幣的問題，在於需要大量的信任，才能運作……**我們必須信任銀行會為我們保管錢，但銀行卻把我們的錢借出去……只保留一點點**。

近代史上最重要的貨幣發展之一，讓我們看見這段話的基本前提的錯誤。

在金融界，只有少數人知道銀行製造貨幣的祕密。英國前財政大臣雷金納德．麥克納於一九二八年表示：「我想一般民眾應該不想聽到，銀行或是英格蘭銀行能創造、也能摧毀貨幣[11]。」一直到二〇一四年，英格蘭銀行才坦承這項金融上的事實。這似乎是官方第一次明確聲明，承認銀行確實能創造、也能摧毀貨幣[12]。

銀行並不是存款戶與貸款戶之間的中間人，也不會讓存在銀行的存款倍增。銀行是在放款時創造貨幣，是先有放款，再有存款。若有人向商業銀行償還貸款，那就會發生相反的事情：貨幣被毀滅[13]。貸款、還款。創造、毀滅。在一個經濟體，私營銀行向貨幣制度注入資金，也取出資金，一如跳動的心臟讓血液流入，也流出身體的循環系統。所以約瑟夫．熊彼得才會說，銀行家是「交易經濟的督政官」。銀行的特別之處，也是與股市、債市截然不同之處，在於銀行有能力創造貨幣。股市、債市只能重新分配既有的貨幣。

創造貨幣是我們經濟體的神奇力量。中世紀的鍊金術士，尋找以賤金屬製造黃金的方法。黃金是取得財富的方法。他們從未找到能讓鍊金成功的特殊催化劑。鍊金術士沒做到的事，現代銀行倒是做到了。我那天去電影院看《超人》所發現的，也是每一個人在每天的每個清醒時刻所看見的，是我們運用這種神奇的魔法，創造了一個多麼輝煌的世界。

「健全的貨幣」以及銀行鍊金術的侷限

貨幣的問世，滿足了經濟體對於信用的需求。而信用是整個生產過程的基礎。貨幣本身並非財富，而是財富的所有權。銀行創造的貨幣，若能讓有信用又可靠的借債人增加實質的生產，那銀行系統的鍊金術就是健全的。這是「健全的貨幣」，不是因為以黃金或其他商品為基礎，而是因為以生產為基礎。

銀行並不能無限量創造貨幣。銀行要有銀行執照才能經營。持有執照的銀行，可以創造貨幣，收受存款，在中央銀行開戶，結算付款，以及執行其他金融業務，但也必須遵守金融法規，同時也要符合某些標準。第四章告訴我們，執照能產生經濟租。有了創造貨幣的權力，就能享有豐厚的獲利，所以在大多數的股市，銀行股都很強勢。

存款戶任何時候要提領現金，銀行都必須有能力應付，所以銀行要有足夠的現金及流動資產。借債人用向銀行借來的錢，支付給另一人，而此人再將這筆錢，存入自己的銀行。那銀行之間也會移轉貨幣，以結算這筆交易。如此一來，所有帳戶都會收支平衡。這是由銀行之間直接進行，或是透過銀行在中央銀行的帳戶之間進行，也就是移轉央行的準備金（見圖十三）。

銀行必須即刻與其他銀行結算，因此需要足夠的現金，以及央行準備金。銀行要是缺現金，可以向中央銀行借錢，亦可透過銀行間市場，向其他銀行借錢。央行有權調整銀行向其借錢的利率，亦可調整銀行彼此借款的利率，藉此控制銀行系統[14]。這也會影響銀行放款給借債人的利率，進而影響經濟體之中的信用需求與投資活動。

央行也會規定準備金比例，也就是銀行必須持有占其放款總額的一定比例的資金，作為準備金，整個銀行體系才能有足夠的流動性，也才能順利運作[15]。央行亦可出手借款給欠缺流動資產的銀行。央行影響銀行放款的另一種主要方式，是定出資本適足率的標準。銀行符合資本適足率的標準，就等於擁有足夠的緩衝資本，即使有一部分的放款變為壞帳，也能照常運作[16]。這些標準都是國際性的，也會定期更新，通常會在重大金融危機發生過後調整[17]。

銀行法令是個複雜到令人頭昏腦脹的主題，以上的討論只是粗略介紹。這些法令的詳細內容，並不是我們聚焦的重點。真正的重點在於銀行會創造貨幣，而且必須遵守法令。只要是以生產為基礎，這就是一個健全的過程。

圖十三：銀行支付與結算過程簡圖

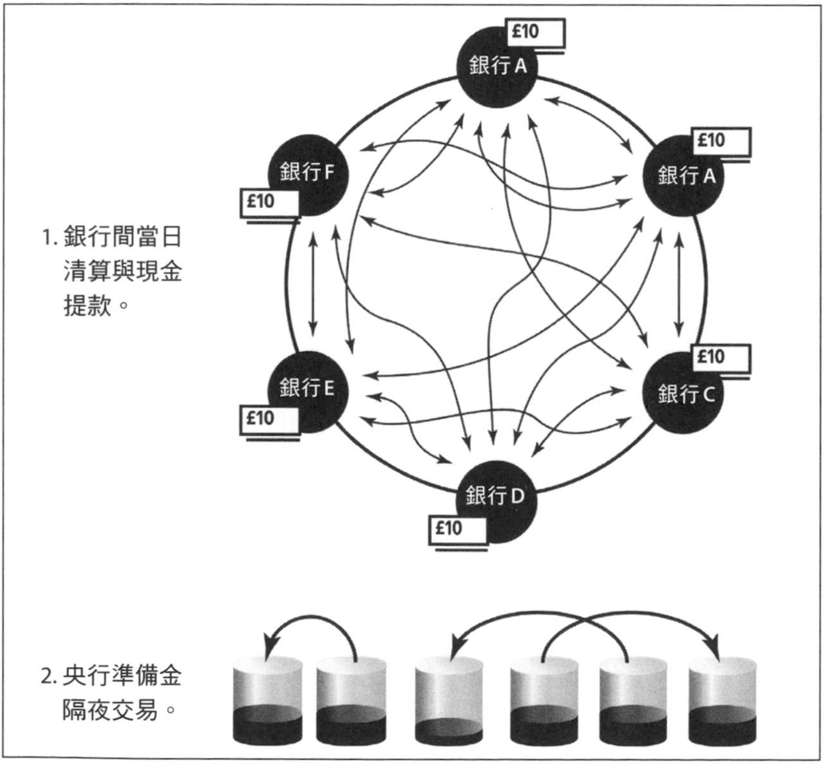

資料來源：改寫自 Ryan-Collins et al. (2011), p. 68。

問題就在於這個過程，往往不是以生產為基礎。

創造貨幣的問題：不健全的貨幣（創造用於購買土地的貨幣）

在經濟體流動的貨幣，約有百分之九十是由銀行創造[18]。我們已經知道，只要這些錢是用於生產，滿足企業的需求，那就是健全的貨幣。久而久之，不斷成長的經濟體，需要更多貨幣以促進交易，所以貨幣供給量長期來看，應該要增加。

但銀行創造的貨幣，若是用於其他用途，就會變得不健全。如今銀行創造的大多數貨幣，並不是用於有生產力的事業，而是用於將土地證券化。銀行放款給借債人購買土地，就會導致土地證券化[19]。

這與剛才介紹的過程完全不同。在剛才介紹的過程，銀行必須審慎評估，生產的可行性與信用度。銀行可以從這樣的放款獲利，但需要費心經營，而且也會有判斷錯誤的風險。但銀行就像其他企業，也想要將獲利最大化，將風險與成本最小化。在現在的制度，銀行承做房地產抵押貸款，獲利會豐厚得多[20]。所以銀行不去評估借債人的信用度，以及生產計畫的可行性，而是多半承做有房地產作為擔保品的放款。放款要是變成壞帳，銀行就能沒收擔保品，以追索債務。銀行不再發揮判斷力，而是改為依據擔保品放款。從此不需要殷實的判斷力，也不需要謹慎，尤其在經濟繁榮，房地產價格迅速上漲，這種放款方式看似萬無一失的時候，更是如此。此外，這種放款方式，也會導致經濟體中已經持有資產，可以輕易創業的人，以及並未持有資產的人之間的差距越發嚴重，進而造成創業更加困難。

抵押貸款是現代銀行系統的主力業務。問題是抵押貸款很難提升經濟體的生產力。土地價格吸收了經濟發展的利益，銀行又依據作為擔保品的土地上漲後的價格放款，所以隨著一個又一個景氣循環過去，債務總金額一定會上升。從我們握有資料的每一次房地產繁榮期即可看出，在景氣循環的最高峰之前的幾年，私人債務占GDP的比例有所上升（見圖十四[21]）。土地並沒有生產成本，土地市場也毫無競爭，所以買家願意花多少錢買土地，多半是取決於能借到多少錢。

這就形成自我強化的效應。隨著土地價格上升，銀行就會創造出更多購買土地所需的貨幣。土地開發的範圍不斷擴大，新的土地進入經濟體，於是需要借更多的錢才能蓋樓，也需要貸更多的抵押貸款才能買地。銀行任意開創新生意，而且在經濟繁榮時期，無論是借出的一方，還是借入的一方，獲利都越來越高[22]。投機炒作很容易就會失控。由此可知，銀行放款的狀況，為何會擴大土地榮景，而且某些人口中的信用循環，為何與金融危機如此密切相關。

正因如此，銀行法令終究也使不上力，因為貨幣就像經濟體的其他每一個層面，變成與土地循環息息相關，而且會依循經濟租定律。無論是土地循環，還是經濟租定律，都不是銀行法令管轄的重點。開銀行變成一種能賺取暴利的行業（銀行執照就是一種經濟租，而且銀行放款，能將日漸上漲的土地價值貨幣化，進而賺取利息〔與獲利〕）。主管機關與銀行法令在經濟繁榮期間，根本不可能控制局面。整個系統的槓桿與風險，也勢必越來越高。

房地產市場的問題，如何在銀行體系蔓延

迅速擴大放款規模：銀行間市場

銀行必須要有流動資產，或是能取得準備金，才能維持法令規定的準備金。但銀行其實可以選擇向央行借款，或是從貨幣市場取得準備金。這就叫做「短期借款，以供長期放款」。這種商業模式之所以能運作，是因為銀行借款的利率，低於放款的利率，兩者的差距稱為淨利差。

圖十四：1805 至 2017 年美國私人債務占 GDP 比例

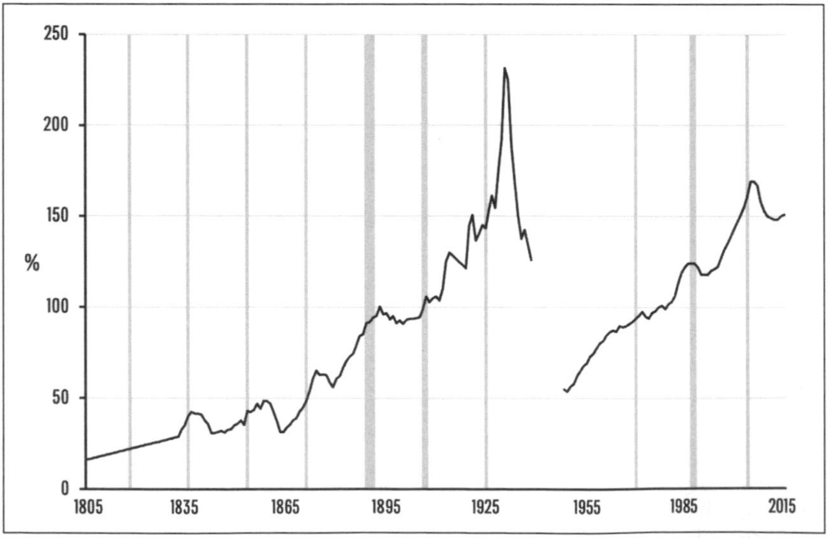

資料來源：bankingcrisis.org。一九四〇至一九五〇年的數據缺失。直軸代表景氣循環最高峰出現的年份（見附錄一）。

銀行之所以能迅速擴大放款規模，尤其是在土地榮景期間，是因為有銀行間市場。銀行之間在抵押貸款業務的競爭非常激烈，因為市場會吸引一心想瓜分一些獲利的新放款方。銀行間市場也樂於提供短期貸款，給越來越多的銀行，以便這些銀行擴大業務，因為這些銀行的營運狀況似乎越來越理想。之所以越來越理想，是因為大多數放款擔保品的價值，都不斷上漲。此外，放款可以獲利，而銀行的獲利很高。

但在一切表象之下，銀行體系越來越容易受到信心危機影響。我們在景氣循環後面的階段會發現，經濟繁榮需要**越來越多**資本流動，才能延續下去。資本流動速度若是變慢，整個體系就岌岌可危。市場的參與者，這才看清實際的情形。銀行間市場也會停頓[23]。隨著房地產價格下跌，有些債務會變成壞帳。房地產價格終將下跌，因為已經漲過頭了。一個地方的問題，很快蔓延整個體系，因為誰也不知道，壞帳有多普遍。如此一來，所有的放款停擺，釀成更廣泛的實質經濟體危機。唯有政府介入，才能遏止頹勢。

創新、新的放款者，以及房地產放款的競爭

每一次景氣循環，都會有能提升銀行效率的新科技、新技術問世。一九二〇年代是電話、打字機、計算機、口述錄音機等等全面普及，大幅提升作業速度。從一九七〇年代開始，SWIFT支付系統的問世，提升了國際銀行體系。在二〇〇〇年代，則是以全新網際網路科技，進行自動

化信用評估[24]。這些創新降低了創造貨幣的成本。

此外，新銀行先後成立，這些新銀行往往成本基礎較低（員工人數較少、營運較為精實，且有科技優勢），且積極搶奪現有銀行的不動產業務。在房地產市場過熱期間，新銀行更是動作頻頻。現有銀行也要面臨「影子銀行」的競爭。所謂影子銀行，意思是非屬商業銀行的實體。影子銀行本身並不會創造貨幣，但會將貨幣引入房地產市場。既然不是銀行，當然也就不必遵守銀行法令。影子銀行加入戰局，使得市場競爭更激烈，現有銀行也不得不放寬標準，才能繼續找到有利可圖的放款機會。銀行對於政治體系，也有巨大的影響力，會施壓要求政治體系改變法令。銀行必須提高獲利，股東才開心。員工拉來新業績，銀行就發出大筆獎金。因此隨著景氣循環演進，放款活動逐漸向外擴張到外圍地區。在經濟繁榮期間，銀行難免會拋開應有的顧忌，大舉承做房地產貸款，因為要將放款業務，做到法令許可範圍內的最高限度（而且只要不會受罰，甚至還會超出最高限度）。

具有生產力的企業能拿到的貸款變少，利率不斷上升

大多數的貸款流向房地產，具有生產力的企業能拿到的貸款，也就因此減少。貸款金額縱然龐大，金融體系的流動性卻下降，因為房地產貸款的還款期較長。

久而久之，銀行放款的利率也因此調升。在經濟繁榮期的尾聲，企業受到來自兩方面的壓

力：租金上漲，以及貸款利息上漲。這兩項壓力，導致經濟體的投資減少，也會直接影響大型部門，尤其是營建業，因為營建業最大的投入成本，是利率以及土地價格。營建業走緩，就業與需求也隨之下降，危機就此引爆。

危機爆發時，銀行的資產負債表滿是房地產貸款，但若打消這些貸款，勢必承受重大損失，甚至破產。我們家就在二〇〇九年發現，銀行解決問題的辦法，是抽小型企業的銀根，掀起企業倒閉潮與失業潮。解決銀行資產負債表的負債，需要多年時間，這個過程耗去了景氣循環開始期與擴張期的大半時間。但終究會發生。等到銀行財務恢復健全，創造信用的過程又會重新開始。向來皆是如此。

銀行造就了房地產榮景，這是銀行將創造貨幣的能力，用於房地產放款，又追逐過高獲利，難免會造成的後果。法令也並未適度限制銀行放款的上限，以避免經濟體槓桿過高，爆發危機。我們早晚會看見這些現象。在此同時，經濟脫離短暫且相對輕微的景氣循環中期的衰退期，迅速復甦，因為房地產市場與銀行體系的恢復能力頗佳。正是因為房地產市場與銀行體系在這個階段恢復良好，才促使景氣循環後續階段的貸款進一步增加。

我們在回到景氣循環之旅之前，必須探討與貨幣相關的第二位主角。持有執照的銀行可以創造貨幣，而執照是由政府核發給銀行。我們接下來會發現，國家是經濟體中最初的貨幣製造者。

致富祕訣手冊，第八部分

銀行能從經濟租定律得利，不妨投資一家

重點提示

貨幣始終是製造出來的，而且被捲入房地產投機炒作

銀行從經濟租獲利的本領高超，尤其是土地租金。所以不妨投資一檔銀行股，尤其是在景氣循環的後半段，銀行從放款業務賺進高額獲利的時候。

金融體系是互有關連的，問題可能會像野火一樣蔓延開來

在景氣循環末期，尤其要牢記這一點。在某個地方，銀行製造的貨幣將湧入投機資產，整個體系的槓桿因此拉高，也很有可能崩潰。你不見得知道這種事情會發生在何地，但終究會發生。

借錢投資是個合理的策略，但要操作得當

借錢投資高獲利的實質資產，是非常理想的投資策略，但要在景氣循環的正確時機出手。純粹為了投機獲利而借錢，並不是理想的長期投資策略。而且如果是在景氣循環最高峰即將來臨時這樣做（也是最容易借錢投機的時候），等於冒著天大的財務風險。

第九章

貨幣的魔法：第二部分

訪問者：聯準會花的是不是納稅人繳的稅？

柏南克博士：那不是納稅人繳的稅。我們只是用電腦，登記銀行帳戶裡新增的錢。

——聯準會主席柏南克，《六十分鐘》，二〇〇九年

一二七一年，一位來自威尼斯的年輕人，展開了史上最知名的旅程之一。他與父親、叔叔一起，遊歷傳說中的東方。歷經四年的旅程，他們來到廣大的蒙古帝國統治者可汗的宮廷。這位才華洋溢的威尼斯年輕人擅長學習語言，也善於觀察本地習俗。他很快找到工作，擔任可汗的使節，後來也成為可汗倚重的顧問與官員。

這位年輕人整整二十四年不曾回到故土，最後返鄉也是飽受波折。當時的義大利諸城邦之間經常爆發衝突，威尼斯與鄰近的熱那亞也不例外。他在地中海的一場小型衝突被俘。沒想到他個

人的災禍，卻成為後世之福。他在獄中結識另一位戰俘。二人聊著他在東方的冒險往事，消磨漫長的牢獄時光。這位戰俘是一位有些名氣的作家，將他分享的冒險往事付諸文字，發表全套遊記《百萬》，也就是現在的我們熟知的《馬可波羅遊記》。

《馬可波羅遊記》的作者名為比薩的魯斯蒂謙，也以中世紀騎士文學作品聞名。他美化了馬可波羅的許多故事，以吸引對於異地東方故事深感興趣的讀者。當時東西方貿易迅速發展，商人將這些冒險故事，連同奢侈品貨物一起帶到義大利，昂貴的售價也有了合理的理由。

但這部遊記看似最天馬行空的故事，卻是百分之百的實事，不帶半點杜撰。故事發生在元大都，也就是現代北京的前身。馬可波羅在這座城市，見證了一種很有意思的魔法：

> 在元大都這座城市，可汗有一間造錢廠。可汗能以下列方法造錢，真可說是掌握了鍊金術士的祕訣。他下令將桑樹的皮剝下，桑樹的樹葉用於養蠶。拿取介於桑樹較為粗糙的外皮與木材之間的薄薄裡皮。這一層皮……用於造紙……造好的紙張，可汗再下令切割成各種大小的紙幣，形狀近似正方形，但長度略大於寬度。這些紙幣當中，最小的類似但尼爾圖爾格羅斯。再大一級的類似威尼斯銀幣。其他則是相當於一枚、二枚、三枚一直到十枚金幣。此種新造的紙幣，經過正式程序認證，彷彿純金、純銀打造。每一張紙幣，皆有一群特別指派的官員署名，並且蓋章。全體官員簽名蓋章後，陛下委派的首長，再將其所保管的陛下之璽浸

上硃砂，於紙幣蓋印，紙幣就會留有陛下之璽的硃砂印記。有此印記即代表為官方認證之有效貨幣，偽造者將處以極刑。以此方法大量製造的紙幣，於可汗統治範圍內各處流通。無人敢冒著性命不保的危險拒收。陛下所有的臣民，都毫不猶豫接受紙幣，因為他們無論從事何種職業，皆可將拿到的紙幣，用於購買需用的商品，例如珍珠、珠寶、金、銀。簡言之，任何物品皆可用紙幣購買[1]。

馬可波羅介紹的，是一種歐洲人覺得很陌生的造錢術：官方發行的紙幣，幾乎是憑空製造出來的。這種貨幣不同於先前社會——包括蒙古帝國——所用的貨幣，並非以黃金或其他金屬作為基礎。這種紙幣稱為交鈔，是由可汗發行，也唯有可汗有權發行。可汗的權力，是交鈔唯一的擔保。依照法令，凡在可汗統治範圍內，交鈔皆可作為私人交易的支付工具[2]。

馬可波羅所發現的中世紀中國創造貨幣的原理，也適用於我們現在的體系。政府向經濟體提供私人交易所需的貨幣，在政府權力有效範圍內的任何地方，皆可使用。記得我們在第八章提到，所有的生產與交易，都是以信用為基礎。而且除了最簡單的經濟體之外，其他經濟體都需要以一種眾人都能接受的方式，反映並解決私人之間的債權債務。

可汗發現，最迅速的解決方式，是由負責立法與執法的當局，發行能讓交易更為便利的貨幣。關於銀行以及國家在現代經濟體創造貨幣的角色，很多人有一些誤解。國家核發執照給銀行，允許銀行創造貨幣。但國家其實還扮演更重要的角色：能決定何者算是貨幣，也能製造貨幣。我們必須了解經濟體的這一項重要特質，才能了解景氣循環的節奏。這一章要介紹這個過程的運作方式，也要闡述能證明這個過程與景氣循環相關的簡單架構。

不過我們在下一節，要先談談這種誤解從何而來。

現代人的誤解：政府並不是一個家庭

二〇一〇年選舉結束後，即將卸任的英國財政部首席祕書，留了一封簡潔有力的短信給繼任者，揭露金融危機後的英國財政，已是何等危急：

> 首席祕書您好，國家看來是沒錢了。敬祝大安並祝好運。
>
> ——連姆．伯恩

當時的英國受到經濟衰退影響，稅收大減超過四百億英鎊，福利支出卻飆升，導致嚴重赤字。在伯恩看來，這就代表政府沒錢了[3]。當時在美國及歐盟國家，也有人說過類似的話。柴契爾夫人早先幾年說過的話，明確指出英國政府的問題從何而來：

國家除了人民自己賺的錢財，沒有其他財源。國家若想花更多錢，就只能借用人民的儲蓄，或是向人民徵收更多稅。不必指望別人會買單，那個別人就是你[4]。

即將執政的政府對此堅信不疑，因此在英國經濟衰退期間，大舉刪減公共支出，目的是減少政府負債，進而改善國家財政，穩定經濟。

我們現在討論公共支出的用語，也反映這種觀念。我們說政府徵收「納稅人的錢」。政府的支出若是超出稅收，就是有「赤字」。雖說不太可能，但政府的稅收若是大於支出，就代表有「盈餘」。核准公共支出的政府財政部門叫做「財政部」，又稱「國庫」，意思是儲藏國家的財富，需用時再取用。政府赤字若是太嚴重，就是「抵押國家的未來」，因為後代子孫必須償還債務（這有點諷刺，因為所謂抵押貸款，是要拿擔保品借錢，而且精通此道的是私營部門，而非公部門）。

這一切的基礎，是一種根深蒂固也顯而易見的觀念，就是政府跟我們每個人一樣，必須先賺錢，才能花錢。從政府的角度看，就是必須先收稅。政府要是沒錢，就一定要借錢，以後再還錢。我們認為這不是長久之計，所以要緊盯政府負債的金額。公共財政是個難懂到不行的主題，但政府就像家庭，手上的資源有限，所以支出不能沒上限。

關於貨幣的第一項嚴重誤解，是以為銀行將存款戶的錢借給貸款戶（說不定還能藉此將貨幣增加不少）。而把政府當作一般家庭，則是第二項嚴重誤解。這也是不少政治人物與學者一再犯的錯誤。

貨幣必須要眾人都接受

第八章告訴我們，貨幣說穿了就是一種以信任為基礎的社會構念，支撐著生產週期。貨幣最不可或缺的特質，就是眾人必須承認，貨幣能用於清償債務。眾人願意接受，是貨幣的必備條件。知名經濟學家海曼．明斯基說得對：「誰都能創造貨幣……問題是能不能為眾人所接受。」讓眾人接受的方法之一，是由可信賴的中間人發行貨幣，例如銀行。但在現代社會，還有誰比代表主權的政府，更適合發行貨幣？

政府（所有國家機構的統稱）有權立法，也有權徵稅。政府要負責提供公共財與公共服務，藉此開創交易市場。政府也有權要求各方，接受他人支付的政府發行的貨幣。

說得直白一些：政府與家庭完全不同。英王查理一世在一六四九年被處決之前說的話很有道理：臣民，也就是一般的國民，與君主完全不同，至少在金錢方面完全不同（他當時所想的當然遠不只金錢）。

主權賦予政府的特權，是有權決定何謂能解決私人之間債權債務的貨幣。政府如果願意，可發行自己的貨幣。這就代表政府要先發行貨幣，再於經濟體支出貨幣。每個國家的行政程序可能不同，但一般而言，政府需要國會同意才能花錢，例如花錢鋪設道路。在大多數的經濟體，政府需要與私營部門合作，才能做到這一點[5]。到了收款方該收款的時候，政府會指示中央銀行（政府的財務代理人）在收款方的銀行帳戶，計入正確金額的準備金。央行會在收款方的銀行帳戶，計入正確的貨幣金額。這筆錢就能在經濟體花用。這筆錢就像銀行貸款，也是憑空創造出來的。

人人都有納稅的義務。企業與家庭在某些時候，必須付錢給政府。這些錢又是怎麼來的？是企業與家庭用政府自己發行的貨幣，繳稅給政府。

政府若沒有創造貨幣，企業與家庭就沒有錢可以繳回給政府。貨幣與用於生產的信用不同（見第八章），信用是資本主義經濟體的命脈。貨幣象徵信任，而信任是交易的核心。無論是藉由互相約定、透過可信賴的中間人，還是依法要求，總有人得提供貨幣，交易才能進行。在現代經濟體，貨幣是由政府提供。

你看過第八章，現在可能會覺得好奇，那銀行創造的貨幣呢？銀行不是也會發行貨幣嗎？但銀行的貨幣上面印著國徽。銀行必須有執照，才能創造貨幣。銀行的貨幣雖然非常類似國家發行的貨幣，但還是有所不同。銀行創造的所有私有貨幣，最後都是償還給銀行。倘若有更多貨幣回流到政府，那一定是來自別處。這個別處就是政府。繳稅所用的貨幣，終究是國家發行的貨幣，是先由政府提供。

「繳回」給政府的稅金，隨後等於被刪除。等到需要花錢的時候，再創造貨幣。政府可能會維持一筆資金，看似用於支出，但其實只是方便追蹤收入與支出[6]。這是一種會計工具，而不是一種財務機制。政府的收入與支出之間，並不存在因果關係[7]。

國家發行貨幣與銀行創造貨幣如圖十五所示：

圖十五：國家貨幣與銀行貨幣

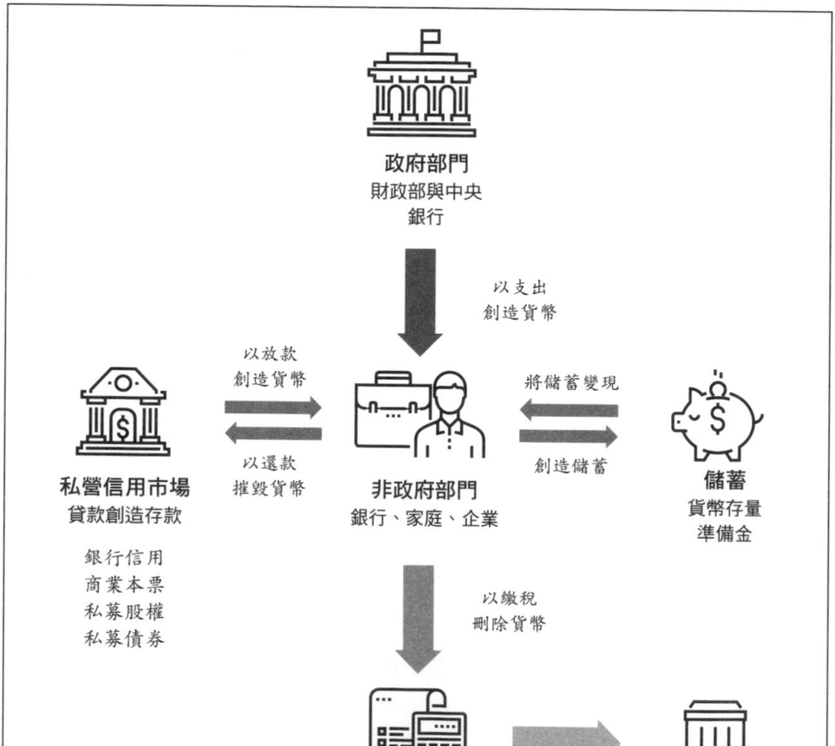

資料來源：改寫自 'Deficit Spending 101 – Part 3' by WIlliam Mitchell (billmitchell.org/blog/?p=381)。

貨幣是直向從主權流入經濟體。圖中是以向下的箭頭表示。這與私營信用市場（其實就是銀行），以及非政府部門，又稱私營部門的橫向貨幣流動不同。橫向流動的貨幣是由銀行創造，在借債人償還貸款時被消滅。長期而言，橫向貨幣並不會計入經濟體的貨幣總量，因為無論貸款創造了多少貨幣，都會被還款摧毀。

在另一方面，主權發行的直向貨幣，則是會停留在經濟體中，直到徵稅時被取出，然後就等於被丟棄。經濟體不斷成長，需要更多貨幣才能進行交易。主權會滿足不斷攀升的貨幣需求。製造國家貨幣，進而指定記帳單位的能力，即是所謂的「貨幣主權」。美國、英國、日本、加拿大等國家，或多或少都有貨幣主權。然而歐元區國家並沒有貨幣主權。歐元區國家採用歐元，就等於將貨幣主權交給更高的權力，也就是歐盟的機構，其中包括歐洲中央銀行。所以歐洲紓困的議題，才會引發如此激烈的爭議：銀行的貨幣供給量急遽緊縮之際，歐元區國家卻缺乏因應危機的關鍵工具。與其他國家貨幣掛鉤，操縱匯率的國家，也沒有貨幣主權。例如許多新興國家的貨幣是與美元掛鉤，因此並沒有貨幣主權。我們稍後會談到國際貿易。

連姆．伯恩真是錯得離譜。英國政府並不是沒有錢了，只是需要創造更多貨幣，而且用於支出。英國這樣做，就更能擺脫金融危機的影響，強勢復甦，也許還能避開二〇一〇年代最嚴重的政治與社會動盪。美國也是如此。歐巴馬政府於二〇〇九年推出的振興經濟方案，是全球經濟得以走出前一個經濟循環低點的關鍵，但從二〇一一年開始，美國政府預算變成政治掛帥，公共支出遭到刪減，因此美國經濟多年來的成長也同樣緩慢。在歐洲，歐盟諸國無法就金融危機後的振興手段達成共識，害得南方邊緣的幾個國家多年來經濟嚴重衰退，不時出現極端治理的可能8。在經濟低迷、失業率高、企業苦苦掙扎的時候，只要增加公共支出，就能創造新錢，也能帶動經濟成長。

這並不是說擁有貨幣主權，就能無限量供應貨幣。我們稍後就會談到，還是要面臨一些嚴格的限制。這裡要表達的重點，是這些問題其實與缺乏資金、也就是缺乏貨幣無關。

關於公共財政的錯誤觀念，亦即「政府要先有稅收才能支出」，相當於許多人對於私營銀行財務的錯誤觀念，亦即「銀行要先吸收存款，才能放款」。其實是先有政府支出，才有稅收，正如銀行要先放款，才能吸收存款。

我們接下來要探討一個簡單架構，以正確的角度思考公共支出，以及公共支出與景氣循環之間的關係。但在探討這個架構之前，必須先徹底理解公共財政，也要想想政府若是不需要先借錢、先收稅，就能支出，那我們為何還要長篇大論說這麼多。

現代經濟體中課稅與公共借款的目的

課稅與借款並不會為政府帶來資金，但還是有具體的功能。

課稅是一種公共政策工具。政府之所以必須課稅，主要有四項原因[9]。

一、政府要供應生產，而不是直接指揮、控制生產（例如計畫經濟），所以要運用私營部門，滿足自身需求[10]。政府以自己發行的貨幣課稅，就創造了自己發行的貨幣的需求，也就代表政府發行貨幣，就能透過私營部門，滿足自身需求。政府有能力要求人民接受政府發行的貨幣，就等於創造了自己的購買力。因此，國家與市場之間有共生關係。國家與市場是相互依賴的，國家的需求衍生出能滿足國家需求（也能滿足私人需求）的私營市場。

二、控制通膨：政府雖說不會受到財務上的限制，但還是會受到經濟體的生產力上限的限制。政府要是創造太多貨幣，經濟體即使增加生產、創造實質資產，也無力吸收那麼多貨幣，就會引發通膨。政府再課稅，從經濟體取出一些貨幣，減少貨幣供給量。

三、解決社會上不同群體的財富分配問題，尤其是不同所得的群體的財富分配。第五章告訴我們，有一種方法能解決財富分配不公的問題，只可惜大多數國家都不肯採用，甚至不肯考慮。

四、訂定有害行為的罰金，遏止包括環境污染在內的有害行為。罰金金額與危害程度成正比。稅也是一種罰金。

在另一方面，政府也會基於下列原因借錢。

一、並未創造新貨幣，但要應付公共支出：政府支出能創造貨幣，尤其是收款人的銀行帳戶，計入應得款項的金額的時候。這就等於在經濟體注入新的購買力。但這也許不是好事。新創造的銀行準備金會導致利率降低，也許會低到央行認為有害經濟的地步。我們在第八章發現，央行會透過利率，調整銀行放款的總額（只是這項工具並不完美）。政府向債市尋求資金，不必變動銀行體系的銀行準備金，也能支出。在這種情況下，停泊在銀行帳戶的貨幣，會轉而流向債市，形成一種資產交換[11]。政府仍然可以支出，但經濟體中的貨幣總量維持不變。

二、私營部門的儲蓄工具：債券說穿了就是私營部門存放政府創造的貨幣的工具。貨幣可以存在銀行帳戶，亦可停泊在政府公債之類的投資工具。從這個角度看，政府赤字也反映出私營部門的儲蓄水準（廣義的儲蓄也包括投資[12]）。

很多人認為，增加公共支出可能導致升息，造成「無法負擔的」債務。其實風險的來源正好相反。政府若是創造太多貨幣，將導致經濟體全面降息，某些人也有可能因此借太多債。

有些人很在意公共債務占GDP的比例，但在大多數的情況，這並不是最需要在意的數字。我們從第八章得知，真正重要的是私人債務占GDP的比例。說來實在令人想不通，大家為何不多關注這項指標。感覺簡直像是刻意忽視：公共債務的爭議越大，就越少人關注私人債務，以及私人債務的主要用途：房地產投機。

這樣說也許會引發爭議，但一九七一年布列頓森林制度終結之後的世界就是如此，至少採用浮動匯率制度的國家是如此。整整五十年過去了，大多數人卻似乎還沒領悟新的現實。但亞倫·葛林斯潘這位重量級人物，就於二〇〇五年美國國會聽證會上談到這一點。眾議員保羅·萊恩問道，美國的社會安全是否面臨資金危機。葛林斯潘答道：

> 聯邦政府無論想製造多少貨幣支付給別人，都沒人能阻止。所以我覺得有需求才會支出的津貼經費，並不會短缺。

換句話說，美國聯準會主席認為，政府的資金沒有上限。

我先前說過，政府之所以會加稅，或減少支出，都是考慮過幾項非常重要的因素。想了解這些因素，我們先看看劍橋大學於一九七〇年代進行的一項重要研究，即可有一個簡單的架構，以正確的角度看待這些議題。

理解政府創造貨幣的簡單架構

劍橋大學的經濟政策小組於一九七〇年代，展開一項很有意思的研究計畫。這項計畫的目的，是追蹤貨幣在經濟體內各部門之間的流動，進而建構經濟模型。計畫由韋恩．戈德利領導。他後來成為英國財政大臣諾曼．拉蒙特的「七智者」，也就是七位經濟顧問之一[13]。

戈德利的貢獻，在於開發出能追蹤每一筆交易的經濟模型[14]。他一開始的前提，是每逢有貨幣流出，就代表其他地方有同額的貨幣流入。一個人的支出，與另一人的收入金額相同。從某些方面來看，這就是貨幣版的牛頓第三運動定律：作用力必然有大小相等、方向相反的反作用力。戈德利創造的貨幣流動模型很複雜，但主要是將經濟體分為三個互相排斥的部門：

一、私營國內部門，包括家庭與企業。

二、外部部門，國家透過此部門，進行與其他國家的商品與服務進出口貿易。

三、政府部門，國家將貨幣用於公共財與公共服務，再藉由課稅，將貨幣從經濟體取出。

劍橋大學的小組，以及後來的分析師，其實是將經濟體的整體收入，當作每個部門的情況的結果，同時也主張經濟體的一個部分的每一項支出，在另一個部分都會有對應的收入。

劍橋大學的小組以一套簡單的會計方程式，證明了經濟體產生的總收入，亦即國民生產毛額，是私營國內部門、外部部門，以及政府部門的淨貢獻的總和。這些方程式並不是解釋現狀的複雜經濟模型的一部分，純粹只是呈現收入的流動而已。不過如此明確的說明，確實產生了深遠的影響。

根據這項方程式，政府部門或外部部門的貢獻為正時，私營部門的收入亦為正。這代表私營部門的淨收入（或是淨流量、淨額）若要為正，貿易餘額就必須為正，或是政府部門必須為正。所謂政府部門「為正」，意思是對經濟體的支出是正向的（政府部門的支出，即是其他實體的收入）。這代表政府支出大於稅收。換句話說，如果你希望私營部門持續成長，收入超越以往，那政府有盈餘，就不見得是好事。這個觀念非常重要，因為按照邏輯，不可能每個國家都出現貿易順差。一處的貿易順差，就代表另一處有貿易逆差。

所以私營部門的負餘額代表著什麼？

私營部門的餘額若為負，那二件事情的其中一件必然發生。一件是私營部門的支出會減少，因此對成長的貢獻為負，也會步入衰退。衰退顧名思義，就是在經濟體中的支出或是收入緊縮。另一件事是私營部門唯有耗盡儲蓄（先前有盈餘時所賺的錢），或是借更多錢（意思是必須耗盡未來的儲蓄，才能還債），才能維持同樣的支出與收入。換句話說，私營部門的淨金融資產會減少。

所以財政上的盈餘若是出現在不正確的時機，將直接導致私營部門步入衰退，或是必須耗用儲蓄、增加負債。

一個國家面臨的考量，如表五所示。

在這個架構之下，主要的考量是貿易餘額或財政赤字，是影響私營部門成長的重要因素。關於赤字的規模，以及政府借錢的固有風險的公開討論流於膚淺，這個主題則有所不同。我們身為投資人，希望私營部門取得淨金融資產。這就代表我們（應該）希望政府

表五：赤字與盈餘對於私營部門收入的影響

<table>
<tr><td colspan="2" rowspan="2"></td><td colspan="2">政府部門</td></tr>
<tr><td>正向：預算赤字
（政府支出大於稅收）</td><td>負向：預算盈餘
（政府稅收大於支出）</td></tr>
<tr><td rowspan="2">外部部門</td><td>正向：貿易順差
（出口大於進口）</td><td>私營部門成長／金融資產增加</td><td>可能出現不同結果：
政府盈餘若大於貿易餘額，私營部門就會衰退／金融資產減少
政府盈餘若小於貿易餘額，私營部門就會成長／金融資產增加</td></tr>
<tr><td>負向：貿易逆差
（進口大於出口）</td><td>可能出現不同結果：
政府赤字若大於貿易逆差，私營部門就會成長／金融資產增加
政府赤字若小於貿易逆差，私營部門就會衰退／金融資產減少</td><td>私營部門衰退／金融資產減少</td></tr>
</table>

大舉支出、降低課稅，同時達成大量的貿易餘額。

我們已經看過這種效應。回想一下第一章。股市「表現極好的那些年」出現在股價大跌，**政府向經濟體系注入流動性**，也就是增加貨幣供給的時候。如果你能找出景氣循環的這些時間點，就有機會賺取豐厚的投資報酬。這也是景氣循環中期的衰退期如此短暫的原因。銀行體系持續放款，政府同時也在振興經濟。

創造貨幣也該有限制

這些話的意思，並不是政府花錢可以無上限，就好比銀行創造貨幣也不能無上限。在許多國家，主權服從國會權威，接受人民監督的義務，是人民最辛苦爭取來的勝利之一。此外，政府也有可能把錢花在無用的項目與政策上，造成的壞處會比好處多，比方說扭曲市場運作、圖利某些群體，助長了依賴政府扶持、而非自行奮進的習氣。想判斷何時該控制公共支出，要考慮的主要是通貨膨脹與國際貿易，最重要的是通貨膨脹與國際貿易對於土地市場的影響。

控制通膨

主權所面臨的限制，來自實質經濟，以及實質經濟所有的生產力。創造的貨幣總額，必須符合經濟體生產力達到最高峰時的需求。創造的貨幣若是過多，就會引發通膨。若是不足以應付需求，就會出現閒置的生產要素（非自願性失業、資本浪費）。

但也要注意，一個國家的政府若是花錢推動公共醫療、教育、基礎設施等等，反而會提升經濟體的生產力，絕對不會推升通膨。而且若能降低生活與經商的成本，反而有助於降低通膨。

政府將控制通膨作為一種管理經濟的手段，並不是一件壞事，但必須透過包括就業（失業）在內的措施進行。此外，在整個景氣循環期間所用的管理經濟的工具，應該是以財政工具為主，而不是貨幣工具（亦即公共支出，而非藉由調整利率，控制大家借多少錢）。

近年出現的一種想法，是保障全民基本收入。這種想法的邏輯是提振消費，經濟的生產力就更有可能充分發揮。但經濟若沒有明顯減緩，這樣做就會引發通膨[15]。

全球化與國際貿易

公共支出也會影響一個經濟體的對外貿易地位。政府若出現赤字，貨幣供給就會增加，通常本國貨幣對貿易夥伴國的貨幣也會貶值。出口的機會將增加，國內製造品的價格在海外較低，但進口商品將更為昂貴。一個國家必須進口的商品的價格，例如能源與食物，會影響通膨程度與生活水準，依賴海外初級產品又較為落後的國家更是如此。政府必須依據此點，適度調整支出。

被忽略的因素：土地

幾乎人人都忽略的重點，是政府花錢的時候，土地市場會發生什麼事。很多人並不了解，經濟體會出現非自願性失業的主要原因，是土地被閒置，或是被用於沒有生產力的用途[16]。政府若出現赤字，通常會以投資基礎建設作為理由。朱比利線的例子告訴我們，政府投資基礎建設會推升土地租金，進而導致房地產價格上漲（當然除非地價稅隨之調漲[17]）。政府投資越多基礎建設，土地價格漲得越兇，因此引發景氣循環中扭曲市場的投機行為。

政府創造貨幣，也有可能像銀行放款那樣不健全。在這種情況下，政府支出不見得能刺激經濟體發揮最大生產力，而是會引發通膨。到最後，有生產力的私營企業無力承擔上漲的租金，只能黯然退場。然而依據我們的土地獨占權制度，榮景之所以能擴大，背後最大的力量正是政府（就像私營銀行）。

各國政府為了對抗景氣循環中期的衰退期，紛紛推出振興經濟方案，同時實施大型基礎建設支出計畫。經濟隨即重返成長的軌道，景氣循環大戲的第二幕也就此落幕。

每一次景氣循環後半段的特色，就是銀行與政府將新貨幣大肆投入經濟體。在此背景下，我們也準備揭開第三幕。我們要回到大約一百八十年前，也就是一八四〇年代的英國，見證景氣循環的下個階段：土地榮景。

致富祕訣手冊，第九部分

政府會創造貨幣，要跟著政府投資

重點提示

一、政府是景氣循環的一部分，並非高於景氣循環之上

很多人對政府的印象，大概是政府高於經濟之上，因此能管理經濟，也能管理景氣循環。事實並非如此。政府要讓人民享有成長與繁榮，才能生存，至少要給人民成長與繁榮的幻覺。政府的種種作為，多半是推升資產價格，價格一旦有下跌之虞，政府就會以強烈手段因應。政府投資基礎建設，尤其是投資優質基礎建設，就會推升土地價格，也有可能開啟繁榮期。會有正面的題材，稅收會更多，政府的民調也會更理想。如此一來，政府往後會有更多類似的作為。要掌握政府投資的地點，跟進投資。

二、政府會在不出事的前提之下，盡量多創造貨幣

創造貨幣的權力，是公共政策的重要工具。至於政府應該花多少錢，標準會改變，但要知道：只要不出事，政府就會盡量花錢。整體而言，這對於經濟成長以及你的投資來說都是利多。

三、致力振興經濟的政府，會推升經濟成長（反之亦然）

我們已經知道，在景氣循環的開始期，政府大力振興經濟的期間，市場的反應是多麼強勁。這是因為政府向經濟體注入大量貨幣，以填補銀行體系在先前的危機留下的缺口。市場在上一個景氣循環的尾聲下跌，反映出缺乏貨幣及經濟衰退的現象。在新的景氣循環的開始期，隨著新貨幣進入經濟體，市場也反轉向上。這是投資的絕佳時機[18]。同樣的道理，政府若縮減支出，尤其是在景氣循環的最高峰期，可能會導致經濟放緩，整體經濟也難以承受危機的衝擊。我們已經知道，銀行也會在這段期間緊縮放款，進一步減少貨幣供給。投資人在這段期間必須謹慎。

第三幕

繁榮期

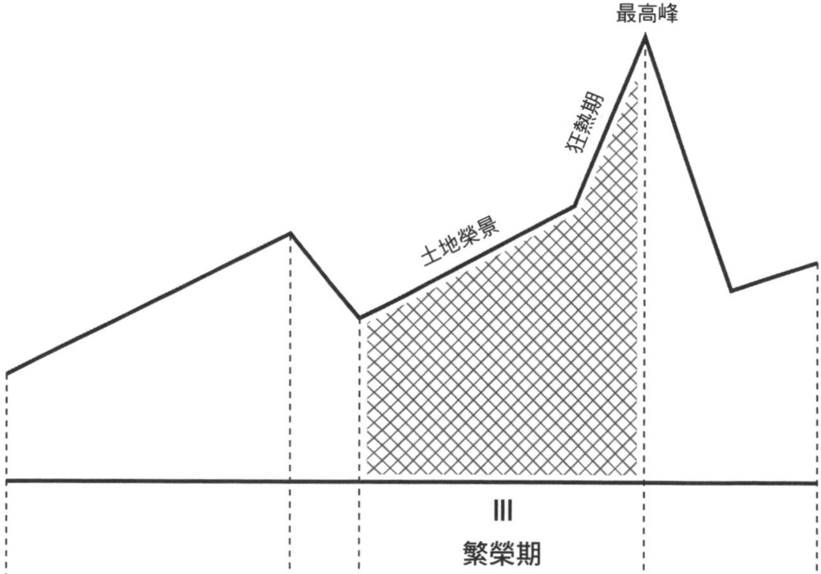

在這一幕，土地與房地產市場的繁榮帶動了經濟成長，進而引發第二次也是更大的經濟擴張。平均為期六至七年。

第十章：土地榮景，放款寬鬆帶動高成長，以及股市與房地產市場的榮景。你應該把握如此好時光。

第十一章：繁榮與戰爭的漫長循環介紹與房地產榮景，以及社會和地緣政治對立有關的長期商品景氣循環。要買進自然資源、基礎建設，以及某些科技類股。

第十二章：狂熱期闡述擴張期的最後二年。隨著景氣循環發展過熱，投機行為近乎失控。別盲從，這個時候要有所節制。

第十三章：嚴重的錯覺分析了金融理論所忽視的景氣循環，進而判斷錯誤的現象，在繁榮期更是如此。所以你的理財顧問可能會（並非故意）帶領你走在錯誤的道路上。

第十四章：最高峰。經濟欣欣向榮，市場情緒沸騰到最高點，但知情的人已經看見警訊。此時應該退出市場，為即將來襲的危機做好準備。

第十章 土地榮景

這個國家是個精神病院，全民皆是瘋鐵路的神經病。

——威廉・華茲渥斯

小小的旅程，巨大的繁榮

史上最大繁榮期，從一段短短的鐵路旅程開始。

英國女王維多利亞此生第一次搭火車。她在一八四二年六月十三日接近中午時分，在位於倫敦西方的斯勞火車站上車。火車有一座新的蒸汽機，名為「火焰河號」（以古希臘神話中冥界的河流命名），以及七節車廂，其中一個以王室徽章裝飾。二十五分鐘後，女王安全抵達目的地，亦即帕丁頓車站。

女王搭火車無甚稀奇，卻激起人民對於新的鐵路科技的種種想像。女王說，全新的經驗是一種享受[1]。民間投資人也歡樂得很，開始將大筆資金用於鐵路投資。情況與鐵路發展初期截然不同。連結利物浦與曼徹斯特的第一條鐵路通車時，出現了不祥的惡兆：代表利物浦的國會議員，在首相面前被行進的蒸汽機意外撞死[2]。從此某些人便對蒸汽機印象惡劣。也有人擔心蒸汽機冒出的煙會污染鄉間，影響鄉下的家畜。鄉間的「地主也擔心，蒸汽機會破壞自家莊園的寧靜，有損土地價值[3]。」誰能想到，他們後來會完全改觀。因為在十九世紀中期數十年的景氣循環中，由史上最知名的資本家，包括范德堡、摩根、庫克、哈德森、史崔斯伯格所主導的土地榮景與蕭條，規模之大是空前、也許也是絕後。原因就在於鐵路。

從景氣循環中期的衰退期復甦

一八三九年，也就是當時景氣循環的中間點，英國經濟正在衰退。英國政府為了讓經濟早日復甦，不僅增加支出以對抗私人消費減少的衝擊，同時也降低貨幣成本。這項政策奏效，經濟衰退於隔年結束。股市認為經濟將重返成長，因此在一八四一年底，企業獲利開始恢復之際，股市也開始上漲[4]。

隨著經濟好轉，女王的火車之行又點燃了眾人對鐵路的興趣，一波鐵路投資熱潮就此興起。

一八三〇年代末曾出現小型的繁榮期，這次的繁榮規模可就大得多。要興建新的鐵路段，投資人只要先投入百分之五至十的資金，同時等待國會批准（國會也有可能不批准[5]）。一旦批准，其餘的資金就要在需用時投入，以興建鐵路。投資報酬將來自經營鐵路這項獨占事業所收的車資，以及相關的土地開發利益。如此之低的初始投資門檻，吸引的投資人人數也遠比先前多。

新的法令無意間點燃了投資人的興趣。在此之前，鐵路的路線是很雜亂的，顯然是因為金主隨意興建。互相競爭的鐵路公司甚至還弄出重複的鐵路線，如此一來難免有損投資報酬。政府想興建更有效率的鐵路網。一八四四年的《鐵路法》規定，興建鐵路的提案必須通過鐵路委員會審查。該法也規定，鐵路公司每天必須提供至少一班火車，票價是每英里一便士。票價降低，乘客人數與營收都會增加。更為合理的鐵路網落成，鞏固了現有鐵路線的獨占優勢。為了防止市場濫用，政府規定只要鐵路公司向投資人發放超過百分之十的股利，政府就有權將鐵路公司收歸國有，等於是訂出鐵路公司獲利的上限。但這也代表，在其他項目的投資報酬率遠低於百分之十的時候，（屬於獨占事業的）鐵路就能有百分之十的報酬率[6]。股市一如既往，仍然是經濟的領先指標。前二十大鐵路公司的股價，在一八四三年下半年政策改變之前，上漲了百分之二十。

寬鬆的放款

銀行放款寬鬆，也是這波榮景的推手之一，而銀行放款之所以寬鬆，也要歸功於另一項政府法令。一八四四年的《銀行特許狀法》禁止銀行自行發行紙幣，將發行紙幣的權力交給英格蘭銀行。英格蘭銀行為了控制通膨，刻意維持貨幣發行量與黃金準備的比例，以限制貨幣發行量。這就代表英格蘭銀行必須比照商業銀行的放款利率，因此一路將利率從百分之四，降至百分之二·五。在經濟繁榮、投資人樂觀的時代，這等於是無意間向市場額外注入了便宜的資金，盛大的榮景就此展開。

接下來的二年，英國國會收到的興建鐵路線申請案如雪片般多。到了一八四五年，已有多達一千二百三十八項鐵路興建計畫在尋求資金。公司老闆請負責報導鐵路新聞的媒體人幫忙，為新計畫美言幾句，把前景描繪得動聽一些，以吸引投資人。共有十六家鐵路期刊，經常報導鐵路公司股價上漲，為鐵路業搖旗吶喊，公開駁斥那些提醒大家慎防越演越烈的投機熱潮的清醒人士[7]。新的一群投資人也因此投入股市。史上頭一回出現公司股價以低價計算，甚至低至一英鎊（當時非技術勞工的平均年薪約為五十英鎊）。初始投資的門檻很低，只要拿出百分之五的資金，因此大批小額投資人紛紛進場。鐵路公司股價飆漲，三年平均漲幅為百分之百（見圖十六）。幾檔個股的股價僅僅十個月，就上漲了十倍之多[8]。

土地價值大增

股市的「鐵路狂熱」現象非常明顯，但其實根源是土地市場。畢竟興建一條鐵路所用的資金，大半是用於購買土地、興建火車站、機廠、公路，以及建設商業區。換句話說，大半的資金都是用於不動產開發。

國會一旦核准鐵路開發案，沿線的土地價值就會立刻上漲。鐵路的路線也關係到許多國會議員的利益，因為要興建鐵路，多半要購買貴族仕紳所持有的土地。一八四五年的《土地條款合併法》規定收購方有權收購土地，但也保障上述地主能拿到適當的補償。依據法令，地主若是因為不得不以市價出售土地（要知道土地價值已經因為即將興建鐵路而大漲），而感到痛苦，就有權要求

圖十六：一八四三至一八五〇年英國鐵路類股的市場指數

資料來源：Campbell, G. and Turner, J.D, '"The Greatest Bubble in History": Stock Prices during the British Railway Mania', MPRA, 2010（線上版：mpra.ub.uni-muenchen.de/21820/1/MPRA_paper_21820.pdf）。

額外百分之十的慰問金或救濟金[9]。

炒作土地者大舉湧入新鐵路將會通往的城鎮與城市，趕在國會批准鐵路開發案之前，買下所有最好的地段。因此投資人支付的認購資金，大半都直接進了地主的口袋，以求未來能有機會從國家執照產生的營收，賺取獨占的獲利。這是用一種租金流，購買另一種租金流。

日後衰敗的種子，總是在繁榮時期即已種下。鐵路公司想興建新鐵路線，規畫的路線即使有所重複，也不理會鐵路局的勸告。萬一路線重複，投資人就無法享有獨占利益，但在景氣好的時候，這些問題往往被忽略。不少國會議員也參與鐵路開發計畫，賣出自己的同意票，換取自己批准的開發計畫的股份。

繁榮時期與詐騙計畫

許多鐵路開發計畫根本是詐騙。有一種詐騙手法，是在報紙上大量刊登廣告，介紹新的鐵路開發案，列出所有參與其中的鐵路公司董事或委員。這些人照理說應該是社會賢達，所作所為卻往往正好相反（《時報》批評他們是「最可惡的流氓」）。這些所謂的社會賢達幫忙推銷股票，自己也拿到一部分股票作為報酬（流通在市面上的股票因而減少，導致股價進一步上漲）。這種詐騙開發案所宣傳的鐵路，通常根本就不會興建，即使落成了，獲利也有限，不可能發放一開始宣稱的高股利。

在景氣好的時候，太多人一窩蜂想賺錢，很少注意到詐騙的危機。鐵路所到之地，土地價格就出現驚人的漲幅[10]。《經濟學人》稱之為史上最大泡沫[11]。鐵路這項新科技帶來的變化如此之大，創造的土地投機機會如此之多，在英國、德國，以及法國帶動了不只一次，而是二次完整的景氣循環。在美國更是推動了三次景氣循環。

土地榮景解析

市場論述在上一個衰退期的尾聲改變，也引發了土地榮景。在一開始，整體環境較為低迷，因此很少人能預測到接下來的榮景。我們已經知道，經濟走出景氣循環中期的衰退期，開始復甦的速度，往往是出乎意料地快，因為振興經濟措施奏效（在景氣循環的這個階段，所有問題都與土地市場無關）。

景氣循環中期的問題越嚴重，就越能抹去世人對於上一場危機的記憶。在土地榮景剛開始的階段，那種逐漸進入新時代的感覺會特別深刻。這是因為發生了替代事件。

一、新的情況取代舊的

土地榮景通常會以一個替代事件開始。這個事件並不是引發後續繁榮期的原因，但也重大到足以改變眾人的看法[12]。英國女王於一八四二年首度搭乘火車，激起眾人對於新科技的興趣，再加上一八四〇年代初期，銀行放款較為寬鬆，因此造就土地榮景。替代事件也有可能是政策改變，例如調降利率（會發生在大多數的景氣循環）、金融法令鬆綁（例如一九八〇年代的日本）、大幅減稅（例如二〇〇一年的美國）、戰爭結束（一八一五年、一九二一年），以及疫情與國際危機（一九二一年、二〇二一年[13]）。

二、榮景以新科技為重點

在每一次十八年景氣循環的開始期，首先都是由新科技帶動經濟前行。雖然新科技會帶領經濟體走入新的循環，也推動景氣循環的前半段，不過新科技對於整體經濟的影響，要到景氣循環後半段的土地榮景期，才會明顯得多。鐵路始建於一八三〇年代，但直到一八四〇年代，發展的規模才大到足以讓世人看見鐵路真正的影響：新城鎮、新地區興起，另外還有新的休閒習慣（例如週末旅行、旅遊業、標準時間），以及新設備與投資（例如火車車廂）。其他例子包括：一八二〇年代的運河、一九二〇年代的汽車、電話與電力、一九八〇年代的個人電腦，以及二〇〇〇年代的網際網路（要知道雖然科技股在一九九〇年代泡沫化，但直到二〇〇〇年代，網際網路對於整體經濟的影響才顯現）。

三、基礎建設支出

政府總是會大舉加碼投資（無論是直接放款，或協助私營部門），努力延續土地榮景。核發鐵路建設執照就是一個例子。其他的景氣循環的基礎建設支出，包括鋪設或改造道路，以供汽車行駛（一九二〇年代）、州際公路／高速公路系統與機場（一九五〇年代）、固定網路與行動網路（二〇〇〇年代）。基礎建設投資能增進經濟效率，刺激經濟成長，也會擴大可供生產的土地範圍，推升土地價格[14]。

四、房地產榮景向外擴張到新地區

隨著土地價值上漲，基礎建設支出增加，新的地方也紛紛開發（新城鎮，以及某些不受青睞的市區）。這個時代的題材，發展出新的賺錢構想。新企業出現。看似可信的需求預測，拉高了市場的預期。企業與人口遷往他處。商用不動產短缺。房地產價格上漲，導致許多人向外尋找較為平價的住宅。經濟成長帶動房地產與土地價格上漲，建商會因此擴大興建，進而推升投資[15]。外圍區域的房地產價格，上漲速度比核心區域更快，亦即景氣循環前半段的現象整個顛倒。土地榮景是全面性的。隨著土地榮景逐漸向外擴散，新建案與新的不動產放款流向較為邊緣的開發區域，也就是人口較少，也較不富裕的區域。

隨著經濟持續成長，投資人對於商用不動產的興趣較大。在某些景氣循環（例如一九二〇年代），商用不動產的崛起甚至造就了榮景，尤其是在新開發的地區[16]。

五、寬鬆的放款

銀行密切注意土地榮景，也為土地榮景增添柴火。銀行撐過景氣循環中期的衰退期，如今經濟更為活絡，建案紛紛開工，銀行也做好放款的準備。銀行也在幕後遊說政治人物變更法令，允許銀行擴大放款額度。政治人物也樂得配合，因為銀行體系似乎很健全，而且銀行業獲利不僅對經濟有利，還能帶來豐厚的稅收。況且在新的時代，誰還會記得上次的危機？土地價格持續上漲，經濟也不斷成長，銀行也就能擴大放款，還能放款給更多對象。如此一來，銀行的獲利也會增加。等到核心地段皆已抵押，銀行放款也會隨著土地榮景向外擴張。新的放款生意來自邊緣地段，以及更為邊緣的借債人。銀行放款額度增加，也會進一步推升土地價格[17]。

私人債務占GDP的比例升高，就代表銀行放款正在推升房價。十九世紀的抵押貸款總額，並不像現在這麼高，但在一八四〇年代中期，私人債務仍高達GDP的百分之五十。在每一個景氣循環，私營部門負債增加，都是土地榮景的特色[18]。

私人負債增加，通常也代表放款標準寬鬆。在土地榮景期間，有一陣子一切都欣欣向榮。營建業是每一個經濟體的支柱，也是需要國內基地的產業，因此能提升就業與支出。而且其他產業也表現不俗，尤其是與榮景相關的產業。在鐵路時代，與榮景相關的產業包括鋼鐵製造、火車頭製造、火車內部、車站、機廠等。

六、政府（貪腐）助長了榮景

無論是善意的法令適得其反，還是公然的利益衝突（或兩者皆有），政府總是會助長榮景。國會議員收取賄賂，再投下贊成票，是一八四〇年代鐵路榮景的推手。如今，每個國家的政府都希望經濟持續繁榮，因為繁榮才有選票，沒有一個國家希望經濟放緩。甚至可以說政治人物也是土地榮景最大的受益者（看看二〇〇〇年代，英國政治人物是如何操弄國會的支出體系，利用當時火熱的倫敦房地產市場撈錢[19]）。

七、股市大漲

股市是一個預先反映未來的機制，是領先未來的情況。如果主流觀點認為獲利會持續成長，看似可靠的預測數據，也顯示未來需求會增加，那股市就會迅速上漲，以符合這項預期。繁榮越持久，投資人的疑慮就會越少。各國市場創下史上新高，而且還在上漲，因此所有的投資人都獲利。

八、全球繁榮

在繁榮期，閒置資金總是在尋找新的機會。許多最好的機會都在海外，尤其是有很多潛力尚未開發的市場，也就是出口基礎強大，人口年輕且教育程度高，以及中產階級逐漸崛起的新興市場。在十九世紀，英國的資金造就了美國的繁榮，包括一八五四年、一八七二年，以及一八九〇年景氣循環最高峰之前的鐵路榮景，以及一九二〇年代的繁榮期。二次世界大戰後，美國的資金也帶動了拉丁美洲、東亞，以及歐洲的繁榮（然而在歐洲，國內銀行也發揮了很大作用）。

在景氣循環後半段的樂觀環境下，美元通常會對其他貨幣貶值，進一步推升全球榮景（見圖十七[20]）。

圖十七：土地榮景期至最高峰期美元指數的變化（百分比）

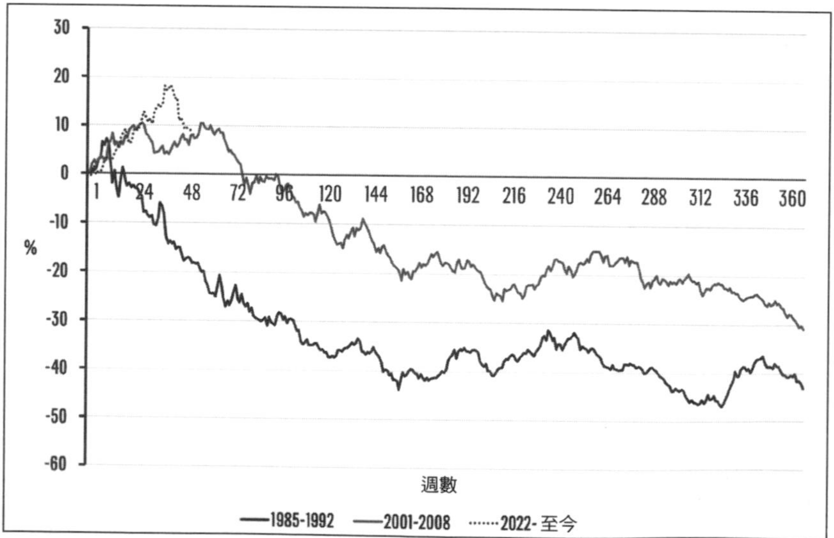

資料來源：作者自行計算

九、投資人亢奮

媒體的關注也為土地榮景推波助瀾，因為報紙、雜誌以及平台都要依靠廣告收入。一八四〇年代鐵路榮景期間，詳細介紹新的鐵路開發案，招攬投資人認購的鐵路期刊人氣暴漲。大多數的投資人，並不理會情況可能逐漸失控的徵兆。之所以會如此，有一部分的原因是警訊已經出現多年，卻似乎沒有任何負面事件發生。這些預言家的預言終究成真，但在預言的當下，卻沒人相信。他們沒掌握好預言的時機，因為他們沒能看出土地市場的影響，也不了解景氣循環的節奏。

新時代的興奮情緒，就是那種「這次不一樣」的信念，最終演變成亢奮。在亢奮情緒的催化之下，投資變成一種情緒需求，一種必須參與經濟繁榮的情緒需求。在土地榮景初期，價格會上漲，是因為整體經濟有所進步。投資人投入資金，是因為認定會有高額報酬。但在某個階段，投資人的心態會變，追求的不是收益，而是資本利得。現在買進，以後再以更高價格賣出，等於是今天花錢，購買明天的獲利成長。這種現象在房地產市場引發的效應，是房價背離租金，如圖十八所示。

於是土地榮景持續上演。在新成長產業、銀行放款寬鬆，以及投資人樂觀情緒助攻之下，經濟擴張的現象向外擴散。在我們的時代，這種向外擴散在全球上演。

在此同時，我們先暫停景氣循環的旅程，探討除了銀行放款與政府投資之外，最後一項能決定榮景規模的因素。為了討論這項因素，我們必須檢視較為長期的商品循環。每一次循環為時五十五至六十年，在國內與國外，掀起重大科技創新與混亂的時期。在下一章，我們要探討長循環。為了理解這個循環，我們要回到一百年前，也就是一九二〇年代的俄國，認識發現長循環的人，也研究為何他會被認定是有能力顛覆當時新政權的危險人物。

圖十八：景氣循環最高峰來臨前房價租金比平均漲幅（百分比）

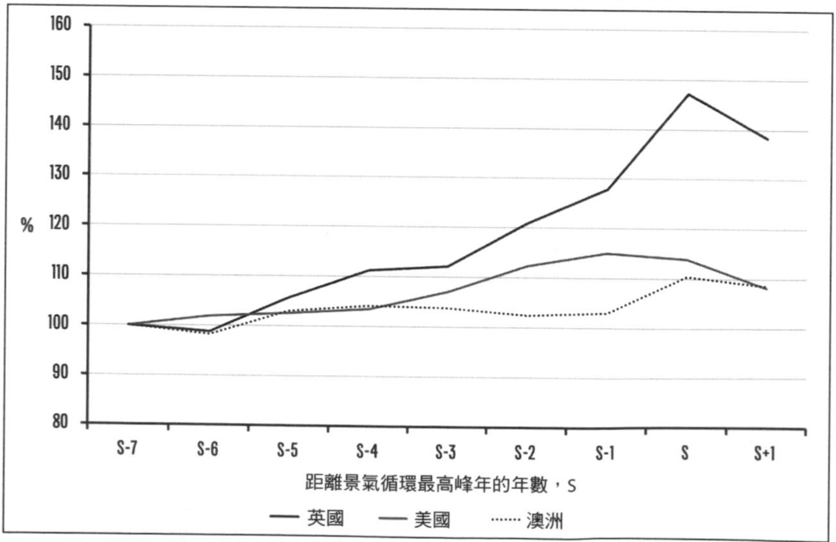

資料來源：美國聯準會、英格蘭銀行、澳洲統計局（以及作者自行計算）。

致富祕訣手冊，第十部分

要善加利用榮景階段

階段：土地榮景

約略時機：第九年至第十二年

市場氣氛：亢奮

管理情緒

在土地榮景期，「現在是新的時代」的想法助長了信心，而這份信心也越來越強大。土地榮景接近尾聲之時，亢奮的情緒瀰漫市場。資產價格大漲，企業表現強勁，大家都有錢，也願意花錢。此時應該要完全參與景氣循環。會有很多獲得高額投資報酬的機會。

要留心自己的情緒。要知道，你會聽到很多吹噓出來的迅速致富的故事。這些故事可能會削弱你的判斷力。在景氣循環的土地榮景（以及狂熱期）期間，那些利用人性的貪婪，以及唯恐錯過的心理的眾多詐騙與騙子格外猖獗。想累積財富，就要沉著，也要有耐心。也要參考致富祕訣手冊第十六部分所介紹的防詐騙祕訣。

管理投資

一、繼續買股

a. 你已經享受過衰退期尾聲，股市表現應該「極佳的一年」，現在要繼續買股。科技股可能會率先走出景氣循環中期的低點，但表現可能會不如大盤[21]。

b. 買進投資新興市場股票的基金，尤其是投資那些正在振興經濟（以擺脫景氣循環中期的衰退期）、稅負較低、外債也較低的出口國家的基金[22]。

c. 買進投資商品生產國的基金。在營建榮景期間，原物料需求會增加，此類基金也會表現強勁。

d. 買進與土地榮景最為相關的類股，包括：

- 營建類股：在土地榮景期間，人口移入的地方，新建住宅量會大增（見下方）。
- 商用與住宅不動產投資信託（REITs）：這類基金是依據不斷增值的不動產資產的租金收入，向投資人配息。
- 銀行類股：土地價格上漲，就能創造更多貨幣，銀行（或是經營大量放款業務的金融機構）獲利也會有所增加。
- 其他受惠於租金收入以及執照的類股（例如：網際網路、5G、機場、智慧財產、獨占網路、經銷權，亦見第五章所列舉的經濟租來源）。

• 屬於引領土地榮景的產業的類股，以及商品、基礎建設等相關類股[23]。

二、買進基礎設施即將進駐（以及人口、企業逐漸移入）的地區的房地產

a. 在土地榮景期間，尤其在土地榮景逐漸形成的過程中，最熱鬧的可能是較小（二級與三級）城市，或是城市的外圍。無論你想投資哪個地點，一定要確認關於該地的未來成長以及增值預測的相關說法，都是合理且可靠的。要記得，在土地榮景期間，蓋樓越來越是一種投機行為。

b. 投資之前要仔細做功課：要確認有足夠的安全邊際，能承受價格下修，或是成本（例如利息成本）上漲。不要買進租金收益低於利率的不動產（無論未來增值的潛力如何）。

c. 住宅不動產：就跟平常一樣，還是要注意一個地區的主要買家喜歡的產品。要小心公寓產品，尤其是不少建案正在進行，或即將開展的新興地區的公寓產品。在土地價格迅速上漲的土地榮景期間，這類產品供給過剩的情況可能最嚴重（在任何地點，公寓產品都能將開發最大化，所以經營市區的房地產開發商，特別喜歡興建公寓[24]）。一旦供給過剩，後續興建的房屋的價格成長空間就有限（持有不怎麼新的房產的屋主若想賣屋，就得與新建的房屋競爭）。如果你要投資公寓，那你投資的物件一定要具備某些稀有價值，例如景觀良好，或是鄰近重要的本地服務。

d.商用不動產：投資多家企業移入的地區。

e.使用槓桿，讓房客幫你還債。要趁利率在低檔的時候，採用固定利率，因為土地榮景期間通常會升息。

f.趁著繁榮期尚未結束，將你想賣掉的不動產資產，賣給正在上漲的市場。

屋主應該要知道，景氣循環的土地榮景的初始階段，其實是最後一個投資房地產的好時機。此時買進，未來幾年還能增值。

三、買進商品與黃金

a.土地榮景會推升原物料需求，因此你的投資組合，應該持有一些商品基金，或是開採自然資源的公司的股票。原物料通常是以美元計價，而美元通常會在景氣循環後半段貶值（見下方），進一步推升原物料價格，也吸引更多資金[25]。

b.黃金與貴金屬會依循商品的整體趨勢，但不會引領趨勢。黃金價格會從土地榮景期剛開始的幾年的低點，到景氣循環即將結束時開始回升。這是買進黃金的好時機。

四、做多其他貨幣，放空美元

美元會在景氣循環的後半段貶值（至少從一九七〇年代，貨幣改為自由浮動匯率開始即是如此）。美元貶值能提升全球GDP，商品價格也會上漲，因此其他貨幣，尤其是商品生產大國的貨幣，會相對升值。美元主要的相對貨幣是歐元，因此歐元會升值。從事國際貿易的企業應特別注意。

五、買進另類資產，例如收藏品

在土地榮景期間，藝術品與名酒之類的另類資產，有可能迅速增值。如果你喜歡這些另類資產，那當然要投資，亦可投資非同質化代幣以及收藏品。但如果是純粹為了投機而買進，那就要知道買進不會創造收入（而且可能要付出高昂的儲藏與保險成本）的資產，風險可是不低的。在景氣循環的不同階段，常出現大舉買入、恐慌拋售另類資產的現象。

第十一章
繁榮與戰爭的漫長循環

以前我研究資本主義社會動態的時候，發現有一種現象，很難有其他的解釋，只能說確實有一個漫長而且非常深層的循環……戰爭與社會動盪，都是漫長循環有節奏的形成過程中的一部分。

——尼古拉・德米特里耶維奇・康德拉季耶夫

警衛官向警衛示意：把牢房門打開。

牢房裡的囚犯模樣悽慘，病得都站不起來，全身只剩皮包骨。其中一名警衛，還得攙扶他起身。幸好他的眼睛看不見，不會發現幾把槍正對準他。他才剛受審回來。西邊的當局說，他是個異議份子。警衛官搖頭：這年頭，當個異議份子，是沒有活路的，只要史達林的那群爪牙還當政，就不可能有活路。他不相信這人有罪，但像這樣的書呆子，已經有一大群被捕。當局不希望這些人興風作浪，說這些人「惑亂眾人的思想」。這傢伙能掀起多大的風浪？他從來不惹事，向來彬彬有禮，只是很悲傷，尤其是這幾個月。他剛進來的時候，還常常寫信給妻女，但最近看來，牢獄生涯似乎已經擊垮了他。看得出來的，他已經變了，變得憤恨，絕望。這倒也不能怪他。蘇茲達爾不是人待的，他已經在這裡待了六年了。任誰也受不了。

警衛官下令：開槍。很快就結束了。雖然違反禁令，但警衛官還是為死者簡短禱告，再吩咐警衛把屍體移走。

這就是二十世紀傑出的經濟學家之一，尼古拉・康德拉季耶夫慘死的經過。他沒有犯下那些被裁定的罪名。他不是富農黨黨員（這個黨根本就不存在），也沒有支持資產階級[1]。他對於當時的政權，根本不構成威脅。他並不是想推翻政權的革命份子。他也沒有發現當局想隱瞞的罪行。他喜歡研究歷史，也擅長分析，尤其是商品價格。他埋首鑽研一疊又一疊枯燥乏味的數據，發現歷史有一種固定的節奏。但他在不知不覺間，卻發現了一樣東西，足以撼動殘暴的史達林主義政權的基本思想。

這一章要探討的，是他發現的東西，為何會撼動政權，與十八年景氣循環，又有什麼樣的互動。這些問題很重要，因為從中可以看出，影響二〇二〇年代全球經濟的許多因素。

商品價格的長循環

一九二〇年，革命結束後的俄國是一片樂觀。當時的克倫斯基政府，邀請時年二十八歲的康德拉季耶夫，擔任新成立的形勢研究所的所長。研究形勢，就是研究商業環境的變化，亦即研究經濟循環。當時的康德拉季耶夫，已是稍有名氣的經濟學家，頗受約翰·梅納德·凱因斯、爾文·費雪，以及韋斯利·米切爾等多位西方學者尊崇。

康德拉季耶夫的任務之一，是要找出西方資本主義的終點。馬克思已經預言，西方資本主義遲早會垮台，會被自身沉重的內部矛盾壓垮。俄國當局想知道，終點何時會出現。康德拉季耶夫於是展開極大規模的研究，竭盡所能大量蒐集各項數據，例如商品價格、黃金價格、利率、投資報酬、薪資、對外貿易，以及鑄鐵與鉛的產量。即使是現在，要蒐集如此多的數據，也是一件難事。在康德拉季耶夫的年代，這些數據都不是現成的，必須不辭勞苦進行統計操作，確定不同的資料集，能放在一起比較。這是個不凡的浩大工程。

一九二六年二月六日，康德拉季耶夫於莫斯科的經濟學研究所，發表他的研究結果。當天的會議，也有多位俄國知名學者與會。他表示，從商品價格的走勢，可以看出資本主義經濟體，蘊含著一種長期的節奏。這個長循環會上漲二十五至三十年，下跌的時間長度也差不多，因此一整個循環為時五十至六十年。

康德拉季耶夫發現，一七八九、一八四九，以及一八六九年的商品價格，是世代間的底部低點，也就是說，大約每五十年就會落底一次。商品價格的高點，也是每五十年出現一次，亦即一八一四年、一八七三年，以及一九二〇年（他即將開始進行大規模研究的時候）左右。他將這種節奏稱為「長循環」。

長循環如圖十九所示。

康德拉季耶夫說，商品價格的循環，代表經濟發展的節奏。長期價格趨勢向上的時候，西方的經濟體就處於擴張，以及盛大的繁榮期。長期價格趨勢向下，代表的就是艱難的蕭條期。他對在場的人說，下一次的崩潰即將到來，而且會很慘烈。

但他的出色研究，有個重大瑕疵：他並未找出資本主義體系終結的**最終**日期。從另一個

圖十九：一七八〇至一九二五年商品價格指數

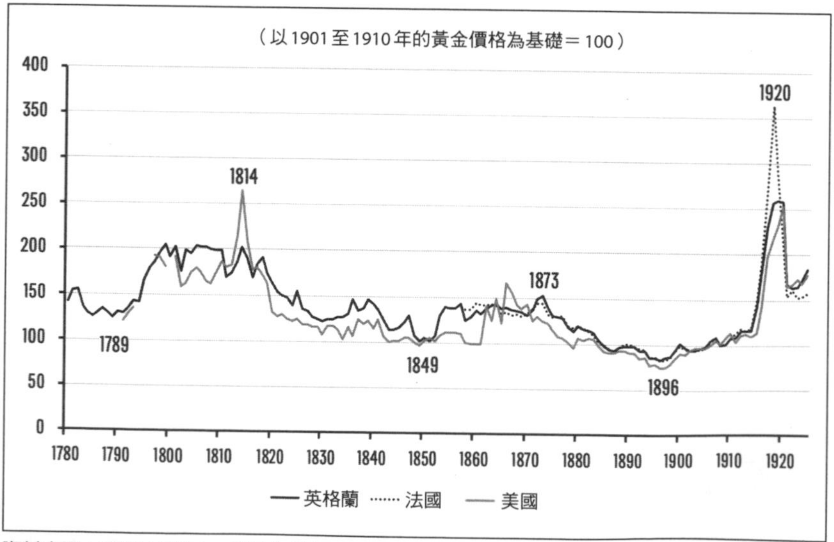

資料來源：康德拉季耶夫，以及作者自己的數據。

觀點看，甚至會發現他的研究結果顯示，資本主義還會繼續存在。既然價格會依循循環，那商品價格在落底之後，遲早會上漲，資本主義經濟亦會隨之再生，再度成長。這種觀念與馬克思思想完全背道而馳，因此俄國當局無法接受這種可能性。史達林鞏固了權力，從此俄國的知識自由嚴重受限。俄國當局積極搜捕「異議份子」。康德拉季耶夫研判資本主義會繼續存在，對於農業在社會主義的社會應有的經營方式，又有一些強烈的觀點，因此很容易被打成支持市場體系，反對俄國當局偏好的集體化。

康德拉季耶夫是一九三〇年代俄國肅清行動期間，成千上萬被逮捕、監禁的知識份子的第一批。他被判處八年單獨監禁，第一年他還盡力繼續研究，後來健康狀況不斷惡化，做研究是越來越難。他坐完八年的牢，於一九三八年九月十七日再度受審，被判處死刑，並於當天行刑，死時才四十六歲。

他的商品價格循環研究，在俄國徹底消失。他被監禁八年，又英年早逝，來不及完成研究，提出的結論也永遠成不了定論。但他影響了多位西方學者，例如約瑟夫．熊彼得就在一九三〇年代，提出類似的經濟與商業循環理論。然而在二次世界大戰後，在蔚為主流的凱因斯典範影響下，景氣循環研究幾乎完全消失，因為當時的人以為，景氣循環已經被消滅。戰後的元老級經濟學家保羅．薩繆森認為，長循環是「科幻小說」。一九七〇年代中期由房地產所引發的危機，揭露了這種觀點的謬誤。很多人因此又有興趣研究景氣循環，包括長循環。康德拉季耶夫的研究，曾在一九三〇年代展現了價值，如今再度展現。他在論文指出，商品價格將從一九五〇年代中期至晚期的低點回升，在一九七〇年代中期達到高峰，隨後下跌（見圖二十）[2]。

推動循環前行的力量是什麼？康德拉季耶夫認為，是一波波的科技投資。科技投資出現在哪裡，哪裡的經濟成長就會擴大，新的產業也會因此浮現。這也會影響社會關係，因為在這種效應引發的巨大動盪中，會有贏家也會有輸家。贏家是能從科技創新得利的人，而輸家則是深受其害的人。科技投資也會深深影響國家之間的互動。

這其實是歷史的理論，內容如下。

圖二十：一九四六至一九八六年商品價格指數

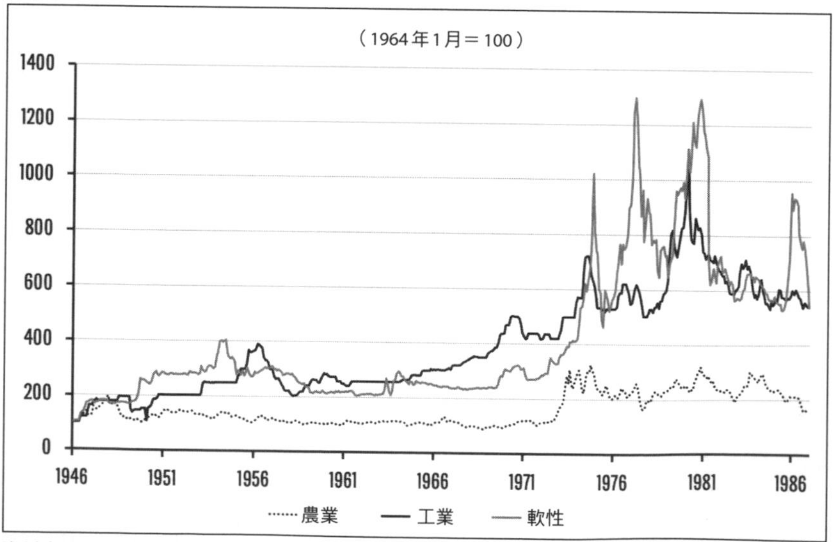

資料來源：作者自行研究。

長循環如何展開：科技與投資

新循環開始：一群科技匯聚

康德拉季耶夫發現，每一次長循環開始，都會引發「經濟生活的主要情況的巨變」，而這些巨變與新科技普及有關。所謂新科技普及，包括多項科技匯聚、現有科技開發出新的應用，或是使用成本大降（或三者皆有[3]）。接下來的每一次長循環，都會出現一種領軍或是主要的科技，帶動許多新產業興起，也影響現有產業的經營模式。

因此而徹底改變的，往往也包括商品生產的方式、所需的原物料生產，以及人們通訊、移動的方式。而且影響之大，到了每一次的循環末期，所有產業皆受到影響。

第一次長循環，是隨著工業革命展開。工業革命造就了工廠生產系統，以及運輸商品的運河。這一次的長循環，在一八一五年左右登上最高點。第二次的長循環，在一八六〇年代末登上最高點，是由重型機械、電報機，以及鐵路推動[4]。第三次的長循環，於一九二〇年登上最高點，是重工業與工程、電話與汽車的時代。第四次的長循環，在一九七〇年代中期登上最高峰，是自動化生產、大眾消費，以及噴射機的時代。第五次長循環，也就是現今的循環，是網際網路、手機、高速無線連結，以及近地經濟的時代。每一次循環的日期如表六所示。

新科技並不是只在每次長循環的初期，才會問世，而是早在每次長循環開始之前，就已存在許久。但在每次的新循環初期，新科技就會發展出新的應用，因此普及。我們從第一章即可發現，這種現象往往出現在新的十八年景氣循環的開始期[5]。

吸引了新的投資……

每一次長循環的重點，是資本投資的流向。在先前的下修期，投資報酬較低，用於投資的資本減少（資本被困在金融體系，流向投機的資本，多於流向商業投資的資本）。但伴隨新科技而來的，是投資報酬增加的機會。於是隨著新循環開始，資本從較為成熟的產業，流向較新的產業。必須要有鉅額投資，才會有新科技問世。要砸大錢建造運河、鐵路、電網、公路系統、商用機場、高速網際網路纜線、伺服器，以及行動通信基地台。

在每次循環的上升期間，經濟不時會大幅成長，衰退則是

表六：長循環的日期及主要推動力量（主要科技、通訊，以及運輸）

	開始	最高峰	結束	主要科技、通訊，以及運輸
第一次	1789	1814	1849	工廠生產與運河
第二次	1849	1873	1896	重型機械、鐵路與電報
第三次	1896	1920	1955	重工業與機械、汽車，以及電話
第四次	1955	1975	2001	自動化生產、商用航空
第五次	2001	2027（預計）	2050 年代（預計）	網際網路與手機、近地經濟

資料來源：日期資料來自 Anderson、哈里森、霍伊特

為時較短，且幅度較大。

在我們現在的時代，也就是第五次長循環，科技公司驚人的獲利能力，就反映了這種過程。在現在的長循環上升期，衰退分別發生在二〇〇八年以及二〇二〇年，復甦速度相對較快，至少在經濟體中最創新，科技最先進的部門是如此。

……導致所有經濟關係徹底改變……

隨著稀少的資本流向新的去處，人類活動的全新領域也因此誕生。長循環終究會完全改變經濟、通訊與運輸的方式，以及人類群體之間的互動，尤其是困在舊產業，與駕馭新產業的人之間的互動，更是完全不同。

在如此巨變的影響之下，每次循環的前半段都會非常混亂。在現在的長循環，每一種產業都受到網際網路與智慧型手機影響，無一例外。

……也會引發嚴重社會動盪與變革

科技衝擊整個經濟，導致舊產業式微，社會也因此動盪，因為不同群體之間的收入差距越來越大。此外，先前被邊緣化的群體，運用新的通訊與運輸方式，也得以擁有發聲的管道，挑戰主流的階級結構。結果就是大規模社會運動、文化巨變，甚至變革。

從二〇〇一年開始，先後發生了幾場格外激烈的運動，挑戰了同性婚姻、種族關係、性騷擾、性別認同之類的議題的現況。在一九五〇年代及一九六〇年代，上一次長循環的上升期，造就了民權運動、女性主義運動，以及環境運動，也點燃了一波波的去殖民化浪潮，一批新的國家就此誕生。在二十世紀的前二十年，女性參政權運動以及爭取平等投票權的種種努力，最終大獲全勝。

與這些有關的，是每一次長循環上升期的另一個層面，也就是國際關係，我們很快就會談到。

資本投資放緩

隨著長循環不斷上升，達到最高點，新科技推出的速度變慢，產業的變化開始發酵。投資獲利的機會變少，導致成長速度變慢。

這也代表長循環下降階段的繁榮期較為短暫，而衰退期較為長久，幅度也較大，在商品出口國尤其是如此。在上一個長循環的下降階段，這就是拉丁美洲與非洲的寫照。就連經濟先進的澳洲，也曾在一九八〇年代初，以及一九九〇年代嚴重衰退。

金融投機主宰實質投資

投資機會變少，代表越來越多資本會在金融體系累積，等待新的生產途徑出現，帶動下一次長循環。貨幣困在金融體系之中，投資也因此變得較為偏向投機。然而在長循環的下降階段，許多創新已經完成研發，就等著運用的機會出現。這樣的機會終究會出現，帶動全世界走入下一次循環。

在每一次長循環的過程中，都會伴隨著高成長率、高投資率、劇烈動盪、社會對立。想要控制新市場的各方之間，也會互相競爭。每一次為期五十五至六十年的長循環，（大約）會橫跨三次房地產循環，但兩者其實是有關連的。這個關連包括推動兩者前行的科技，也包括我們後面會談到的經濟租。

自然資源與經濟租

延續五十五至六十年的長循環，在許多方面與十八年的房地產循環有關。但到目前為止，最重要的關連在於經濟租定律。

第一個關連，是商品價格。我們知道，租金之所以上漲，是因為地段價值（例如 The Big Issue 銷售員）、政府核發執照的稀有性（例如計程車標章），以及占領虛擬土地（例如網際網路平台[6]）。其他造成租金上漲的因素，包括自然界的賜予，例如能種植農作物的天然肥沃土壞，或是石油、銅之類的自然資源。在每一次長循環的上升階段，這些商品的價格都會上漲，開採這些商品的國家與企業，就能收取豐厚的租金。這些租金會再用於投資，進一步推升經濟成長。

第二個關連，是科技與創新的效應。科技與創新的效應會提升生產力，經濟體中進行生產活動的地點，也會因而增加。換句話說，生產的範圍會擴大。成本降低，終究會轉化為地段價值上漲，以及租金上漲（而且若是勞工短缺，那偶爾也會轉化為薪資上漲）。土地價格也會隨之上漲，朱比利線延長工程就引發了這種效應[7]。

最後一個關連，在於長循環的上升段，正好是新國家積極參與國際經濟的時候。不僅產品需求會因此上升，這些國家也會成為便宜人力的來源。人力便宜，就代表生產成本較低，租金較高。而租金較高，就會帶動額外的經濟活動，進一步利用自然資源，也就是更多開採、鑽探，以及採掘。如此一來，就有能力建設更多，商品與服務也需要新的銷售市場。房地產循環告訴我們，更高的租金會引發更大的繁榮，長循環的上升段即是如此。這是因為資本投資增加，而資本投資的獲利，終究會流入土地價格。

我們在上一個長循環，也就是在一九七〇年代中期登上最高點的長循環，看見這種效應。在一九六〇年代與一九七〇年代的商品繁榮期，石油生產國的租金存放在西方的銀行。西方的銀行再利用這些租金，向所謂「第三世界」的主權政府放款。這些第三世界國家，本身多半也是商品生產大國，因此也是高成長國家。所以長循環的上升段，才會是人類史上燦爛的繁榮期，因為有更多的融資，能挹注經濟發展[8]。這也是社會與經濟更為動盪的原因。不僅是現有產業要承受新產業所帶來的衝擊，擁有土地與自然資源的人，與並未擁有這些的人之間的經濟不平等，也越發強烈，越發明顯。

長循環與戰爭

康德拉季耶夫也發現，在每一次長循環的上升段，全球的經濟關係都會變得更寬廣、更多元。有一部分的原因，是發展程度較高的國家需要原物料，才能發展新產業，也需要新市場，才能銷售產品。在康德拉季耶夫做研究的期間，這種現象體現在新國家與年輕文化的融合：一八五〇年之後，美國成為國際舞台上的要角。一八九六年之後，變成阿根廷、澳洲、加拿大，以及紐西蘭。在一九六〇年代，則是剛獨立不久的幾個非洲國家。

現今的長循環從二〇〇一年開始，中國正好也在此時加入世界貿易組織，這是我們這個時代的經濟大事。印度（資訊科技），以及拉丁美洲和許多撒哈拉沙漠以南的非洲國家（農業與礦產），也正好在此階段開始發展。

在每一次長循環的上升段，雖說相當繁榮，卻也不乏黑暗面。康德拉季耶夫發現，強國之間爭奪原物料，也爭搶主導世界貿易的權力，競爭越來越激烈。無論這些國家的政治領袖當時宣示了什麼，實情就是這些國家不僅爭搶自然資源，也爭奪製造品的銷售市場。強國之間的競爭越演越烈，其他國家也被拉入兩方陣營，最終引發兩方的激烈衝突。富含資源的國家，就淪為衝突爆發的戰場。但衝突的根源，是經濟租被占用。先前循環的例子如下：

- 一九七〇年代長循環的最高峰，正值美國與蘇聯之間冷戰的頂點，而且也涵蓋越戰。
- 而在前一個循環，在一九一〇年代的最高峰即將來臨之際，各歐洲帝國之間，尤其是英國與德國這兩個帝國之間的對立，是越演越烈，最終導致第一次世界大戰爆發。
- 更早之前，也就是將近一八七〇年代的時候，地緣政治的競爭，發生在大英帝國與俄羅斯帝國之間，以及美國南北戰爭。
- 在更早的循環，也就是接近一八一〇年代末的時候，康德拉季耶夫研究的不斷重複的強國競爭的第一起，是英國與法國之間的競爭，以及拿破崙戰爭。

強國之間的競爭帶動了創新，也大加振興全球經濟。冷戰時期的太空競賽，尤其是在一九五〇年代末，以及一九六〇年代，就是一個例子。強國之間的競爭，推動了多項科技發展，也衍生出我們現在所見到的各種應用[9]。

咆哮的二〇年代：繁榮與動亂

在每個世紀，房地產循環的後半段，與長循環上升段的最後幾年，碰巧出現在同一時間的現象，大約每五十至六十年會發生一次，頂多二次。這也是經濟繁榮期通常很長，但社會也越來越動盪的原因之一。

這也代表美國與中國，這二個二十一世紀的強敵，在二〇二〇年代會越來越對立，甚至公然爆發衝突。美國與中國可能爆發衝突的戰場極多：南海、貫穿歐亞大陸一帶的中國一帶一路倡議，以及自然資源極為豐富，有能力購買製造品的中產階級越來越多的非洲大陸。二國也正在爭搶重要的貿易中心或貿易路線，例如中東、巴拿馬運河，可能也包括北極。網路空間的競爭，甚至太空的競爭，已是越來越明顯[10]。再次強調剛才說過的：無論對外宣稱的戰略競爭理由是什麼，真正的理由，永遠都是控制經濟租。

關於戰爭的效應，康德拉季耶夫的分析如下：

> 戰爭與革命，必然會深深影響經濟發展的過程。但戰爭與革命，並不是從天上掉下來的……而是從真實情況，主要是經濟情況的土壤生長出來的……是什麼樣的情況，才會導致戰爭與革命，一次次都正好在上述的長循環的上升段密集發生？最合理的解釋，是戰爭本身，源自

經濟生活越來越高的節奏與強度，凸顯出爭搶市場與原物料的經濟競爭。但經濟生活的這種強度，本來就會出現在越來越多事件同時發生的時期（長循環的上升段）。

康德拉季耶夫所說的經濟生活越來越高的強度，終究會導致房地產循環的榮景過熱。這會是全球經濟繁榮的一大助力，至少一開始會是，但越演越烈的國際衝突，使得二〇二〇年代的投資環境非常動盪。在我寫這本書的時候，這種現象已是越來越明顯。

衝突一旦成形，終究會摧毀最初引發衝突的榮景。資本從經濟發展流出，流入軍備。換句話說，資本流向戰爭經濟，而較有生產力，能提升全面繁榮的領域，則是不斷流失資本。久而久之，貨幣就會短缺，引發一連串的效應，最終導致崩潰。

政治領導者會在國內經濟低迷不振的時候，在海外掀起衝突，因為戰爭能引開人民的注意力，還能把問題歸咎到別處。我們身為人民，應該牢記這一點，因為二〇二〇年代末的房地產危機，將會出現在長循環的最高峰以及下降段。因此二〇二〇年代末的這幾年，會有嚴重地緣政治危機。我們必須時時留心政治領導者的舉措。

這一章是說明十八年景氣循環可以發展到多大的最後一章。這一章也告訴我們，現今的循環剩餘的幾年，為何不會平靜無波，而是會很激昂、動盪，甚至會有暴力衝突。

我們短暫脫離景氣循環的旅程，探討長循環的重要階段，現在該重回十八年景氣循環。在我們短暫脫離的期間，土地榮景仍在升溫，如今即將到達沸點。景氣循環開始至今大約十二年，我們已經抵達繁榮期狂熱的最後幾年，也就是狂熱期。為了了解狂熱期的景況，我們要造訪在一九八〇年代，經歷了也許是史上最知名的狂熱期的國家：日本。

致富祕訣手冊，第十一部分

投資自然資源與基礎設施

重點提示

在長循環的上升段，許多領域都會出現大幅度的創新與動盪：在二〇二三年，目前的上升段，即將邁入最後幾年。你的投資組合，也應該隨之調整。長循環的主題，往往與土地榮景的主題有關。會有一種繁榮的產業（以及相關產業，包括房地產）、營建、基礎建設，以及商品。

一、上升段的情緒較為激昂

也要記住，這段期間的情緒較為激昂，因此市場的波動較大。投資人要保持鎮靜並不容易。

二、投資長循環

可以投資下列標的：

a. 所屬產業與長循環、土地榮景有關的企業，包括基礎建設以及營建公司。

b. 商品：經濟與營建的榮景，推升了商品需求，例如石油、銅、木材、工業用金屬，以及基礎建設所需的原物料，例如鋰。

c. 開採或加工這些商品的公司，將有豐厚獲利。倘若收成不佳，或是供給中斷，那投機的資金，也會往其他走勢向上的商品，尋找投資機會，例如農產品或軟性商品（如小麥與咖啡）。你的投資組合，也該納入這些。

d. 隨著國際緊張情勢升高，防禦性類股也會有強勁的獲利。

第十二章
狂熱期

日本這個大國的力量，比大多數的美國人所以為的，還要強大得多。而且這個大國無法自行停止，因為日本創造了一種自動財富機器，也許是繼能點石成金的邁達斯國王之後的第一台。

——雷根政府官員克萊德．普雷斯托維茨，一九八八年

地球上最大派對

一九八〇年代：這十年最為人熟知的，是迪斯可與俗豔的色彩，是影響力無孔不入的科技，是享樂主義，是以最駭人的方式賺錢，最揮霍的方式撒錢。世上沒有一個地方，像日本這樣奢侈得毫不掩飾。

日本正處於獨一無二的繁榮的最高峰，泡沫經濟的榮景，足以匹敵咆哮的二〇年代，以及鍍金時代的盛況。誰的收入都比不上日本人。日本個人與企業的財富扶搖直上。追尋財富與經驗的年輕人，湧向東京、大阪這些亮著霓虹燈的城市。來自全球的名流，在 Lexington Queen 之類的東京豪華酒吧齊聚一堂。全天下就屬日本的派對現場最熱鬧。奢華鋪張的景象，讓人很難相信這裡是傳統、保守、儉樸的日本。

如此榮景竟然出現在日本，雖說讓人意外，卻也是勢所必然。日本在廣島與長崎遭受重創之後，經濟成就竟能如此輝煌，著實令人驚訝。領先全球的日本企業，做到了日本軍隊做不到的事：征服世界。征服世界靠的不是武力，而是經濟實力。日本販售的優質商品，改變了全球各地的運輸、娛樂，以及文化[1]。在二次世界大戰結束後的三十年間，日本經濟成長了五十倍，在一九五〇年代以及一九六〇年代，幾乎每年都創下二位數的經濟成長。到了一九八〇年，日本的國民所得已經超越英國，也迅速接近美國。西方學者紛紛湧向日本，想研究當地的經濟奇蹟，日本究竟如何能做到充分就業、低通膨，經濟成長又如此之快？商學院也致力研究索尼、松下、三菱、豐田、日立，以及佳能這些日本企業巨擘，看似高超的管理方法。

繁榮是必然的，因為如此強勁的經濟表現的利益，也反映在土地市場。日本經濟對於景氣循環並不陌生。在日本，一如在許多亞洲國家，房地產是地位的象徵，也是儲蓄的工具。因此，家庭與企業對於房地產的需求，顯然是源源不絕的。日本的經濟也是依循常見的模式，每隔十八年左右，房地產投機就會將經濟推上高點。高點分別出現在一八九〇年、一九〇九年、一九二六年，以及戰後的一九七三年。隨著日本經濟擺脫一九七〇年代的危機，高點又將出現。到了一九七九年，日本住宅價格重回史上最高點。住宅價格於一九八〇年代開始飆升，到了一九八〇年代中期，土地榮景已經展開（見圖二十一）。

廣場協議與一九八〇年代末的狂熱期

隨著一九八〇年代邁入尾聲，市場的榮景演變成狂熱期。這次的狂熱期，如同每一次的狂熱期，也是由政府政策改變所引起。日本的經濟奇蹟，是以強勁的出口為基礎，與美元掛

圖二十一：1955 至 1993 年日本住宅不動產價格指數

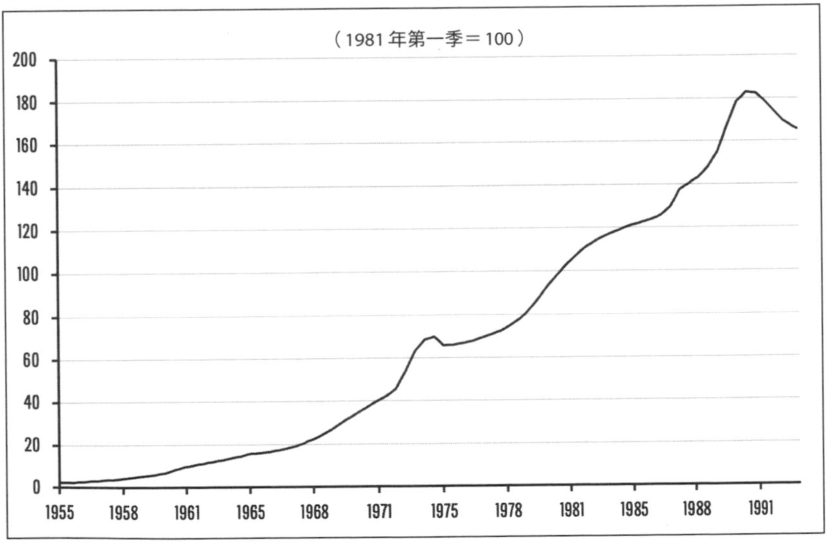

資料來源：國際結算銀行。

勾也是一大優勢。一九八五年，廣場協議正式簽訂，西方國家藉此逼迫日本讓日圓升值。用意是提高商品在海外交易的價格，讓進口商品更為便宜，進而減少出口量。日本之所以配合，是因為一九七〇年代危機的記憶猶新。日本人知道，自己的國家禁不起外部衝擊，也希望能調整經濟，朝向增加國內消費與投資的方向發展。

第二項政策變化，是調降利率。日本銀行決定調降利率，是為了防範出口下降引發經濟衰退。第三項改變，是銀行業法令鬆綁，促使國內借貸增加，以減少出口成長下降的衝擊。一九八〇年代初期推出的這幾項改革，代表銀行放款可以流向任何領域，而不是只有政府規定的領域[2]。

最後一項改變，則是將投資的重點，放在都市更新。日本產品以技術精密聞名，但如此富有的國家，國內房地產的品質卻出奇低落。日本勞工給人的刻板印象，是「住在兔籠裡的工作狂」[3]。日本政府推出新法令與政策，鼓勵不動產開發，興起了不動產更新的浪潮，將戰後年代的灰色辦公大樓與木造房屋，改換成現代感十足的辦公大樓，以及時尚的住宅。遺產稅與企業所得稅的稅制，對於房地產的未實現資本利得較為優惠。隨著都市發展計畫相繼推出，地方政府也獎勵開發閒置土地[4]。

結果就是土地榮景期迅速發展成狂熱期。日本各大城市，以及海外的日本企業，營建活動都大增。大型企業在郊區，為自家員工興建豪華的企業園區，附帶網球場、高爾夫球場之類的休閒設施。建築物一棟棟落成，因為當時的人認為，多的是有錢買家在尋找新屋。營建活動的規模之大，日本在一九八〇年代末的資本投資，多半是用於投資營建，每年規模相當於法國的整個經濟體[5]。

放款的泡沫

在充足且便宜的放款推升之下，新建建築大增。銀行所有的放款，依據的都是土地擔保品，而不是企業的前景，就連對企業放款也是如此[6]。隨著房地產增值，企業可以用手上持有的房地產，借到更多錢。借來的錢並不會用於提升產能，而是流入繁榮的股市與房地產市場[7]。日本資本主義模式的基礎，是大型的「經連會」（企業集團），包括製造商、供應商、服務公司、保險公司、貨運公司，以及銀行。在每個經連會之內，信用從銀行流向其他實體。經連會的成員互相持股，彼此緊密串連，以確保能共享彼此的成功。銀行甚至可以持有放款對象的股票，因此隨著房地產市場走揚，銀行的資產負債表越來越漂亮，因為作為放款擔保品的土地，以及銀行所持有的股票都會增值。如此一來，銀行就能借出更多錢，而放款增加又進一步推升股價與房地產價格[8]。

這是標準的泡沫。貸款總額每年增加百分之十三．八，主要流向商業不動產（從七十五兆日圓，增加超過一倍至一百八十七兆日圓）。而企業貸款則是流向風險較高的小型企業。銀行盡可能擴大放款，追逐潛在客戶，慫恿他們借錢。銀行的風險部門應該防範過度放款，卻反而協助高估擔保品的價值，營造銀行放款萬無一失的假象[9]。即使銀行的風險部門善盡職責，也還是有不受銀行法令約束的新放款方，也就是影子銀行湧入利潤極高的市場，想分一杯羹。到了一九九〇年，影子銀行占日本所有私人債務的百分之十五。百分之六十的影子銀行放款，流入房地產與營建部門。貸款盛況的規模就是如此龐大，到了一九九〇年代的尾聲，全世界最大的十家銀行（以資產規模計算）當中，有九家是日本銀行，而且全球借貸足足有三分之一，是日本企業承做的放款[10]。

永不結束的榮景

日本蒸蒸日上，很多人因此認為如此榮景會天長地久。這是新的時代，這次一切都會不同。這種信心助長了更多投機行為。股市也吹起大泡沫，反映越來越狂熱的房地產榮景。「經連會」持有大量房地產，股價也反映出這些房地產的價值。日經指數在一九八五年二月，亦即廣場協議簽訂的同月，以一萬一千九百七十四點開盤。後來在一九八九年十二月三十一日，以三萬八千九百一十六點做收。五年來上漲將近百分之三百三十（見圖二十二）。

整體指數的本益比達到令人咋舌的六十[11]。即使是一九二九年的美國道瓊工業指數，在也許是其史上最大泡沫的最高峰，本益比也只不過是三十二．六[12]。日本股市投資人並不在乎。某些日本企業的本益比甚至高達一千，股價離譜到以當時的獲利來看，投資人必須等上整整一千年，才能回收初始的投資本金。然而誰在乎這些股票的價格有多昂貴？包括野村集團在內的投資公司，為了保護自己的投資組合，向特定客戶推出保證獲利的產品。難怪投資資金不斷湧入。

狂熱期最明顯的徵兆，莫過於房地產市場。隨著日本的房地產市場躍居天價，日本的放款機構推出一種新產品：只還利息的抵押貸款，本金則是在貸款到期時才需償還。那貸款什麼時候到期？這個嘛，放款機構也推出一百年的貸款，不僅橫跨借債人的一生，也許還會由子女，甚至孫子女承接。天下竟然有如此神奇的遺產。

誰都想參與。專業人士將不動產投資當作

圖二十二：1986 至 1990 年日本日經二二五指數走勢

資料來源：Optuma。

副業，很快就發現這比本業輕鬆，收益也較高。佐佐木吉之助博士這位名人，在這方面就頗有斬獲。他是老年醫學的專科醫師，在一九七〇年代初期市場下修之後，以投資房地產作為副業。到了一九八九年，《富比士》估計他的身價為三十五億美元，是全球第十五位身價超過十億美元的富豪[13]。大型企業也投資房地產：一九八〇年代末，日本汽車巨擘日產汽車投機炒作房地產的獲利，高於生產汽車的獲利[14]。但狂熱期最鮮明的徵象，莫過於就連「極道」，也就是日本惡名昭彰的黑幫，也難以抗拒房地產投機的誘惑：「（高層）的策略是，將極道現代化，調整收入來源，除了固有的色情與勒索等業務之外，也要更著重較為合法的生意，例如房地產……[15]」

一切……都是史上最高價格

在那十年最後幾年的狂熱，房地產價格創下百分之三百的驚人漲幅[16]。狂熱的程度如此嚴重，繁華的銀座區的土地價格，竟高達每平方公尺二百萬美元之譜。甚至有人估計，大東京地區的土地價值，超過整個美國的土地[17]。一位很有生意頭腦的澳洲官員，代表政府將澳洲駐東京大使館的一半土地，賣了六億四千萬澳元。澳洲政府運用這筆收入，將外債減少了足足一半[18]。

日本企業滿手都是借來的錢，又趁日圓強勢之際，在世界各地大肆買進。一九八七年，全世界的淨資本流量，有四分之三為日本資本。日本企業用買進的土地，在蘇格蘭以及北英格蘭開設工廠，在美國中西部開設汽車廠，也在夏威夷開設旅館[19]。還有一些日本企業，特別喜歡以荒謬的天價，買下可用於炫耀的西方資產[20]。三井以六億一千萬美元的價格，買下紐約的埃克森大廈。成交價格幾乎是賣方開價的二倍。賣方驚訝到還得與律師團確認，能否接受如此高的價格。日本人特別喜歡加州的不動產，也讓好萊塢印象深刻。那個年代的電影，流露出美國人對於日本人「收購」美國的憂慮。在一九八九年的電影《回來未來二》，馬蒂・麥佛萊在二〇一五年的未來世界，被強橫的日本老闆開除。這不僅凸顯日式管理的強硬風格，也代表長遠的未來屬於日本[21]。一九八七年二月的某一期《新聞週刊》雜誌的封面警告讀者，「你的下一位老闆可能是日本人」。

日本企業界甚至也擠入冷戰時期的太空競賽。一九九〇年，日本的TBS電視台付給蘇聯一千四百萬美元，將一位名叫秋山豐寬的員工，送往和平號太空站，進行一週的夜間新聞報導。發射台上印有日商美能達的商標，而蘇聯的聯盟號飛船的推進器，則是印有一家信用卡公司、一家電子產品製造商，以及一家衛生棉公司的商標。秋山豐寬抵達和平號太空站，受到身穿TBS上衣的俄羅斯太空人迎接。這是史上第一次商業太空飛行[22]。

更浮誇的是，土地稀缺的日本，竟然到處開設高爾夫球場。私人高爾夫會員證的交易因而大增，甚至可以像股票一樣，在正式交易所買賣。日經高爾夫指數每日反映漲跌[23]。在一九九〇年，狂熱期的最高峰，高爾夫球證市場的價值約為二千億美元，幾乎等同整個瑞士經濟體。在拍賣會上，一幅梵谷的畫作，以八千二百五十萬美元的價格拍出，比前一個藝術品交易價格的世界紀錄，還要高出三千萬美元[24]。得標的是一位日本國民。二天後，他又以七千八百一十萬美元的價格，買下一幅雷諾瓦的畫作。為了證明他不在意金錢，他後來宣稱在他死後，這二幅畫作都會與他一同火化（他大概也不怎麼在意藝術作品）。

一九八七年的一項法律，提供了減稅以及便宜的政府融資，以依據國家計畫，興建休閒設施。地方政府提供荒廢的土地給開發商。開發商對於未來需求的預測過於樂觀，因此大量興建主題樂園。不久之後，房地產開發商宣布，要在宮崎興建全球最大室內園區，名為喜凱亞。這座園區位於廣大的飛機庫中，含有一處氯化的「海洋」，比奧運標準的游泳池大六倍，溫度維持在攝氏二十八度，另有一台有二百種變化的波浪機，一處人工石造潟湖，會噴發「熔岩」。園區甚至還有世界最大的可伸縮屋頂，所以即使在下雨天，遊客仍能在一萬二千平方公尺的海灘上，享受日光浴（海灘是以六百公噸的碎石鋪設而成）。而且整個園區與真正的海灘，只相隔一．六公里[25]。

狂熱期於一九八九年五月登上最高峰。在此同時，美國的收益曲線已經倒轉，代表三個月期短期債券的利率，高於十年期長期債券的利率。房地產市場過熱的現象，終於引起日本銀行擔憂。日本銀行開始調升短期利率，以引導市場降溫，也希望不動產貸款成長速度能放慢。

這會不會是警訊，代表未來的情況不妙？大多數正在享受不證自明的日本經濟奇蹟的人，根本沒感覺到警訊。不是說市場永遠都是對的嗎？

狂熱期解析

狂熱期在開始期的十二年後展開，維持大約二年，之後就是最高峰。景氣循環後半段的榮景，通常是由一種題材推動，這個題材簡單來說就是一句話：這個時代不一樣。效應總是一樣的：刺激投資的情緒需求。我們逐漸接近景氣循環的高點，所以這個階段有不少資金與銀行信用，都在尋找機會。

很早發現泡沫化徵兆的人，可能得等上很久，才會等到泡沫破裂。一九八〇年代的日本告訴我們，在這個階段，股市與房地產市場的成長最強勁，連清醒、理性的投資人都被吸引。他們也許知道投資標的的價值被高估，但很少人有選擇，或是夠沉穩，能堅持不進場。就連價值投資之父班傑明．葛拉漢（一定要逢低買進優質股票，不然就都別買），也被一九二〇年代末期的狂熱期沖昏頭。專業投資人若是抱著現金不進場，就有可能失去生意，甚至生計不保：在牛市，他們沒有不進場的自由。狂熱期又稱「贏家的詛咒」，因為在景氣循環的這個階段，眾人爭買資產，將價格推升到極高。即使最終打敗眾人，買到房地產，也是一種詛咒，因為接下來可就不妙了[26]。

狂熱期的過程如下。

一、法令改變導致土地價格飆升，狂熱期就此展開

前一個階段，亦即土地榮景期，已是牛氣沖天，但各國政府往往會調整政策，不經意將土地榮景期變為狂熱期。日本銀行調降利率，鼓勵放款。華而不實的房地產開發案，則是得到減稅優惠。一八四〇年代的《銀行特許狀法》，將便宜的資金引入商業貨幣市場。美國政府於一九二〇年代末調降利率。二〇〇〇年代初，則是三項政策調整齊發：法令鬆綁、減稅，以及數十年來最低的利率。土地價格難免會上漲。

政策改變，也導致資本從有生產力的投資，流向土地投機。看看有多少企業與專業人士，轉而投資股市與房地產市場，因為比本業更好賺。土地價格也因此一飛沖天。

二、新放款方推動了狂熱期

飛速上漲的土地價格，吸引了銀行信用。有土地作為銀行放款的擔保品，銀行的資產負債表很漂亮，因此可以擴大放款。從土地榮景期開始飆升的私人貸款，如今登上最高峰。額外的借款，多半用於支付越來越高的土地價格，而不是用於生產[27]。

銀行將放款業務，做到法令允許的最大範圍，或者完全繞過法令（日本的作法是虛報土地的估價）。況且法令的目的，是解決引發上一場危機的問題。在新的時代，總會有一些主管機關不熟悉的新實務、新科技。銀行想將獲利最大化，所以難免會對房地產過度放款。隨著景氣循環持

續演進，土地價格上漲，會有越來越多的放款流向邊緣地區的開發案[28]。

新增的私人債務，主要來自新的放款機構，例如一九八〇年代日本的影子銀行，而非來自銀行。新加入市場的放款機構，不需遵守銀行必須遵守的規範。二〇〇〇年代，出現了一種叫做證券化的新金融操作方法。麥可·路易士的著作《大賣空》，將證券化的概念解釋得相當清楚。銀行藉由證券化，能將手上的貸款，迅速轉賣給非常多類型的融資機構。在這個階段，要注意其他金融機構或影子銀行、境外銀行，以及個人融資公司所提供的私人貸款大增的現象。在目前的景氣循環，也許也有群眾募資，以及加密貨幣的融資機構。

在銀行體系，所有的額外放款都是流向房地產（而非短期商業貸款），因此銀行貸款的周轉率下降。銀行體系的流動性下降，也因此更難以承受衝擊[29]。

市場過熱的主要原因，是很多人看好未來成長。銀行與放款機構，是依據高估的價值放款。但如此一來就能促進更多放款、更多購買，以及更多興建[30]。

三、建築量激增

各處都有施工中的新建案[31]。在土地榮景期，開發商較為著重土地較便宜的外圍區域，往往會依據預期的需求開發土地。較為偏遠的外圍區域，實質需求較少，所以毛利率較低（而且獲利取決於土地價格上漲）。隨著企業盈餘下降，難以負擔上漲的成本，這些區域的需求就會迅速反轉。小型建商，甚至轉包商也受到吸引，加入開發土地的行列，更加助長營建榮景[32]。日後危機的種子，便是在此種下。然而只有懂得經濟租定律的人，才能看清這一點[33]。隨處可見新屋、新商用大樓拔地而起。土地分割發展得比景氣循環其他變數更為誇張。隨著營建榮景繼續推進，城市與城鎮的占地面積越來越廣。在景氣循環的這個階段，土地市場衰退得最厲害。在信用與投機熱潮的推動之下，土地價格迅速上漲，不少人因此對於未來價格的走勢判斷錯誤，也高估了許多建案的獲利能力。因此興建的數量，超出（建築）投資能產生投資報酬的合理範圍[34]。開發商得到的報酬其實是錯覺，因為產生報酬的並不是他們的投資，而是建物坐落的土地的虛高價格。結果就是嚴重過度興建，浪費大量資本。景氣循環的最高峰一旦開始，價格就有可能崩跌。

專家依據同等級的物件，估計房地產的價格，進一步導致房地產價格虛高。這代表價格的向上趨勢將會持續。土地沒有生產成本，因此土地估價也就沒有上限。即使是專家，在狂熱期也可能會有一窩蜂心態。

人們購買房地產，依據的不是現在的獲利，而是對於未來增值的過於樂觀的想像。資本流量必須有所成長，狂熱期才能持續。因此情況即使是稍有變動，房地產市場都有可能深受影響[35]。

四、股市飆漲，反映出極高的估價，以及經濟繁榮

經濟體充斥便宜的資金，企業的情況也樂觀，於是股市向上推進至新高點。漲勢是由營建股

與銀行股領軍，因為這二個部門最為繁榮。股價飆升，也反映出公司資產負債表中資產的估價增加。這些資產多半與房地產有關。而且投資人看見企業獲利，追價意願也會較高[36]。

資金洪流湧入市場，價格被哄抬至極高，因為新加入的一群投資人，也想分一杯羹[37]。這些資金多半流入新的投資工具，反映新的流行。

股市位於史上新高。投資人多半獲利，覺得自己很有錢，於是就花更多錢。儲蓄率下降[38]。經濟雖說繁榮，卻也越來越難以承受衝擊。

五、華麗的設計：全球最大、最高、最長、最深的建設計畫發表

隨著狂熱期逐漸成熟，會有興建全球最高、最長建築物的計畫。在興建大型建築物的超大計畫盛行的時代，這樣的建築物會格外突出。這種計畫純屬投機，而且只會出現在土地價格居高不下，貸款便宜、充足又寬鬆的時候。興建較高或較大的建築，能確保土地會獲利，而且開發商必須拿到充足的信用，計畫才能開工。任何具規模、有雄心打破紀錄的大型計畫，皆是如此[39]。

在一九八〇年代末的日本，度假勝地的開發計畫，足以代表投機行為猖獗的程度。其他的景氣循環，也有類似的例子：紐約帝國大廈（於一九二九年宣布）、芝加哥西爾斯大廈（一九七〇年）、法蘭克福會展之塔（一九八八年），以及哈里發塔（二〇〇四年），都是在各自的景氣循環狂熱的最後那幾年開工。而且在落成之時，皆是其所屬的大洲或是全球最高樓[40]。從圖

二十三，可以看出房地產榮景，與興建摩天大樓之間的關連[41]。

六、通貨膨脹與升息

到最後，更多的錢爭搶土地，導致土地價格越來越高（而不是讓生產增加），只會有一種結果：通貨膨脹[42]。通膨率開始上升，但我們在第八章、第九章已經討論過，通膨率是落後指標。債券投資人對通膨敏感，因為通膨會侵蝕他們的實質資本價值。因此短期債券收益開始上升，借貸成本變高。企業成本也因此增加。

七、收益曲線倒轉

狂熱期開始一段時間後，收益曲線就會倒轉[43]。大多數的投資人不會注意到收益曲線倒

圖二十三：1890 至 2009 年紐約摩天大樓（高於七十公尺的建築物）數量

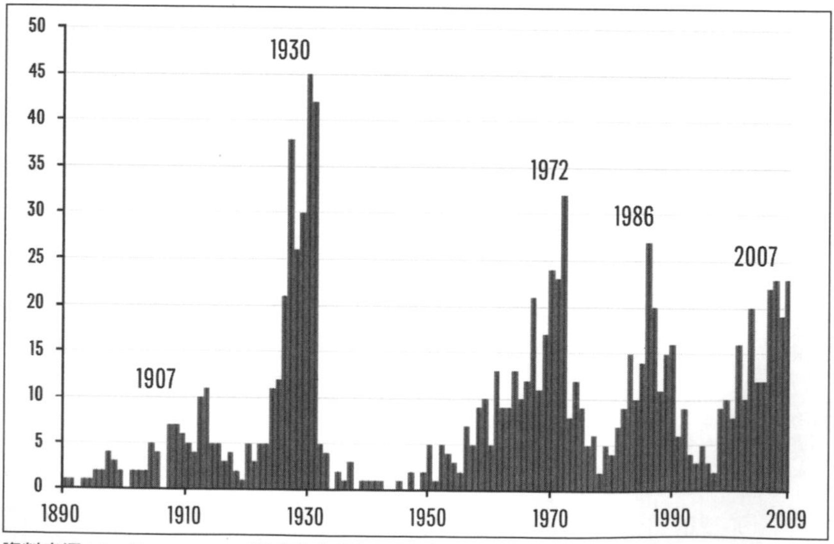

資料來源：bankingcrises.org（註釋為作者自行添加）。

轉，因為忙於投機，而且企業的獲利看起來不錯。而發現收益曲線倒轉的人，則是認為這已經不能算是指標。其他人的注意力，則是完全被某位最新出現的名流的驚人之舉，或是某些瑣碎的消息引開[44]。

即使是觀察市場已久的人，也可能不了解箇中意義：收益曲線在景氣循環最高峰將至時倒轉，務必審慎以對。市場跡象已現，金融危機即將降臨。從收益曲線倒轉，到經濟開始衰退的間隔時間，平均而言只略長於十四個月。

八、社會大眾都感興趣：你的醫師、計程車司機，還有理髮師，晚宴的話題

世界各地的大眾媒體，都是狂熱期的助力。大家都參與其中（或是想參與其中）。街談巷議的話題，是房地產投資（投機）。報紙的財源來自廣告，因此細細介紹最新的房地產開發案。推廣最新奢侈品（通常由當紅名流代言）的雜誌，創下史上最高的厚度。人氣頗高的電視節目，教你如何藉由迅速買賣房地產獲利。計程車司機與理髮師，都在聊他們投資的房地產，也打算放棄本業。宴會上的話題，是下一個熱門區域在哪裡。你的房地產仲介，從興旺的房地產市場賺了不少佣金，現在口袋滿滿，開的是最炫的車。

九、豪奢的行為

興建巨型建築物，也反映出新晉的億萬富豪與企業大亨（通常是藉由房地產致富）的豪奢行為。最明顯的徵兆，就是藝術品（或其他收藏品）在拍賣會上以天價成交，而且往往是破紀錄的天價。日本買家於一九九〇年買下梵谷畫作的史上最高成交價紀錄，一直到二〇〇四年，才被一億零四百萬美元拍出的畢卡索作品《拿著菸斗的男孩》超越。這是景氣循環即將在二〇〇七年登上最高峰之前，一連串破紀錄交易的第一項。

遊戲正在進行中。我們正在一頭衝向景氣循環的最高峰。經濟正處於前所未見的極致繁榮。經濟正在全速前進之際，我們先暫時停下腳步。我們先前討論過，能影響土地榮景規模的因素（銀行信用、政府投資，以及商品榮景）。但最高峰近在咫尺，一切如此樂觀，我們很容易被越來越多人擁有的一種嚴重錯覺誤導。這個錯覺就是：好時光會永遠延續。我們該如何保持冷靜，不要把血汗錢隨意丟進擺明了就是過熱的經濟？

接下來二章的重點，會放在如何保持安全。首先我們要談談，在十八年景氣循環的最高峰，你的理財顧問，為何可能會不小心害你誤入歧途。

致富祕訣手冊，第十二部分

別盲從，現在該小心謹慎

階段：狂熱期
約略時機：第十二年與第十三年
市場氣氛：貪婪

管理情緒

隨著貪婪占據眾人的心靈，土地榮景期結束，狂熱期開始。貪婪會讓人無視投資標的的基本價值。唯一重要的，變成認定未來的日子，都會上演最近幾年的高成長，永不停歇。投資人紛紛進場，認為明天的價格，必將遠高於今日的價格。行為經濟學家分析了在一片樂觀的時期，眾人很容易會有的情緒模式。投資人對於價格，心中都有錨定的正常標準，在價格開始上漲時會懂得克制。但如今這個錨定的標準，突然拉得遠比先前高。很多人受到群體本能影響，盲目從眾[45]。

任何一個探討狂熱期的個案研究，必定會提及這種高昂的情緒。投資人之所以貪婪，最大原因是唯恐錯過看似無邊無際、唾手可得，而且即將來臨的財富。在其他方面很清醒的投資人受到這種心態驅使，去追逐已經漲至天價的資產。

管理投資

在這個階段，投資的首要目標，是確保到了狂熱期結束的時候，你的資本不僅配置得當，還很安全。你應該已經準備了充足的現金（或流動資產），而且你想賣出的資產，應該都已高價賣出。進場出場是你自己作主，但你必須靈活行動，要做好準備，（也要有能力）迅速出場。

若是進場投資，也應該是依據基本面，而不是依據今天投資，明天就能（應該不太可能）獲利的美夢。即使必須跳過一些看起來值得投資，「穩賺不賠」的資產，也無所謂。

一、繼續持有與過熱的房地產市場，以及投資狂熱最為相關的股票，然後準備賣出

a. 在狂熱期，一如在土地榮景期，表現最好的類股，多半與房地產市場，以及處於投資榮景核心的產業有關。如果你投資這些類股，一定要買進獲利穩定的企業的股票，不要買進只持有正在增值的資產的企業。要非常小心高度槓桿的企業。最後，要記住那些現在獲利不佳，但未來獲利看好的企業的股價，可能是最多人投機。這些企業目前的股價，帳面上看來還不錯，但一旦危機來襲，卻也最不堪一擊。在狂熱期即將結束之際，最好不要再加碼投資股市，應該儲備一些資金。

b. 要知道房地產類股，通常會比大盤更早封頂[46]。

c. 不必趕在狂熱期結束前，將你的持股全都賣掉。但你現在的計畫，應該與景氣循環中期的衰退期類似，也就是使用避險工具，或將資金轉進獲利穩定的強勢大型股，以保護獲利。

二、投資房地產要慎選

a. 房地產市場會很熱絡，因為我們已經來到房地產榮景的最後幾年，亦即十二至十四年前開始的擴張階段的最高峰。在這個階段，不要再買進，也別再擴大投資，尤其是在這個階段還沒結束的時候。

b. 房地產開發商務必在狂熱期結束之前，賣出所有存貨（或是能在狂熱期結束之後，長期持有某些存貨）。不要在這個階段展開新建案。

c. 商業不動產的投資人，必須確認房客是穩固的企業（能挺過即將到來的經濟危機）。

三、買進商品，包括黃金與白銀

金價與銀價應該都會上漲。原因之一是商品整體而言很強勢，與房地產以及長循環相關。另一個原因是市場擔憂通膨，以及經濟體的槓桿程度。應該要買進，或增持這些商品。

四、不要再買進收藏品之類的另類資產

若你曾為了投機，而買進另類資產，那即使這些產品還是很搶手，也不要再加碼買進。反而應該在狂熱期結束前，做好賣出的準備[47]。

五、企業主：現在該退場，或降低風險

a.現在是企業主的好時機。營收與獲利都有所成長，未來幾年的成長前景樂觀。企業主會很想藉由投資，擴大產能與廠房，以及僱用員工。但一定要謹慎。雖然榮景看似會永遠持續，但企業必須有足夠靈活的規畫，萬一前景不如預期樂觀，也能改弦易轍。企業也應該準備好應變計畫，在客戶與營收大幅下降的困難時期，才知道該怎麼做。

b.在這個信用寬鬆的階段，會有不少銀行願意放款，但企業不但不應再擴大負債，反而應該減少負債。至於剩餘的債務，則是應該維持在即使經濟嚴重衰退，亦可負擔的範圍內。

c.不要將盈餘全數用於投資，或是全數作為額外的股利發放，而是應該用於增加現金儲備。

d.企業主會越來越想將經營的重心，轉向投機炒作，尤其是房地產，因為投資報酬似乎較高。但此時企業應該繼續專注本業，因為本業的長期前景較佳，而且在危機期間的下修風

險較低。

e. 現在應該徹底評估企業的營運狀況，賣出對未來不再重要、獲利不如以往，或是無法產生現金流量的業務與資產。現在也該評估成本，盡量降低成本（或是計畫在市場下修期間降低成本）。

f. 企業主若打算在近期出售自己的企業，那現在就該提出計畫，著手進行。現在是能高價賣出的最佳時機（而且也有充足的時間，能敲定理想的價格）。

六、不要再增加負債，最好能降低負債

a. 最好開始降低負債。在景氣循環的這個階段，銀行會向客戶大肆推銷貸款。一定要抗拒銀行的危險誘惑，尤其是放款機構可以隨時收回的貸款。一定要仔細閱讀貸款合約的條款，例如在貨幣緊縮時會調升利率的附帶條款（二〇〇六年浮動利率房貸的利率調升，引發了美國的信用危機）。

b. 獲利應該足以償還貸款，還綽綽有餘（即使獲利有些起伏）。要確定未來四至五年，不會有需要展期的貸款。

c. 在狂熱期借錢投機，風險非常之高，應該極力避免。

七、儲備一些流動性高的安全資產

在這個階段，投資人與企業主應該儲備一些流動性高的安全資產，最好能抗通膨，如有必要即可動用。此類資產包括收益能抗通膨的優質債券。這些資產目前能創造一些報酬，但真正的價值在於選擇性，亦即在崩跌期之後的幾年，可以將這些資產賣出，以買進便宜的資產。

八、賣出較弱的資產，獲利了結

在狂熱期，應該評估自己的投資項目，決定哪些該留，哪些該賣。應該賣出品質較差的資產，例如地段較不理想的房地產，以及獲利波動較大，或是偏低的資產。現在是賣出的最佳時機，因為信用充足，經濟擴張的時候，應該能找到願意出高價的買家。

第十三章
嚴重的錯覺

任何時候，在一個有效率的市場，一檔證券的實際價格，就代表其內在價值。

——尤金．法馬

亞倫．葛林斯潘博士是史上在任最久的美國聯準會主席。他在任的時間，正好也是美國史上最長的經濟擴張期，當時的經濟成長似乎永無止境。很多人認為美國經濟表現如此強勁，掌舵的葛林斯潘功不可沒。先前歷任的美國聯準會主席，沒有一位受到如此稱讚。《時代》雜誌一九九八年全球最具影響力人物名單上，葛林斯潘的排名甚至比柯林頓總統還高。財經媒體將他稱為「指揮家」，全世界的市場都隨他的音樂起舞。在欣欣向榮的後冷戰時代，許多人信奉這位坐鎮市場的睿智神人。在他的忠實信徒眼中，他就像個大祭司。

當時許多人根深蒂固的信念，是市場永遠是對的。只要知道市價，就能決定該買進什麼，賣出什麼，該如何經營你的企業，該拿你的積蓄投資什麼。應該要盡量減少法令、稅，以及其他政府干預，價格才能反映經濟的實況。在一九九〇年代初，景氣循環的下修期過後的一陣子，這種觀念似乎是正確的。即使發生了九一一事件，這種觀念也只是短暫式微，後來又重返主流。到了二〇〇四年，葛林斯潘的副手班・柏南克表示，經濟的波動（換句話說，就是景氣循環）已經被消滅[1]。所以指揮家於二〇〇六年二月退休之際，聲望也達到顛峰[2]。

葛林斯潘對市場的信仰，依據的並不是異想天開，而是幾十年的研究與實務。許多人也認同這種信仰，只是自己不見得知道。諷刺的是，他所依據的研究，源自一九三〇年代由房地產所引發的危機。

馴服金融的蠻荒西部

我們從這本書的序言得知，咆哮的二〇年代那勢不可擋的牛市，吸引了一整個新世代的投資人進入股市。當時的人對於該怎麼做才能發財，能參考的資料不多。金融學，也就是解釋證券的價格，以及證券價格與企業的基本價值的關連的學問，當時還不存在。以現在的標準來看，在那個年代投資，有點像是闖蕩金融的蠻荒西部：法治欠缺，也就是金融法規欠缺。當時沒有幾檔基金，專業經理人很難集結眾人的資金，為眾人投資。除了個股的股價之外，並沒有指數可供判斷整體市場的表現。當時的公開上市公司，不需要揭露財務，也不需要提出由獨立機構審查的財報。投資人若是不小心上當，買了不肖人士兜售的騙人金融產品，也沒有任何保障。投資股市，就像在一個沒有法治，也沒有知識的真空環境投資。

在一九二九至一九三二年間，由房地產引發的危機期間，美國股市下跌百分之九十。大多數的投資人損失慘重，尤其是那些在景氣循環最高峰之前二年的狂熱期間，誤闖市場的投資人。但危機倒也有一項好處，就是出現一種新的金融市場研究方法，遠比先前的方法有條理（也以經驗為依據[3]）。這個研究方法的目的，是發明一種系統，能讓投資人避開一九二〇年代末的投機熱潮，以及一九三〇年代初的絕望期。這個理想很崇高，卻造就了完全不同的結果，我們稍後就會知道。

股票投資組合的誕生

在金融研究出現的同時，越來越多經濟學家，也開始蒐集人類行為的量化數據。即使是基本的衡量數據，例如國內生產毛額（GDP），也是遲至一九三〇年代，才開始有人蒐集[4]。在此之前，政治人物對於經濟成長的幅度，是一無所知。在經濟大蕭條期間，美國經濟縮小了四分之一，但執政者並不清楚，大蕭條的危害有多嚴重。難怪他們的反應那麼慢。

在金融研究的過程中，也有人想蒐集金融風險的量化數據。金融風險是重要的參考數據。有了這項數據，才能做出正確的投資決策（而不是像賭博一樣投機）。但當時的人並不清楚，究竟什麼是金融風險，又該如何衡量。

一九五〇年代，芝加哥的年輕學者哈利．馬可維茲在寫博士論文期間，想到了解決方法：一檔股票的風險，就等於股價與平均值相比的波動程度。市場的交易者，不斷改變股票的價格，有些股票的股價波動劇烈，有些則沒那麼劇烈。股價波動大，代表風險較高，因為若要賣出股票，那股價波動大，就代表以虧損的價格賣出的機率較高。在數學上，從一檔股票的標準差，可以看出波動率[5]。第一個觀念是：投資人買進波動率更高的股票，就需要得到較高的報酬作為補償。金融風險與報酬必須有所平衡。

第二，馬可維茲指出，個股的風險雖說很重要，但很少投資人只持有一檔股票。投資人真正應該在意的，是整體投資組合的風險。真正重要的，並不是個股的風險，而是個股相對於投資組合其他股票的走勢。他以數學計算證明，投資組合只要包含幾檔股價走勢並不同步的股票，整體投資組合的風險就會下降。投資組合裡一檔股票的價格下跌，另一檔並不會，至少跌幅不會相同，投資組合整體報酬率的變化程度（也就是風險）就會降低。由此衍生出後來成為投資理論的基礎的第二個觀念：分散投資。

包括威廉．夏普在內的其他學者，將馬可維茲的理論的數學計算加以精進。他們發現，重點並不是幾檔股票之間的共變性，而是幾檔股票與整體市場的共變性。以統計學術語來說，這就叫投資組合的「貝他」值[6]。他們的研究衍生出至今仍廣有影響力的理論：現代投資組合理論。對於散戶投資人來說，這項理論提供了內部連貫又合理的投資架構。

這些學者發現，有所謂的**最理想**投資組合，投資組合的持股之間具有共變性，因此在風險已知的情形下，能將報酬最大化，或在報酬已知的情形下，能將風險最小化。這稱為將「風險調整報酬」最佳化。這樣的投資組合位於「效率前緣」，因為達到了最佳的風險與報酬平衡。想要到達效率前緣，就必須充分分散投資[7]。

從這幾個觀念即可看出，只需要少數幾項真確客觀的數據，就能計算一檔股票的預期報酬。從此大家可以算出理想的風險報酬率。由此衍生出的資本資產定價模型（CAPM），金融業至今仍廣為沿用[8]。資本資產定價模型對於經濟，其實有著莫大的影響力。舉凡退休後的收入、慈善機構與大學的預算、上市公司管理階層的薪酬、管理整個產業（例如公用事業），甚至訂定能源費率，都離不開資本資產定價模型[9]。

市場永遠是對的

資本資產定價模型要能運作，一檔證券的價格，必須一直都能正確反映風險。在馬可維茲與夏普各自進行研究期間，另一組人也在努力以研究證明這一點。

不少學者向來對於飄忽不定的股價很感興趣，其中許多是研究物理學的學者。在他們看來，股價的波動很像十九世紀英格蘭植物學家羅伯特．布朗研究的一種現象：花粉粒沒有固定模式，似乎是隨機的移動。這種移動方式，稱為「布朗運動」，也能用於模擬股價的動態。在一九五〇年代以及一九六〇年代，許多正式的經濟學研究探討這種概念，也思考箇中原因。人稱現代經濟學之父的保羅．薩繆森是如此形容：

> 市場報價……本身就包含了所有已知的未來訊息，因此已經盡可能預料到未來可能發生的事件……因此市場上的人，熱切追求自己所了解的自身利益，應當會考慮可能會危及自身利益的未來事件[10]。

薩繆森認為，市場的價格反映了對於未來事件的預期。預期若是改變，股價也會隨之改變。另一位芝加哥學者尤金．法馬將此見解進一步擴大。他認為這種動態，與「有效率」的市場一致。所謂有效率的市場，就是市場時時都在吸收關於一檔股票內在價值的新資訊。沒進場投資的局外人，可能會覺得這種變動是隨機的。但進場投資的人，一直都在接收新資訊，也據此做出買賣決策。這也代表市場價格一定是正確的，因為唯有市場價格，才能反映當前所有資訊。這就是所謂的「效率市場假說」。

將效率市場假說應用到投資，就代表價格確實是最重要的資訊，而且沒有一位投資人在市場上占有優勢。市場的時機是無法掌握的。最好的辦法，是持有一個與市場本身類似的投資組合，也就是充分分散投資的組合，而且長期持有。

數學計算的嚴謹與精確，以及對於市場資訊傳遞機制的信心，不僅頗具影響力，也很成功。而且也吻合一九七〇年代，包括彌爾頓·傅利曼在內的知名學者的觀點，亦即市場會自動調整，不需要管理。

這項理論將一九三〇年代之前，還很混亂的環境予以系統化。金融業也大為受惠，因為能吸引大量的投資資金，現在全球的投資資金共計數兆美元[11]。

假設越不切實際，理論就越理想

這些模型是以一連串的假設為基礎。投資人一直都在依據新資訊做決策，但做出的決策必須正確才行。而決策要正確，投資人就必須清楚自己的目標，也知道該如何達成目標。這裡的假設，是經濟人是一種理性的生物，也握有所有的資訊。模型的另一項假設，是不可能會出現其他能影響買賣決策的因素。這些模型忽視了稅金、交易費用之類的成本。

這些是很大膽的假設。投資人對於自己所追求的目標，真的一清二楚？真的知道該如何決策，才能達成目標？其他成本難道不是決策的重要考量？這些模型所做的假設，確實有不少引人質疑的地方[12]。

更重要的是，整個理論把拿錢投資，與了解自己所買進的企業，當成不相干的兩件事。依據這項理論，投資人只需要在意股價，從股價就能得知這家企業的所有重要資訊。問題是這不太可能，因為一家企業的成功，是眾多因素使然，包括公司獲利的能力、管理與經營策略的優劣、競爭對手的實力等等。而且這項理論本身就有矛盾之處：倘若價格如此有效率，到了大家不需要在意企業，只需要在意企業的股價的地步，那一開始究竟是誰確認，市場價格是正確的？經濟學家將這種過程，稱為價格發現，意思是許多買家與賣家在互動時的集體行動，會導致價格移動到「正確」的水準（反映現有的公共與私人資訊[13]）。

這種理論也導致市場出現類似賭博的心態。諷刺的是，這等於重現一九二〇年代投資人的錯誤。證券的價格對於投資人而言是重要變數，因此導致企業獎勵管理階層的方法不當。管理階層拿到股票選擇權的獎勵，卻可能衍生出操縱股價的行為（甚至損害公司財務），例如借款太多，或是回購股票以拉抬股價。

這些假設所造成的後果，對於我們的經濟體影響甚鉅。這些假設也符合當時的主流思想，就是任由市場自由發展，取消所有政府干預。如果市場有效率，能依據資訊定出價格，也能將資源分配給最能善用資源的人，那我們最不該做的，就是干預市場。以前的蘇聯，就是一個值得警惕（也頗為嚴重）的例子，讓我們知道政府控制市場的後果。在這種情境，政府該做的，是確保人人都能得到資訊，並任由市場自行發展。

不切實際的假設，是否有損這些理論？在支持者眼中，完全不會。正如夏普幾年後撰文，還引述彌爾頓．傅利曼這位經濟學泰斗的言論：

> 檢驗理論的最佳方式，並不是探究理論的假設是否現實，而是思考能否接受理論所造成的影響[14]。

如果市場真的有效率，那整個避險基金業都會被消滅，因為所有利用市場的策略，都只能在極為短暫的時間發揮。也不可能在市場取得「優勢」。但避險基金確實存在，有些避險基金還能為投資人賺進鉅額報酬[15]。

關於這個主題，也許該由五十年前掀起這場革命的哈利．馬可維茲總結：

> 資本資產定價模型是個很美妙的東西。因為有幾項違反事實的假設，所以能得出簡單明確的結論……而四十年後的現在，面對模型的影響所引發的實際問題，我們應該了解，改變這個

模型很方便，卻不切實際的假設，會有什麼樣的影響……我自己的結論，是現在該放下這個模型，繼續往前走[16]。

四十年後的他，對於自己提出的現代投資組合理論有所疑慮，也了解這項理論還需要納入大量的因素，才能應用於真實世界。然而此類理論卻持續在最高層級，發揮影響力。

葛林斯潘的缺陷

我們回頭來看我們的英雄葛林斯潘。他深受馬可維茲、法馬那個世代的經濟學家影響，相信市場會回應價格信號，即使太偏向某個方向，也有能力自我調整。為了讓市場不受干預自由發展，他出手放鬆了在經濟大蕭條之後，為了限制銀行承擔的風險所設置的法規。

葛林斯潘擔任美國聯準會主席十八年。諷刺的是，這十八年的任期，正好介於連續二次景氣循環的土地市場高點之間。任期雖說如此之長，他也並未發現經濟循環的起因，因此也不知道如何駕馭。他主導了不只一個，而是二個股市泡沫，還有一個房地產泡沫。更糟的是，他相信市場會自動調節，所以沒有出手控制市場，尤其是二〇〇〇年代的土地榮景，因為他認為過熱的市場會自行調節。他甚至將後來證明危害極深的證券化，視為最理想的市場創新，將風險分配給願意承擔風險的市場參與者[17]。

這類產品是依循資本資產定價模型，是在有流動性的大型市場交易。在這個市場，眾人可以看見價格，價格也反映現有資訊。這些產品的標的資產，是充分分散的（主要是房地產）。但億萬富豪投資人華倫．巴菲特卻在二〇〇二年表示，這些產品是在經濟體大肆擴散風險的「金融大規模毀滅性武器」，而且這些風險，與房地產市場有關[18]。這些投資工具，是現代投資組合理論與經濟租定律互相衝突的地方。結果永遠只會有一種：景氣循環[19]。

葛林斯潘的墮落堪稱慘烈。金融市場於二〇〇七年底、二〇〇八年崩跌，他的名聲也隨之掃地。二〇〇八年十月，也就是雷曼兄弟倒閉的一個月後，僅僅二週後，英國女王就會造訪倫敦政經學院，問為何沒人預料到金融危機。就在此時，葛林斯潘被拉到美國國會受審。

他先前幾次造訪美國國會，都是國會議員頌揚他掌舵經濟的高超手腕。這次可不一樣。這次是轟轟烈烈的算帳。葛林斯潘職業生涯的種種作為，全都受到最嚴厲的檢視。怒氣沖沖的國會議員彷彿審問般連番砲轟，再三質疑他的能力，以及他盲目相信的觀念。他為何支持金融法令鬆綁？他怎能錯得如此離譜？他是否改變想法了？

到最後，我們這位悲劇英雄不得不正視自己的傲慢，原本的世界觀已經徹底粉碎：

> 整個思想的體系，在去年夏天徹底崩塌……我到現在還沒徹底明白，究竟為何會如此。

他這番自白，也等於向世界宣告他的無知。

……我發現，我本以為是符合真實世界運作的重要架構模型，原來有個瑕疵。四十年來我一直仰賴這個模型，從種種跡象看來，效果非常理想……

……我不知道（這個瑕疵）有多嚴重，多長久。但這個瑕疵令我深感苦惱。

他意識到，但無法明確表達的瑕疵，就是金融市場若是與土地循環有關，就無法自動調節。土地市場並不會有效率分配土地，銀行也不會適當分配信用，而是會如加里卡諾教授所言，創造不當的誘因[20]。結果就是經濟有了弱點，而股市盲目跟隨土地市場與信用市場，無法預見此一弱點，反而會擴大景氣循環的規模。包括證券化在內的金融創新所發揮的作用，則是確保經濟體當中的每一個人，都會直接受到市場下修衝擊[21]。

什麼都沒改變

既然大家已經知道這種市場理論錯誤，那令人匪夷所思的是，金融危機爆發以來，竟然什麼都沒改變，至少對一般投資人來說是如此。你去找理財規畫師，所經歷的過程，大致符合現代投資組合理論的原則。理財規畫師會詢問你的目標，你的財務現況，以及你的風險容忍度。規畫師將這些資訊輸入電腦程式，電腦程式再吐出一連串適合你的金融產品，包括股票之類的高風險資產，以及債券之類的低風險資產，且兩者的比例合宜。電腦程式能引導你分散投資多項資產，而且這些資產之間的連動性看似很低。理財規畫師會告訴你，不必做其他的事，因為你在市場不可能握有優勢。

在目前盛行的實務的範圍內，這個過程是合理的。而且這個過程有一陣子是有效的，因為在景氣循環擴張期的那些年，市場是穩定上漲的。問題在於隨著景氣循環逐漸成熟，在狂熱期會出現什麼狀況？這種過程背後的思想架構，以及衍生出的投資規則，會誘導大多數投資人繼續開心買進昂貴的資產，因為他們認為市價即使昂貴，也是正確的。

你最需要這個過程的時候，正好就是這個過程讓你失望的時候。即使市場確實反映所有現有資訊，市場價格也還是會有瑕疵，因為土地、經濟租，以及這些所創造的經濟誘因，尤其是依據高昂的地價，盡可能大量創造信用的相關知識，全都被有心人刻意從我們的集體意識抹去。在極端的狀況，市場無法判斷系統的風險何時會出現，又會出現在哪裡[22]。因此投資人會有錯覺，以為自己能控制，實則不能。

我們現在要回到景氣循環旅程。在這個階段，狂熱期已經持續二年，就連認為大難將至的人也難以想像，竟能持續如此之久（有些人甚至會認為，這就是經濟活動的新標準）。你現在知道，投資人為何會繼續前仆後繼進入市場。很多人都有錯覺。我們即將抵達景氣循環的頂點，也就是最高峰。

致富祕訣手冊，第十三部分

市場的時機是可以掌握的

重點提示

你的財富很大一部分，會與股市有關，尤其是在景氣循環的尾聲。因此，你必須了解，金融業的標準投資方法，是有侷限的。這並不是說，金融業的標準投資方法全是錯的。永遠要釐清你的投資目標、預期投資時間，以及風險忍受度。這些問題很重要。但在做決策時，一定要牢記下列的**致富祕訣**。

一、**永遠要知道自己處於十八年景氣循環的哪個階段**

股市深受經濟現況影響，企業本身也會依據景氣循環的動態做出反應，因此會影響你的投資績效[23]。

二、**市場的時機是可以掌握的**

a. 市場跌幅最深的時候，正好都是景氣循環的高點，尤其是景氣循環中期的高峰期，以及景氣循環末期的最高峰。一九〇〇年以來，美國市場下跌百分之二十五，甚至更深的二十五次當中，有二十三次發生在高峰期以及最高峰之後。

b. 股市表現極好的年份，通常出現在景氣循環的關鍵時刻，多半是開始期與土地榮景期[24]。

c. 盛大的牛市出現在開始期與擴張期，以及土地榮景期與狂熱期。

d. 不要在景氣循環的擴張期或狂熱期的尾聲，也就是開始期大約六至七年，以及十三至十四年後，加碼投資。

三、運用你對於景氣循環的知識，決定該投資哪裡，該跟隨誰

a. 依據你對於景氣循環動態的理解，找出值得投資的強勢股[25]。

b. 市場上有許多專家老師，拿出精美的圖表，分析得頭頭是道。但除非他們對於市場的見解，是依據經濟租定律，否則就不算全面。要明辨哪幾位才是值得聽從的專家。

第十四章 最高峰

沒人會在市場最高點敲鐘。

——華爾街格言

董事長要求與會的眾人安靜。

下一個要討論的事項：**二〇二六財政年度的營運績效與員工薪酬。**

陽光燦爛的景色與摩天大樓

執行長拿出報告，得意地說道：「這一年真是大豐收。公司業績很好，明年還會更好。我們的獲利成長，已經連續第三年打破紀錄。我們有能力發出更高的股利給股東。我們對於員工分紅計畫的調整，成效已經浮現。員工在外面掙得的業績越多，公司賺的錢就越多。所以我建議，再提高今年的總獎金。十二個月之後，我又能向大家報告，公司這一年的業績又創新高。」

會議桌四周的董事會成員齊聲鼓掌。公司的股價是史上最高，過去三年來漲了一倍。他們的認股，現在可值不少錢。董事會立刻通過執行長的提議。

董事會的一位非執行董事，心滿意足凝視著窗外。從這大樓的第一百層樓往外看，景色真是美不勝收。他看見遠方海灣深藍色的海水，在陽光的照耀下閃閃發光，也能看見停泊在碼頭的數百艘遊艇的光芒。他也看見另一側全新的 Royal Tower 蓋得很快，越蓋越高。這是整個國家經濟復興的象徵，會成為真正的地標，也會是全球最高樓。但這棟大樓的特別之處，是內部的空間，運用創新的「水平加垂直」電梯系統，人們不僅能上下移動，也能在廣大的大樓內部橫向移動，將室內面積有效率地最大化。這棟摩天大樓，本身就是一座小城市。完工之後將會擁有數百戶住宅、二家旅館、幾家餐廳、辦公室，以及一間購物中心。甚至還會有全球第一座虛擬主題樂園，以及自然保護區。這位董事得知 Royal Tower 辦公空間的天價租金時，著實吃了一驚。幸好經濟很繁榮，所以有不少公司願意出那麼高的租金（不然這棟樓也就不會興建）。

新的超級高鐵車站，名為大中央車站（以紐約知名地標大中央總站為範本），直通 Royal Tower。這位董事到現在還是不敢相信，車廂行駛速度竟能如此之快，每小時將近五百公里，比任何一座高鐵都快。這座車站是「環線」的一部分，環線串連了這一帶所有的主要樞紐，將旅行時間減少一半。現在每個車站附近都在大肆建設，開發商興建辦公、零售，以及休閒場所，以滿足本地企業的需求。如今的商用不動產榮景，甚至比幾年前開始的住宅不動產榮景更大。住宅不動產市場略有降溫，這也是好事（價格還是居高不下，只是不再上漲）。

任命這位年輕的執行長，是個睿智的選擇。這位董事並不諱言，他起初有些懷疑，覺得這位執行長太年輕，缺乏經驗，無論是擴張業務，還是爭取董事會支持，都顯得太急躁了些。然而過去二年的績效，倒是讓他的疑慮一掃而空。這個新時代在許多方面都是新的，而這位執行長，顯然是新時代的人。他是他這個世代企業領導人的佼佼者：年輕、有抱負、精通科技，又有環境與社會意識。他在社群媒體上非常活躍。很多人聽從他的意見。最重要的是，股東都喜歡他。這位董事心想：**我也喜歡他，我現在是他的信徒了。**

史上最大交易

議程的下一個項目很重要。執行長也細細說明。他建議公司購併智慧城市營運公司，是全球第一家負碳排的智慧城市營運公司。這位董事聽執行長說明，一邊點頭附和，但坦白說，他還是不太懂這家公司的營運之道，不太理解這家公司的專利科技，如何能將能源使用最佳化，如何能產生、儲存乾淨的電，如何能擷取大氣中的碳，又如何能賺取碳權什麼的。

執行長提議的交易可不便宜，至少從標的公司目前的獲利來看，應該不便宜。這家公司擁有頗具價值的智慧財產、多項減碳證書的投資組合，以及大量的房地產投資組合，包括實體與虛擬房地產。是，這家公司在幾處大型元宇宙擁有房地產。這些房地產作為各項城市活動的空間，例如企業的會議場所、知名品牌的大型零售門市、虛擬迪斯可舞廳，以及休閒設施，價值已經上漲不少。智慧城市營運公司將虛擬空間出租，已經開始收取租金。僅僅在上個月，這家公司的一處場地才創下新紀錄，舉辦史上最大規模的虛擬名牌手提包銷售會，是由一位年輕動人的好萊塢明星主持。場地的租金，還可用加密貨幣支付。而且這些加密資產很快就會拿去抵押借款，作為一家虛擬銀行的資本（虛擬銀行是一種新型態的組織，名為分散式自治組織，又稱DAO）。這位董事開始暈頭轉向，不過他大致理解，這家銀行放款給想購買虛擬土地的人，就能開創新的業務。在過去二年半的「元宇宙土地泡沫」期間，這種作法獲利不小。執行長說，整體而言，這項購併案潛力無窮，標的公司的資產負債表非常健全，值得我們出高價購併。

這會是公司有史以來最大的交易。公司必須借一大筆錢，才有可能完成交易。有個很想合作的中國財團能提供貸款，而且貸款的條件比國內機構少。只是他們的貸款是短期的，而且交易完成後，還需要再融資。現在利率逐步調升，原因之一是各國央行希望全球的榮景能降溫，不過貸款的利率是合理的。所以這項交易大可進行。

這位董事一聽到執行長說起中國銀行團，不禁豎起耳朵聽。他問道，現在市場上流傳謠言，說中國的銀行體系出了問題，這樣的謠言是否可信？很難掌握確切的資訊。中國當局很快就逮到吹哨者。但吹哨者在被消音之前，曾經表示（也說自己能證明），中國房地產放款總額被低估，有些甚至被隱藏在不會出現在資產負債表的投資工具，以規避監督。這位董事在亞洲的幾位朋友，正在密切注意事態發展，也開始賣出資產變現。

執行長倒是不擔心。他也請董事會放心，因為他在中國共產黨的熟人告訴他，狀況盡在中國當局的掌握之中。確實發生了詐騙，但規模不大，而且只涉及中國偏遠地區的三級城市的交易，並不是發生在值得重視的地區。中國官方的立場很堅定，若有必要一定會出手干預。還記得他們在二〇二一年，是如何收拾恆大集團的殘局，二〇二二年又是如何出手紓困不動產業？中國體系比西方體系堅實多了。中國絕對不會面臨類似美國在二〇〇八年的「雷曼時刻」。

何況中國市場大致來說，並不向其他國家開放，所以不會有問題。執行長也坦言，是，這項交易要花不少錢。每家公司的估價都很高。現在銀行大肆放款，市場上也有不少感興趣的買家。他說，某些地方確實出現了投機熱潮。最近有人在拍賣會上，以天價買下一件數位藝術品。報紙也報導某位大師的經典畫作，以將近五億美元的價格賣出。但公司現在要做的，是買下一家資產很有價值的真實公司。購併的價格，也反映出這家公司所能創造的價值不菲的碳權。現在全世界都在努力打造淨零碳排的未來，因此碳交易市場會是個不容小覷的財源。幾家產業組織針對碳權的未來需求以及價格，做出可靠的預測。去年發生的嚴重乾旱，就證明了這一點。全球一部分的農作物毀於乾旱，導致農產品價格飆漲。全世界需要採取更多行動，對抗危險的氣候變遷。不動產價格也居高不下，實體與虛擬不動產皆是如此。這也反映在標的公司的資產估價。

「價格不會下跌」

總之，歷經幾年的經濟繁榮，執行長認為市場開始降溫，銀行放款也不如以往寬鬆。各國央行似乎已經讓市場降溫，收益曲線重新開始向上，代表經濟衰退的風險有所下降。公司這次的交易仍能拿到貸款，就是個好現象。消費者支出原本過高，而且多半還是借錢支出，現在則是較為緩和，代表投機熱潮逐漸減退。往後的一切將會更能持久。因此包括工業金屬、黃金、銅在內的商品價格也會降低。通膨會下跌。

他說：「總之，我衷心建議公司完成這起購併，就能穩定收取高額的碳權與租金收益。公司的槓桿並沒有過高，至少與某些競爭對手相比不算過高。我們的放款機構也很穩固。是，未來可能不如這幾年繁榮，會稍微降溫。各國央行已經採取行動，所以房地產市場整體而言狀況不錯。」

執行長表示：「價格也許不會再上漲，但不會下跌。」

最高峰解析

在景氣循環開始期的十四年後，我們來到了景氣循環的最高峰。新時代的願景，（在大多數人看來）是從景氣循環中期的衰退期開始，藉由土地榮景與狂熱期擴散，如今已經實現。現在的世界，已經完全不同於景氣循環剛開始的世界。雖然不會有人宣布，現在的我們正處於最高峰，但歷經幾年的建設熱潮、寬鬆的銀行放款，以及消費者的奢侈消費，只要你夠細心，應該都能注意到。

一、大發豪語

會有一位熟悉媒體操作的年輕企業家宣告，房地產與資產的價格，永遠都不會下跌。他的信徒對他言聽計從，所以會按照他說的，繼續買進。在最高峰期間，企業的業績不俗，也持續招兵買馬。各國市場都處於史上最高峰，大家都獲利，情況似乎正如年輕企業家所言。大家都覺得自己有錢，帳面上看來也確實如此。大家也願意花錢。從成長率、就業、銀行放款，以及稅收等諸多指標來看，經濟非常景氣。

人民讚美政治人物管理經濟有方。這是新時代，是「大平穩」（二〇〇四年），或是貧窮已被消滅（一九二八年）的時代。政治領袖身邊的顧問，全是一些應聲蟲，沒有一位敢跟老闆唱反調。專家與企業領袖的言論，更是強化了這種觀點[1]。

即使是先前對於繁榮盛景感到懷疑的人，現在也認為市場會持續上漲（不過往後他們也會告訴你，他們早就預見最高峰的到來）。景況如此之好，誰還會想質疑呢？那些在二〇〇九年回覆英國女王的人，也承認這一點。

在此同時，在狂熱期宣布開工的世界最高、最大的建築，如今正在施工。再過一、二年就會落成。而在其他地方，藝術品拍賣價格屢創新高，某些投資人與消費者離譜的奢侈行徑也紛紛曝光。

二、企業與家庭因高成本而備受壓力，支出減少

在表象之下，一切都不好。租金、房地產價格、通膨，以及銀行貸款利率，全都居高不下，從土地榮景期以及狂熱期便是如此，現在企業與家庭真正感受到不小的壓力[2]。雖然經濟繁榮，市場也十分活絡，但企業投資卻逐漸減少。不知為何，消費者支出也開始下降[3]。過去幾年很充足的銀行貸款，越來越多被綁在不具流動性的資產，尤其是房地產。到了這個階段，有些銀行放款額度已滿。有些銀行在繁榮期擴張太快，必須從貨幣市場取得短期融資，放款才能繼續成長。還有一些銀行則是調升存款利率，以吸引新顧客。隨著利率調升，新放款的速度會減緩[4]。

三、房地產市場趨緩

土地市場的價格已經達到最高峰。但房地產市場的信號有點混亂：商業不動產依然強勁，大多數的營建工程，也是興建商業不動產。現在銀行放款，多半也是流向這個部門。因此商品價格仍然居高不下。

在住宅部門，賣方開價仍高，但買方不願追價，導致成交量減少。成交量減少，是景氣循環接近最高峰的第一個跡象。住宅價格不再上漲（在某些地方甚至下跌，尤其是供給過多的問題最嚴重的邊緣地區）。觀察敏銳的人會發現，官方發表的人口成長及住宅需求預測數據（總是深受其基本假設影響）已不再強勁。然而對於其他大多數人來說，這些事情感覺很遙遠，與當前經濟的中心無關。

價格一旦與基本面脫鉤，改為依據未來持續成長的預期，就無法一直維持在高檔：一旦不再上漲，就只能下跌。房屋興建現已放緩，很快就要開始衰退[5]。判斷房地產市場走緩的可靠指標，是雖然整體股市持續上漲，營建類股卻開始下跌。這是因為營建類股的投資人，不看好獲利會持續成長（圖二十四）。

四、各國央行出手抑制放款，策畫「軟著陸」

隨著通膨越演越烈，各國央行發現經濟有過熱之虞，因此不得不出手控制。利率會調升（也許從狂熱期就已開始），但榮景並不會因此降溫。各國央行也許會採取其他策略，抑制通膨以及失控的銀行放款，讓經濟降溫。但「軟著陸」無法實現，因為土地價格已經來到最高點。利率不斷調升，終究會導致土地價格下降[6]。

五、投資與放款減緩

大事不妙的第一個跡象可能很微小，而且來自遠方。也許看似不重要，比方說詐騙、意外、氣象事件之類的壞消息。通常發生在邊緣地帶，也不會引起太多人注意。但這類事件，卻會造成經濟損失，而某些投資人，尤其是較為年長，經驗較為豐富的投資人，開始默默售出資產。市場可能會因此下跌，因為現在已經沒有閒置資金，能進場買進這些出售的資產。

圖二十四：2003 至 2008 年幾檔營建類股與大盤表現比較

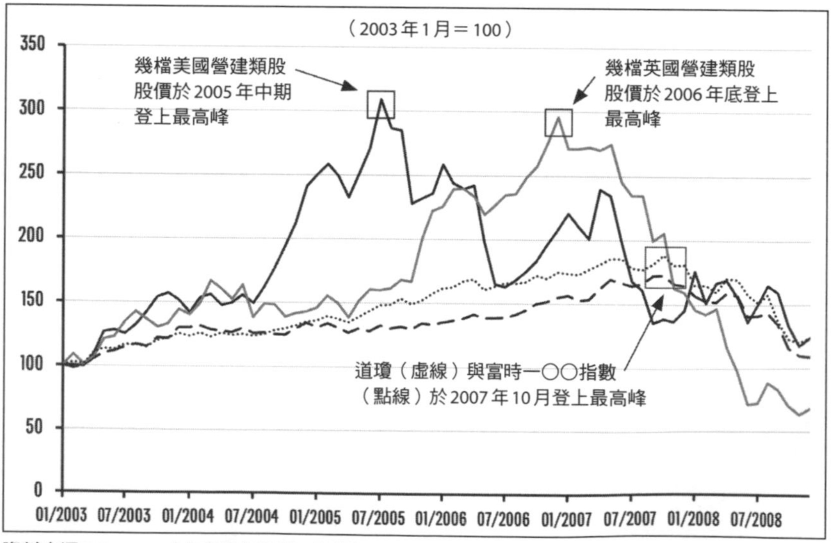

資料來源：Optuma（作者自行計算、註釋）。

大家的資金皆已投資[7]。那些借錢投機的人（例如帶動一八四〇年代鐵路榮景的通知即還資金）一定很希望，現在不會發生什麼會需要他們還清借款的事。

這種轉變會被同時發生的其他經濟事件蓋過，畢竟景氣循環最高峰的事件多得很。社會大眾在官方的引導之下，被其他議題引開了注意力，因為誰都不想指出真正的問題。即使問題的細節浮現，各國政府也會極力掩蓋。維基解密的創辦人朱利安・亞桑傑在二〇〇七年揭露冰島銀行的不當放款，就發現了這個道理。他從此只能四處逃跑。

站在最高峰的我們，先暫停一下，回顧來時路。多麼精采的旅程啊！我們走過一波波盛大的創新與繁榮。我們歷經了別人所謂的，史上最大的榮景。

景氣循環的第三幕已經結束。站在最高峰的世人當中，大多數展望未來，只看見一片陽光燦爛的坦途。但了解景氣循環的人，已經察覺到天邊的烏雲密布。我們現在要進入第四幕，也是最後一幕：危機。崩跌期即將來臨。

致富祕訣手冊，第十四部分

賣出的最後時機

階段：最高峰

約略時機：第十四年

市場氣氛：錯覺

管理情緒

最歡慶的時刻，也是最危險的時刻，在高昂情緒的催化之下，錯覺無所不在。景氣循環中期的高峰期常見的奢侈行徑，如今依然存在，只是花樣多了很多，規模也遠勝先前。投資人已經習慣了高價，也認為市場的上漲動能會永遠持續。他們今天願意高價買進，是因為認為明天能以更高價賣出。有不少投資工具，都能讓投資人將投機炒作當成消遣。在最高峰期，很難抗拒投機炒作的誘惑。

管理投資

在這個階段（如同在開始期），認識景氣循環是最重要的，因為了解景氣循環，才能理解這些情緒的意義，也才能預料到往後的情況。要好好發揮你對於景氣循環的了解。你在狂熱期，即已開始為這個階段做準備。你應該已經開始儲備資金。不要在高價買進。要趁市場正熱的時候賣出（或打算賣出）。不要大肆借錢（尤其是為投機而借錢），現在應該減少負債。在這個階段，千萬不要買進，不要投資，也不要再增加負債。現在該做的，是保護你的投資。如果你現在持有資產，那就趕快賣出，不然就要有繼續持有幾年的心理準備。

一、股票投資組合：賣出、避險，做好放空的準備

a. 如果你還沒賣出持股，那現在是賣出的最後時機，尤其是與土地榮景及狂熱期最有關連的類股（特別是不動產類股）。配置要以現金為主，為日後的崩跌期做好準備。亦可部署避險或防禦策略[8]。不要再買進股票。

b. 開始尋找表現較弱的企業，在接下來的崩跌期放空。最好選擇銀行類股，因為銀行負債最高，在繁榮時期擴張也最快（借錢擴張）。

二、要確保房地產投資安全

a. 除非能快速賣出，否則現在賣出不動產，恐怕已太遲[9]。如果你已經來不及賣出房地產，那恐怕要等到大約四年後，下一個景氣循環的開始期或擴張期，才能賣出。但你若在土地榮景期間（甚至更早），買進理想地段的優質房地產，那在危機期間，價格應該相對抗跌。這種資產應該繼續持有。你的投資組合，應該要能承受價值下跌，因為價值不會永遠下跌。

b. 要確定你有優質租客，而且收取的租金扣除銀行貸款利息之後，還綽綽有餘。萬一市場下修較為嚴重，你也要有調降租金的心理準備。對於大多數的投資人來說，只要能穩定收租，即使租金調降，也勝過完全沒有租金可收。

c. 對於房地產開發商來說，這個階段可說是危機四伏，因為房地產（尤其是住宅）市場放緩，而且其他開發商同時也在出清存貨，導致價格大跌。如果你還有存貨在手上，那絕對要分秒必爭。

d. 到了這個階段，你應該已經盡可能減少負債。在即將到來的不景氣的日子，銀行放款可能會嚴重緊縮。此時的你應該已經做好準備，不應該需要再融資，或是辦理銀行貸款展期。如果你負債太多，或是一、二年後可能需要再融資，那現在就該賣出資產，降低負債。

三、準備利用資金逃往優質資產的機會

在崩跌期間，資金會逃往政府公債、黃金之類的優質資產。

a.在最高峰，要買進收益很高、價格很低的政府公債。危機來臨時，政府公債的價格會上漲，所以你不但有更高的（穩定）收益，還能享有資本增值。

b.投資人先前放空美元，現在則是應該賣出其他貨幣，逢低買進美元。投資人亦可買進其他「避風港」貨幣，例如日圓與瑞士法郎。

四、繼續持有貨幣、黃金、白銀

a.繼續持有先前在景氣循環的土地榮景期與狂熱期買進的商品。這些登上最高峰的時間，會晚於股市。

b.如果你尚未買進黃金與白銀，那最好配置一部分。黃金與白銀會隨著其他商品上漲，在危機期間也會進一步上漲。

五、立刻賣出藝術品、酒類，以及其他收藏品

a.賣出投資用的收藏品以及另類投資。在崩跌期，這些資產會出售，但因為無法產生收入，所以感興趣的買家不多。無法產生收入的資產，價值的跌幅最大。

b.要記住，不斷調升的利率，對於此類資產是不小的衝擊，所以此類資產可能會比大盤更早登上最高點。

六、企業必須為日後的危機預作準備

a. 企業主在這個階段，應該已經做好準備，降低了負債（也確認自己有償債能力）、控制了成本，營運走向精實，也儲備了大量現金。這些準備工作，與景氣循環中期的高峰期與衰退期相同，但這次是為了嚴重得多，也長久得多的下修期預作準備[10]。

b. 企業至少要在最高峰之後的二年（也許四年）間，都不必再融資，也不會有被銀行抽銀根的風險。要確定你的企業沒有一個地方，會違反貸款契約或其他條款，以免給銀行調查的理由。目標是盡量維持生產力，為新的景氣循環的開始期做好準備。

第四幕

危機

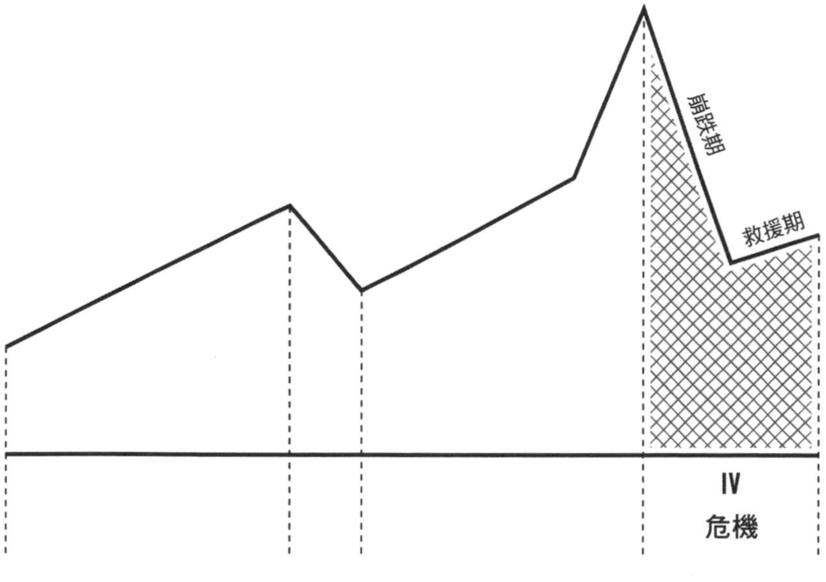

在這一幕，經濟崩跌，各國政府窮盡各種手段，想止住資產價格的跌勢，讓銀行體系得以恢復。這一幕平均為時四年。

第十五章：崩跌期。股市崩跌，房地產市場大跌，連累銀行體系跟著崩盤。多家企業倒閉。情況雖說黯淡，但你已做好準備。所以要堅定，別恐慌，就能安然度過危機。

第十六章：搞詐騙的騙子這章要告訴你，如何抵抗騙子的花言巧語，保護你的投資。在每一次的景氣循環，難免會有騙子覬覦你的財富，對你使詐。

第十七章：救援期是景氣循環的最後一個階段。各國總算止住崩跌，也採取措施，拯救銀行體系與房地產市場。要有耐心，做好準備。現在是準備進場撿便宜的時候。

第十八章：全球景氣循環總結了景氣循環的重點，以及目前的景氣循環剩餘時間的新主題。但要記住，世事變得越多，就越維持不變。要牢記這本書傳授的道理，在現在以及未來的每一次景氣循環，就能應付自如。

第十五章
崩跌期

一旦違約增加，而違約案件通常是從邊緣地帶開始增加，市場的每一個參與者，自然就會要求其他人償債，也會重新平衡價值下跌的資產，藉此保護自己。如果大家同時這樣做，整個體系就會自毀。

——卡塔琳娜・皮斯托，《財富背後的法律密碼》

街上的較為年長的幾位憂心忡忡，說道：「不太對勁啊。」

但年輕的同事才聽不進去。這一年的開頭，就像每一年，都平靜得很。是，東區是有一家金融機構出了問題。還有一家投資銀行的資金，被自家董事盜用（政府很快就關閉了這家投資銀行）。但這些事情偶爾會發生，尋常得很，有什麼好擔心的？

較為年長的同仁依舊搖頭，堅稱：「真的不太對勁。你們靠手續費發了大財，可是你們做太多房地產貸款了。我們的傳統客戶，那些做生意的，開運輸公司的該怎麼辦？他們的信用好極了，貸款的利率卻更高。如果景氣真有你們說的那樣好，那這又是怎麼回事呢？要小心，」他們提出警告，「貨幣越來越少了。政府正在研究我們的勾當，也會出手整頓高利率。這些事情我們都見識過。大難要來了。」

一群年輕人笑道：「你們這些老人家，老是活在過去。現在的世界不一樣了。連動性比以前高。貿易活絡得很。新城市一座座發展起來，還有最新的便利設施與住宅。有的是生意等著我們去做。別再杞人憂天了，趕快出去賺錢吧。」

幾個禮拜過去了。市場有傳言，說有些貸款違約了，但沒人在意這些消息。但有幾筆違約的貸款，與歐洲邊緣地區的某些大型投資計畫有關。這些投資計畫恐怕要停擺。只是偶爾傳出一些消息，但許多銀行都與那個地區有業務往來。若是爆發大規模債務違約，現在又是貨幣緊縮，那問題可就嚴重了。但誰也不會公開討論這個話題，所以表面上看來，似乎一切正常。他們告訴自己：「放輕鬆，局勢很快就會穩定下來。」

又一段時間過去。有家銀行向貨幣市場尋求資金。大家頗感訝異：銀行怎麼會缺錢？明明經營得很好啊。這下子可就不能不理會壞帳的消息了。現在每個人都戒慎恐懼，但沒人出手解決問題。銀行的存款戶大為恐慌，紛紛提領存款。空氣中瀰漫著恐懼。利率不斷調升。隨著利率上升，許多貸款被列為「逾期放款」，因為借債人無法按時償還。如此一來，恐慌越發嚴重。

在此同時，憤怒的客戶將放款的銀行告上法院，因為銀行違反了收取貸款利息的相關規定。利率突然大幅調高，引發了貸款違約潮。過去幾年來，銀行受到的監督並不嚴格，主管機關沒能有效執法，或是被境外投資工具之類的詭計所迷惑。政府唯恐問題擴大，這才連忙執行多年來刻意忽視的法令，卻是為時已晚。

這時不動產價格也開始下跌，同樣也是被高利率所迫。政府現在調降利率，同時發表信用指導原則，要求放款機構將一部分資金，用於支撐不斷下跌的市場。政府告訴各銀行：給你們十八個月的時間，達成新的規定。政府推出的這些措施，照理說應該奏效。但在一片恐慌的時候，任何想讓房地產市場緩步拋售的手段，只會適得其反。銀行雖然有充足的時間，去達成政府的新規定，但眼看市場岌岌可危，資金又稀缺，銀行於是將放款一次全數收回。恐慌四處爆發。

企業突然發現，先前和藹可親的銀行經理，如今出現在門口，要他們立刻償還貸款。企業情急之下，不得不賣出資產。但人人都面臨同樣的問題：誰都沒錢，要賣出資產，也很難找到買家。不愁資金的少數人，則是想等到價格完全落底才要進場。資產價格崩跌。在景氣循環的最高峰之前，將槓桿開到最大的企業，如今的問題也最嚴重。運輸業、礦業，以及營建業的企業，無論體質多好，也借不到營運所需的資金。借債人債務違約。整個銀行體系受創甚深，瀕臨倒閉。先前廣開大門的房地產貸款，現在已經擴散到足以讓全世界的商業逐漸停擺。

崩跌期解析

上述的內容，照理說應當符合一八四七年、一九二九年、二〇〇八年，甚至可以說每一次房地產循環尾聲，恐慌瀰漫時的景象。但其實並不符合，而是比較類似二千年前左右，亦即西元三十三年的羅馬。

古羅馬的世界與我們現在的世界相比，雖說有種種不同，但在一個重要的層面，卻完全一樣：土地投機炒作與銀行放款主宰一切。西元三十三年的恐慌氛圍，引爆了古代最大的金融危機。這凸顯出經濟租定律的影響力無所不在，也展現了推動景氣循環的力量。古羅馬時代就像我們當前的時代，房地產也是在私營市場買賣。大型的基礎設施投資計畫，為羅馬公民的生活增添了特色。市區的不動產，集中在少數富有的地主手裡。古羅馬也有相當發達的金融體系，提供各種金融服務，以及多種產品給有錢投資的投資人。銀行放款推動了一波波的土地投機熱潮，金融危機也不時爆發。時代也許不同，但崩跌期同樣是以下列的方式上演。

一、崩跌期的先決條件

在崩跌期之前的幾年，資金流入土地市場。這是因為塞揚努斯與支持者的房地產被沒收拍賣，由羅馬菁英買下。塞揚努斯曾經是羅馬帝國第二號人物，但後來不受提比略皇帝青睞，於西元三十一年被處決。

史學家塔西佗表示，這導致「貨幣缺乏」，利率必然會因此調升[1]。在景氣循環的最高峰之前，總會出現貨幣緊縮的現象。利率調升，就代表貸款利率上限的規定很難維持。可想而知，借債人自然要向主管機關，也就是民選官的法庭，申訴有人違反貸款利率上限的規定。皇帝下令，要求放款機構遵守法令，但為時已晚[2]。如此一來，必然會出現一種現象：高利率導致不動產市場停擺，進而引發房地產價格下跌，債務違約增加。當時銀行法令的另一個效應，就是放款機構的資金，有一部分流向房地產。這是為了支撐房地產價格，也是景氣循環漸趨成熟的另一徵兆[3]。

在危機即將爆發之際，所有的因素匯聚在一起，形成完美風暴：房地產市場放緩（人人都已充分投資）、不斷調升或居高不下的利率、借債人承受壓力、流動性缺乏，以及法令緊縮。前一章告訴我們，土地或房地產市場，是最先登上最高峰的。但往往會有一段平靜的時期，亦即暴風雨前的平靜[4]。大多數人忙著自己的事，彷彿渾然不覺暴風雨即將降臨，感覺十分良好。但老練的投資人，就會察覺情況不太對勁。在這種情況，看似不甚重要的消息，會引發這些投資人擔憂：滿載貨物的船隻遭到暴風雨襲擊，在紅海翻覆，金主損失慘重。東區某家銀行爆發董事會成員詐欺案。而在羅馬帝國的另一邊，高盧省爆發叛亂。先前投資的資金，多半流向高盧，以及羅馬帝國其他的邊緣地區，而不是流向羅馬以及義大利內地[5]。

這些就是即將上演的崩跌期的先決條件。現在只缺一個觸發事件。

二、觸發事件

在景氣循環的最高峰，整個體系瀕臨崩潰邊緣。雖說還要再過一、二年才是崩跌期，但體系已經很脆弱，而危機將在體系最脆弱的環節爆發，也就是最容易受到升息風險影響的環節。槓桿最高的人，受到的衝擊最大，因為他們必須以更高的利率，辦理貸款展期，或是因為貸款利率調升。無論如何，債務都會變得難以承擔[6]。引發崩跌期的觸發事件，並不見得是非常重大的事件[7]。正如一個看似與榮景無關的微小問題，也許就是景氣循環達到最高峰的第一個徵兆，崩跌期也會在觸發事件發生後開始[8]。觸發事件會暴露體系的實況：深陷債務的泥沼，承受莫大壓力。防患於未然的法令規範，全都被規避。恐慌全面爆發。每一起觸發事件，總是與一家金融機構有關，也許是一家銀行、一家影子銀行、一檔投資基金，破產倒閉。

西元三十三年，現有的貨幣全都被綁在不具流動性的房地產貸款，銀行再也無法吸收高盧省的運輸企業與貸款的損失，整個體系瀕臨崩潰。在二家銀行發生交易問題，還有一家發生詐欺事件之後，古羅馬聖道上的幾家銀行無法互相借款，形成觸發事件[9]。一八四五年的鐵路狂熱期間，人們發現許多鐵路發展計畫都是虛假的，而正在營運的鐵路發展計畫，也無法像當初宣稱的那樣，持續發放股利。海崔在倫敦的商業帝國於一九二九年垮台，英國投資人也因此撤走在華爾街的投資。二〇〇七年二月，匯豐宣布次級房貸投資組合虧損，也引發同樣的效應：非政府公債的債券收益突然增加，引發市場擔憂。

如此一來，其他銀行不再信任彼此的償付能力與財務健全度[10]。先前問題的所有效應，在此時真正開始發酵，因為缺乏流動性的銀行，是無法支撐經濟的（舉個例子，銀行的資產若是不具流動性，就會需要其他銀行幫忙，才能吸收一家運輸企業所造成的損失）。憂慮在整個金融體系內部蔓延。二〇〇八年三月，貝爾斯登也不得不暫停旗下幾檔避險基金的申購與贖回業務，這幾檔避險基金，都持有與美國房市相關的債務投資工具[11]。

很快就會上演競相變現的熱潮。

三、競相變現

觸發事件發生之後，大家都想賣出資產，趁還來得及的時候出場[12]。隨著價格下跌，面臨保證金追繳的人，將不得不賣出**能賣出**的東西變現。而所謂能賣出的東西，就是優質資產。而優質資產的價格也在下跌。正如這一章一開頭的引言所述，人人同時這樣做，體系就會自毀，因為缺乏流動性（過度承做房地產放款的結果）。人們無法買進目前出售的資產。無法賣出的結果，就是人人突然降低自己資產的估價。價格下跌形成惡性循環，情況就會變得險峻。賣出會招致更多賣出。有現金在手的人，會等到價格完全落底，才會買進[13]。

四、銀行倒閉

政府想防止問題擴散，一開始採取的辦法是降息。但房地產的價格，以及其他擔保品的價格若仍在下跌，銀行打消的呆帳又越來越多，那降息也無用。歷經一場由銀行放款點燃的土地榮景，誰也不知道價格究竟會下跌多少。如今可以看出，每個人受到房市下跌影響的程度。

由於缺乏流動性的緣故，存款戶大肆提領，可能會導致銀行爆發擠兌。銀行也許無法滿足提領需求，因此不得不關閉，或尋求應急資金。最先倒閉的銀行，是在土地榮景與狂熱期階段，放款給最多邊緣地帶的投機性不動產開發計畫的銀行。

在經濟大蕭條期間，恐慌情緒蔓延至銀行體系的不同領域，掀起一波波銀行倒閉潮。首當其衝的，是受到債務違約的農民，以及佛羅里達州不動產市場崩盤影響的銀行。接下來是短暫的平靜，因為市場還在了解，局面是否已控制住。後來發現沒有，於是芝加哥、底特律先後爆發倒閉潮。最後，最大的一波倒閉潮，引發普遍的恐慌，席捲整個經濟體。

到了這個階段，各國央行出手干預的速度較快，向被認定具有風險的實體，開放貸款窗口。在二〇〇七年夏季，美國聯準會以及各國央行向商業銀行開啟貸款窗口，以平息北岩銀行九月份發生擠兌之後，四處蔓延的恐慌情緒。恐慌暫時平息，直到幾家投資銀行又宣告流動性不足，在二〇〇八年初掀起另一波恐慌。貸款窗口必須展延。那年夏天，包括單一險種保險公司在內的其他專業融資機構，也引起市場擔憂。到了七月，房地美與房利美也成為市場擔憂的對象。繼雷曼兄弟於十月倒閉之後，恐慌更是四處流竄。

五、企業倒閉與經濟嚴重蕭條

銀行體系全面緊縮，銀行不再放款，並且針對體質健全的企業，撤回營運資金及信用額度，大抽銀根，我們家的公司在二〇〇九年，就遇到這種事。不少企業因此倒閉，尤其是小型企業。企業獲利是完全依循景氣循環的，因此在崩跌期及市場下修期間幾乎蒸發。這是因為至少在短期之內，主要成本是固定的，不易降低（租金、薪資、利息與稅金）。利潤微薄的企業會徹底倒閉。約有三分之二的勞動人口是由企業僱用，因此失業率急遽升高[14]。

在任何經濟體，營建業都是重要的國內產業（土地榮景過後，營建業在經濟體的占比，可能會高達百分之二十），在房地產市場凍結時，也是第一個崩潰的產業。營建業僱用大量勞工，尤其是低技術的勞工，因此營建業放緩，會導致大量工作機會流失。在危機過後，失業率的平均漲幅，將近百分之十[15]。

最依賴銀行提供外部融資的企業，是最先倒閉的。這些企業往往在繁榮期借債最多，累積太多自己無力償還、也無法展期的債務。即使是依賴內部融資的企業，雖說較有本錢撐過暴風雨，但也因為獲利大減，所以也必須減少負債。

缺乏信用的經濟體，是無法運作的，規模也會收縮到比長期趨勢還小的地步，亦即經濟蕭條。

六、市場崩跌

股市通常會在問題曝光前下跌。在景氣循環的尾聲，股市的價格迅速反映日後蕭條的經濟。這些觸發事件，通常會掀起恐慌拋售潮，一九二九年十月與二〇〇七年十月即是如此。問題似乎已經控制住了，所以投資人紛紛把握他們所認為的低價，買回資產（因為認為問題並不是全面性的），因此市場往往會回漲一半。這個較低的高點是前奏，未來會有較大的跌幅，或是接連下跌（見「序言」圖一）。然而市場全面崩跌，通常是發生在銀行倒閉之後。平均跌幅為百分之四十六[16]。

每發生一波銀行與企業倒閉潮，都會引發股價重挫。股價跌幅最深的，是受到房地產市場下跌影響最深的企業，包括房地產公司、營建公司、銀行，以及其他融資公司。

市場必須確定政府已經穩住銀行體系，而且體系的流動性充足，足以讓企業開始復甦，才會落底。日本米商有句老話說得非常貼切：「除非市場下跌一半，潛在買家將市場的價格打八折，再打二折，否則就還不到買進的時機。」

七、房地產市場崩盤

危機過後，房地產（住宅）價格的平均實質跌幅，約為百分之三十五。下跌期為六年，比股市的熊市更久。但這些平均跌幅，掩蓋了外圍地區房地產與土地價格嚴重得多的跌幅[17]。

崩跌期通常從最高峰開始，歷經二年的時間，直到景氣循環最低的低點。在崩跌期，讓已經深為苦惱的投資大眾更為憂慮的，是在前一個繁榮期橫行，操作大型詐騙案的騙子紛紛曝光。每一次的景氣循環，都會有騙子騙走許多人辛苦積攢的積蓄。你自己，或是你認識的人，都很有可能，甚至可以說非常有可能，曾經落入騙子的圈套。你的投資也有可能因為詐騙而虧損，重創你的財務。

在下一章，我們會暫時脫離景氣循環的旅程，討論該如何保持安全，避免受騙上當。

致富祕訣手冊，第十五部分

保持冷靜，等待低點

階段：崩跌期

約略時機：第十五至十六年

市場氣氛：恐慌、恐懼

管理情緒

這是恐懼最為嚴重的時候。務必保持冷靜。別恐慌。為現在做好準備。你的獲利受到保護。你持有的資產都是優質的，也沒有槓桿過高的問題。要有信心，也要堅定。情況終究好轉。

管理投資

你在景氣循環這個階段能否成功，大致取決於你在前面幾個階段的準備是否充足，以及你控制情緒的程度。只要能順利捱過這個階段，未來就能握有優勢。因此，關鍵在於保有資金。大多數資產的價格都會下跌。千萬不要落入不得不在市場下跌時賣出的下場。

一、等待低點

若你已經做好準備，那你的支出與負債，應該都在你能負擔的範圍。你的投資組合很堅實，你也會有閒置現金[18]。不要心存僥倖，覺得貸款還能展期，因為在崩跌期，要取得新貸款沒那麼容易，甚至可以說完全不可能。企業尤其是如此。儲備現金非常重要。萬一收入或營收下降，手頭有現金就能減緩衝擊。而且若有必要，也可以用手上的現金降低負債。活下來是關鍵，也是主要目標。

二、放空弱勢股

如果你想利用市場的劇烈波動獲利：

a. 如果可以，就使用指數追蹤基金放空股市。這類基金的價值，會在市場下跌時上漲。現在有不少基金，都能在股價下跌時獲利。

b. 放空房地產類股以及銀行股。房地產業與銀行業在房地產市場下跌時，會遇到種種問題，因此在這個階段，房地產類股與銀行類股的跌幅最大。要知道，熊市不會永遠持續下去。所以別等太久，要把握時機，放空市場獲利。

c. 不要逢低買進，尤其是在第一波恐慌之後的反彈。如果美國股市還沒下跌百分之五十，崩跌期就一定還沒結束。要有耐心，等待景氣循環的下個階段，政府為了穩定體系而出手紓困的時候。

三、管理你的房地產投資組合

繼續管理你的房地產投資組合，以收取租金。在衰退期的某個階段，優質地段的房地產的租金會上漲。這是因為許多人為了找工作而遷徙，而且租客比買家多。你應該留意這一點[19]。

四、持續持有安全的資產

你應該繼續持有政府公債，以及安全的避風港貨幣，這些在恐慌期都會增值。

五、繼續持有黃金，但賣出商品

a. 繼續持有黃金與白銀。在市場擔憂金融體系的健全程度，可能發生通貨緊縮的時候（負債高，經濟衰退，就有可能爆發通貨緊縮），這些資產會增值。

b. 現在應該賣出商品。從一八〇〇年至今，幾乎每一次的景氣循環，商品價格登頂的時間，都是晚於美國股市，只有一次景氣循環例外。隨著經濟進入衰退期，商品價格也會下跌，所以不要持有太久。

第十六章 搞詐騙的騙子

退潮後，才知道誰在裸泳。

——華倫・巴菲特

迅速致富的美夢

從前從前，有位投資人。有一天，有個他認識的人跟他聯絡，要介紹一個獨家的投資機會。此人要介紹的，是加密貨幣挖礦計畫，也向這位投資人，細細說明一種能產生加密貨幣的挖礦技術。此人是加密貨幣專家，在社群媒體有眾多追蹤者。投資人很高興能受邀。表面上看來，這是個賺大錢的機會。

這位相識催促投資人趕快決定，也對他說，能賺大錢的獨家投資機會，可不是天天都有。但投資人畢竟是理財專家（至少他自己這麼認為），所以也知道該做些調查，搞懂投資計畫的內容。他特別想研究三個問題。第一，他從未跟著此人投資，想知道此人會不會拿了錢就跑走。第二，他其實不太了解這項投資計畫。沒有說明書，也沒有任何書面文件，解釋這項投資計畫的內容。第三，他也很好奇，為何此人是向他、而不是向別人推薦這個能發大財的好機會。

「你可以信任我的專業」

這位投資人立刻承認，自己並不懂加密貨幣，尤其是挖礦。但他知道過去十二個月來，很多人投資加密貨幣賺了不少錢。他也想跟他們一樣。加密貨幣專家概略說了些「其他收入來源」，而且從他的公開個人資料來看，他以前預測加密貨幣的走勢，還挺準確的。投資人沒有其他資訊（他又問了幾個問題，但得到的答案有點含糊不清）可以參考，所以就認為，其他的收入一定是來自交易那些挖礦挖出的加密貨幣。他也信任這位相識的專業，覺得這樣一個有這麼多人追蹤的人物，總不可能冒著名聲掃地的風險，幹黑心的勾當。何況這位投資人非常忙碌，也不知該如何自行做功課研究。他盤算的重點是：

一、這項投資計畫保證會有鉅額獲利，而且在不甚遙遠的未來的某一天，就會給付。

二、我只會小額投資，就算這項計畫倒閉，我的損失也有限。

三、就連獲利分配的方式，也很合理（在這項投資計畫，專家身為我的帳戶經理人，有權在最終給付日，領取百分之十的獲利作為佣金）。

於是他決定投資。其實專家一開始與他聯繫，告訴他投資報酬率有多高的時候，他就已經深受吸引。到了正式決定的時候，他已經決心加入，無法自拔。

他一旦決定要加入，對方就邀請他在線上平台開設帳戶，再透過他們聊天所用的應用程式的訊息功能，提供加密貨幣錢包的詳細資訊。他可以將他所持有的一些比特幣，匯入這個加密貨幣錢包，就能買進投資單位。第一次的這筆匯款，立刻就存入他的線上帳戶。至少他的第一個顧慮，也就是投資款會被直接捲走的顧慮，立刻就煙消雲散。

加碼投資

比特幣存入後，帳戶經理人又透過聊天應用程式，對投資人說，他投資的計畫分為幾個等級。他投資的當然是不錯的等級，但並不是最好的。若願意加碼投資，就能賺取超過二倍的獲利。經理人溫言慫恿他考慮，他完全是為他著想。這位投資人現在倒是有了疑慮，尤其是如果真的加碼，萬一虧損可就難以承受。但帳戶經理人的話語打動了他，經理人是為他著想，他應該信任經理人才對。投資人心想：**他是我的相識。我是透過幾位朋友認識他的，所以他才想幫我。這項計畫的投資期間很短，我又已經投資了。一開始投入的錢就在我的帳戶裡，我都看得見。那就試試看吧。**

他決定加碼，幾天後他就慶幸自己加碼，因為投資計畫幾乎立刻就開始產生挖礦獲利。他的第二項疑慮也消失了，投資報酬確實正如經理人所言。才幾天的時間，他投資的獲利，就已經等於他一開始投入的本金，而且還在繼續累積。但奇怪的是，存入他的帳戶的投資獲利，全都是整數。帳戶經理人說過，這項投資難免有風險，但投資報酬只朝著一個方向前進：上漲。

帳戶經理人面對這個問題，只說自己是投資高手。經理人很親切，每天都聯繫投資人，討論目前非常理想的投資績效。但他並沒有解釋，績效為何能如此之好。既然投資獲利那麼高，投資人也就不想質疑他，不希望顯得自己不信任他，免得有傷和氣。投資人覺得有點危險，因為雖說帳戶有獲利，但他也知道，自己的投資款，是存放在經理人的公司，而不是存放在常規交易的獨立機構。還是想想自己很快就能享有的好處，那樣可有意思多了：**說不定我會建立一個規模遠超過現在的股票投資組合。我也可以擴大我的房地產投資組合，賺取的被動收入，就會跟我現在的收入一樣多。也許再過幾年，我的錢就足以讓我「從此過著幸福快樂的日子」**。

投資到期的大約一週前，經理人問他要不要在最後幾天再度加碼，因為剛剛才出現一個新的挖礦機會。這次加碼的金額並不大，但投資人還是拒絕。他還是有點疑心，這麼短的時間，竟能累積如此多的獲利，而且似乎毫無風險。他對於投資內容的疑慮，始終沒有完全平息。他仍舊懷抱要將獲利用於投資的美好夢想，但也下了決心，只要一有機會，就要提領等同於初始投資金額的獲利。這樣一來，就算出了問題，至少他一開始投入的本金沒有損失。至於其餘的資金，如果能迅速增加，他就能獲利。如果不行，那就算了。

到了要給付本息的日子，經理人向他道賀，恭喜他即將拿到豐厚的獲利。提領的時刻到啦！按照當初的約定（但其實並未簽訂正式合約），他必須分享百分之十的獲利。許多加密貨幣的交易方案，都有這種條款。投資人非常樂意分享，甚至還覺得有點不公平，這項投資賺了那麼多錢，經理人卻只能分得百分之十。

現在還不能提領，要等到……

這項投資還有個條件：必須先付佣金，才能領取全額的獲利。獲利到現在已經累積不少，百分之十的金額，已經超過初始投資的金額。這下子，投資人一開始的疑慮成真了。他對著經理人大表不滿，拒付佣金。但經過一番討論，在專家的勸說之下，他還是決定著重在這個問題解決之後，他馬上能拿到的獲利。專家表示，看在兩人的交情，願意先幫投資人墊付一半的佣金，就當作是借錢給投資人。他強調，自己是拔刀相助，也相信投資人一定會還款。投資人深受感動，於是決定匯款繳交一半的佣金。

投資人等著錢入帳。但經理人很快就告訴他，還有一個問題，是給付的過程出了一些問題。到了這個地步，顯然這項投資案大有問題。投資人與一位他和經理人都認識的朋友聯繫，問她可曾聽說這位經理人曾涉及詐騙案。在此之前，他總覺得不好意思求助。因為雖說這次投資有所獲利，但他認為若是向別人透露，別人可能很難理解，他如此輕易就掏錢投資。還好這位朋友能體諒。她自己也身兼投資人與企業家兩種角色，知道很多人都陷入這種困境。

這位朋友做了點功課。她也覺得給付延遲不太尋常。也許這項投資案是個龐氏騙局，這位經理人周轉不靈，拚命還錢給先前的投資人，所以只好一再拖欠後來的投資人。也許這位經理人違反了法令，正在接受調查。也許高額獲利終究無法立即領取。總之整件事是個謎。

真相遠比他們想像得簡單。這位帳戶經理人，原來根本不是投資人的相識。他是個職業騙子，冒充投資人的朋友，用假身分經營投資詐騙，在社群媒體騙好友的錢。

平台與帳戶也是假的。根本就沒有獲利，全是假的。投資人轉帳的比特幣，全都被偷走了。比特幣是難以追蹤的，所以被騙走也不可能拿回來。

人生難免會遇到騙子

看到現在，我們應該很清楚，上面的例子是怎麼回事。很顯然是詐騙，而且過程中幾乎每一個環節都很可疑。投資人自認為精於理財，絕對不會被騙。在接下來的一節，我們會討論他若是做了哪些事情，一開始就不會被騙。他忽略的事情，正好就是許多類似的詐騙常見的警訊。

事後檢討，不難發現許多本該注意到的警訊。在當時，迅速獲利的美夢實在太誘人，尤其是別人也在這個領域賺到大錢，所以很容易判斷失誤。我在這方面有親身經驗，因為故事裡的天真投資人，就是我自己。

即使到現在，回想起來還是心酸。損失一大筆錢，都會留下創傷。更難受的是，還得接受自己愚蠢至極的事實。我寧可強忍滿心的羞愧，也要說出這件事。因為騙子正是希望受害者自願沉默，不要傳授其他人防詐祕訣，他們才能繼續得逞。

騙局五花八門，騙子也形形色色。有些騙局就像剛才介紹的，先讓你看見紙上獲利，再要你預繳一筆費用，才能領到金額高出許多的獲利。有些騙局則像龐氏騙局，承諾給投資人不切實際的長期高額獲利，藉此吸引新的投資人，拿他們的錢付給最早加入的投資人。還有一些騙局，例如企業詐騙，則是較為普遍，是公開發表不實的獲利、庫存，以及企業資產（或負債）資訊，以拉抬公司的價值（或股價）。然而所有的詐騙，都需要不實陳述（從過於樂觀的預測，到公然說謊），是藉由各種騙術才能得逞。

大多數的投資人掏錢投資的，是有可能嚴重虧損的產品。投資就是這樣。不過《致富祕訣手冊》的下一個部分，就要告訴你一些避免被騙，趨吉避凶的規則（但也要知道，並不是在每個情況，都能依循每一項規則）[1,2]。

隨著世界在崩跌期中崩潰，在土地榮景期與狂熱期盛行的種種詐騙，逐一曝光，情節一個比一個駭人。在二年左右的經濟蕭條期，消息確實很不樂觀。這是恐懼最為嚴重的時候。但隧道的盡頭確實有光明。政府使出洪荒之力扭轉經濟。危機無論是發生在西元三十三年，還是二〇〇八年，當時的政府都以類似的措施，解決銀行體系的問題。這是我們十八年景氣循環旅程的救援期，也是我們的下一站。

致富祕訣手冊，第十六部分

保護自己，避開詐騙

階段：最高峰之前的所有階段，尤其是土地榮景期與狂熱期

約略時機：第一至第十四年，尤其是第十至第十四年

市場氣氛：興奮，唯恐錯過

《致富祕訣手冊》介紹的致富祕訣，多半是告訴你掌握正確的投資時機，即可獲利。有些則是介紹如何在十八年景氣循環期間，經濟低迷的時期，保護自己的投資。但現在要介紹的致富祕訣，則是要告訴你如何保護自己，不上騙子的當。騙子在景氣循環的任何時間，都有可能出沒，但詐騙最常發生在你最容易受騙的時候。而你最容易受騙的時候，是許多人受到新投資題材的影響，覺得時局有所改變。種種跡象也顯示，其他人都在賺大錢。這種現象最常出現在土地榮景期與狂熱期。所以過往的泡沫題材，總是伴隨著大騙子的吹牛大話，例如龐茲、克魯格、米爾肯、川普、麥斯威爾、馬多夫等人[3]。

正如《致富祕訣手冊》傳授的大多數致富祕訣，關鍵在於妥善管理你的情緒與投資。

管理情緒

一、不要有唯恐錯過的心態

詐騙在任何時候都有可能發生，但這本書已經告訴我們，我們在土地榮景期以及狂熱期，格外容易上當。

在這二個階段，情緒普遍亢奮。人人都在獲利。有幾位朋友告訴你，他們累積了大筆財富。報紙介紹最新榮登富人榜的百萬富翁（或億萬富豪）。你也會看見許多建築物正在興建。不斷有新的企業開張，而且生意很好。你認識的人都在買更好的住宅，昂貴的家具，以及好車。這個時候，有人向你推薦能賺大錢的方案，情緒亢奮的你比較容易接受。

要確定你投資的理由是正確的，也就是這個投資方案很理想，內容你也能理解，而不是因為別人獲利都比你多，你不想落於人後。

二、不要有不切實際的期待

要了解你的市場的歷史，對於保證獲利過高的投資方案，要有所警覺。然而，在很多人投資加密貨幣之類的資產，賺進天文數字的時候，要做到這一點格外困難。美好到不真實的事物，往往就是不真實。其實只要記住，幾乎沒有人的投資績效，能連續好幾年打敗大盤。而且大盤長期而言的年平均報酬，通常不會超過百分之十一[4]。要仔細檢視投資經理人或是投資案的過往績效。真實的過往績效，會有幾年表現不俗，也會有幾年表現不佳。真實世界的投資，有時難免會遇到難關，很少有例外。你現在了解十八年景氣循環的動態，會比大多數人更了解這個道理。要仔細研究，也要詢問為何有幾年表現優異，有幾年卻表現低落。但也要記住，上市才不久的基金，可能沒有過往績效可供參考。但這也沒關係。不過你應該確認，基金經理人了解市場會有下修的時候，也能說明市場下修期的投資策略。

要記住，投資報酬越高，風險也就越高。許多投資計畫的風險很低，保證獲利卻高得離譜（「穩賺不賠」）。遇到這樣的產品，就要提高警覺。

管理投資

一、了解自己投資的是什麼

遇到任何投資提案，都要仔細詢問：投資的款項去了哪裡，買了些什麼？要如何獲利？想問什麼就儘管問。經理人若是不願回答，就代表事有蹊蹺。他們會用二招迴避你的問題：說你不信任他們，催促你趕快決定，否則就有可能錯過大好機會。

稱職的專業經理人，應該能以簡明扼要的言語，說明自己的投資策略。花俏的名詞、金融術語、專業詞彙與冗長的投資官樣文章，用意都是讓投資人誤以為，這一切的背後有什麼高深的道理，斷不可錯過。

思考一個簡單的問題：對方跟我說的內容合理嗎？絕對不要投資你不懂的東西。投資賺錢是一個需要耐心等待的穩定過程，長期而言能創造高額報酬。你依照這本書的概念，終究會達到目標。所以你應該要有信心，不必去追逐短期的暴利。要有拒絕的紀律。想避開詐騙投資案，唯一有效的辦法，就是不投資。

能否避開詐騙，與聰明與否無關。從某些方面來看，聰明反而是一種負擔：聰明人可能不願意問一些簡單的問題，因為不想顯得自己無知。我就犯了這種錯誤。

二、尋求建議或徵詢朋友的意見

不必單打獨鬥。不妨尋求他人的意見。即使你沒有熟悉金融的朋友，也可以找喜歡質疑的朋友，將你遇到的投資計畫說給他們聽。如果你說服不了他們，那你可能對投資計畫了解得不夠透澈，或是有一些不合理的假設。

三、衡量你的風險

若決定要投資，也要確認自己能負擔，意思是說即使損失投資本金，也不至於破產。不要借錢投資此類產品。不要將資產全數押上。除非是你直接持有，也直接能控制的產品，否則一律不要借錢投資，也不要全押。

四、決策者與保管者，不應是同一人或同一單位

這一點不見得每次都能做到，但要預防你的投資本金被騙走，就要確定為你拿捏投資決策的人，以及為你保管投資本金的人，並不是同一批人。騙子之所以曝光，往往是因為偷竊投資人的錢，或是不當挪用投資人的錢，以填補投資虧損。龐氏騙局就是如此運作。但保管人若是另一方，騙子就無法（輕易）得逞。

最理想的情況，是能有一家大型保管機構，持續提供你的投資組合的即時資訊。從我自己的經驗看來，要製作一個顯示假獲利的假平台，並不困難（但事後想想，那些數字全是整數，顯然是造假）。

五、要確認投資部位在你的名下

你的錢不應該與其他人的錢混在一起。你的投資款應該在你的名下，而且你的投資報酬也該一清二楚。你若需要資金，應該就能動用，而且最理想的狀況，是你能隨時提領。

六、不要盲目信任

不要盲目相信你的投資經理人所說的話。你的信任要有根據，是依據理想的過往操作績效。重要的是，你的信任不應該建立在不相關的因素上。你的經理人也許與重要人物交情深厚，在你的宗教信仰或是專業圈子廣受信任，是眾人眼中社會的棟梁，或者是社群媒體上的紅人。他們也許會大手筆慈善捐獻，或是知名度很高。這些雖說也很好，但不應是你決定投資的理由。

經理人發跡的故事，也不可盡信，尤其是白手起家的經歷，通常是想刻意凸顯，自己是靠勤懇努力與街頭智慧，才能擁有今日的成績。經理人要是走到哪裡都刻意展露頭銜與品牌，就要格外小心。那些展露在外的成功形象，例如外型亮眼的合夥人、名車等等，往往都是假象[5]。

七、不要倉促行動

「這是我們獨家提供的機會，時間有限，要趕快把握」是一種重要的銷售花招，目的是讓你誤以為只能透過他們投資，而且動作要快，不然就會錯失良機。刻意營造獨特性與急迫感，是要催促你趕快決定，不給你質疑或是思考的時間。遇到這種狀況，就要提高警覺。天底下沒有一種真正的投資機會，會急迫到不能給你幾天的時間仔細研究。如果你因為花時間研究而錯失機會，那也無所謂。

八、中間人的存在可能會拖慢效率、增加成本，還會提高詐騙的風險

你與投資決策者之間的距離越遙遠，效率就越低落。透過中間人做事會很麻煩，因為萬一想問問題，可能無法迅速得到答案。還有效率不彰的問題，因為過程中的每一個環節，都會收取費用。如此一來，報酬率就會降低，詐騙的風險也會增加。

九、要避免作假帳的風險

企業主常遇到作假帳的問題，亦即公司的會計作假帳，把公司的錢轉入自己的口袋。會計這樣做的藉口，往往是自己的薪水太低，所以自行取走本應屬於自己的酬勞。無論這樣做是否合理，都凸顯出企業主應該聘用優質的專業人員，給付合理的薪酬。長期而言能節省成本，也能避免許多麻煩。應收帳款與應付帳款若由不同的人處理，假帳就更容易曝光（只是小型企業較難做到這一點），因為作假帳需要二人勾結，而二人很難長時間勾結。如果能將會計、審計分拆成不同部門，安排三方處理，就更能降低造假風險。

十、不斷問問題

投資的時候，所用的不只是金錢，也包括情緒，而情緒會影響你的判斷。騙子會操弄你的情緒，會告訴你已經賺了多少錢，迎合你的貪婪心理與希望。所以會形成一種奇怪的現象，偷錢的騙子與被偷錢的受害者有一段時間，都認為自己很有錢[6]。

投資獲利的興奮感，會引發第二項問題：你不會退出，也不會以尖銳的問題攪局，尤其是經理人也是你的投資款的保管者的時候。你希望與騙子維持良好的關係，騙子也會千篇一律打出「信任我」牌，或是在你有所遲疑時，故作憤怒，利用你不想得罪他的心態。

十一、不要加碼投資同一個方案

你掏錢投資詐騙投資案之後，騙子遲早會叫你加碼。騙局會以二種方式繼續上演。一種是拿新投資人的錢，付給舊投資人，另一種是叫現有的投資人加碼投資。騙子需要資金源源不絕流入，而向已經掏錢的人要錢，會比其他途徑容易得多。除非從一開始就明言日後必須加碼（例如連續幾輪注資），你也理解加碼資金的用途，否則經理人勸說你加碼投資，就是嚴重的警訊[7]。

對方要求你加碼的藉口，是你在帳面上的獲利會增加（他們通常不會承認，他們已經把你的錢拿去輸光）。他們會宣稱是為你著想，希望你能賺更多錢。他們要求你加碼的金額，通常會小於初始投資金額。你就比較有可能答應。或者是與他們向你保證的鉅額獲利相比，加碼的金額顯得微不足道，尤其是鉅額獲利即將入帳的時候。有時候騙子還會刻意施壓，要你加碼，而不是維持原本的投資金額，甚至會暗示，若是不加碼，原先投入的本金可能會虧損。要知道，獲利除非扎扎實實入帳，否則就只存在於帳面上（或網路空間）。要偽造帳面獲利容易得很，我就吃了這種虧。

十二、確定自己被騙，就要做好離去的準備

一旦發現自己被騙，想把錢拿回來是不可能的。可以動用所有能動用的法律途徑，但不要以為過程會很順利。

這聽起來像是廢話，但不要再投錢進去了。有時你不太能斷定自己是否被騙，但還是覺得可疑。騙子會強力要求你加碼，最終才能收穫獲利的果實。千萬不要照做。否則等到騙局再也維持不下去，你也只會損失更多錢。寧願現在損失較少，也不要日後損失更多。

十三、寬恕自己

發現自己的錢被騙走，結局是很苦澀的。你會埋怨這個世界，也會狠狠責怪自己。最後一項規則，仍然是管理情緒：要善待自己。在被騙的過程中，也許有許多你本該注意到的警訊，只是你有所疏忽，或是刻意不理會。要等到事後回想，才會覺得自己竟如此粗心大意。你會後悔自己做了哪些，又沒做哪些。你也會憤怒，因為損失的錢，本可以用來買很多東西。

然而，我們的世界終究是以信任為基礎，我們也不希望人與人之間沒了信任。詐騙是無可避免的，而且在社群媒體的時代（設計騙局，再吸引大批受害者的成本極低），詐騙是無所不

在的。要坦承自己的錯誤。你不是第一個受騙上當的人，也不會是最後一個。但也一定要寬恕自己。要寬恕自己，才能繼續往前走。錢也許回不來，但不要讓你的自我價值也一起回不來。否則騙子奪走的，價值可就遠高於金錢。

第十七章
救援期

我們要是不（紓困銀行），星期一可能就沒有經濟了。

——美國聯準會主席班・柏南克，二〇〇八年九月十八日（星期四）

一九七三年改變了現代經濟史的方向，但原因與大多數人所想像的不同。在這一年，為了報復西方國家在贖罪日戰爭支持以色列，阿拉伯諸國減少石油出口量，石油價格應聲大漲百分之三十。依據官方的說法，整個體系大受衝擊，也導致一九七三至七四年的金融危機爆發。接下來的衰退，引發了一種新型態的危機：**停滯**，也就是經濟停滯，再加上居高不下的通膨。一九七三年也徹底改變了國際政治，促使控制油價的石油卡特爾「石油輸出國家組織」（OPEC）正式成立，也導致美國在中東地區的參與程度大增。

真正的原因

認識了景氣循環的你我，當然知道這不是真正的原因。

危機在一九五〇年代末，土地價格觸底的十四年後爆發。間隔的這十四年，歷經了戰後的大量投資、經濟繁榮、營建熱潮，尤其在一九七〇年代初，土地價格大漲了二年。除此之外，美國政府不斷印鈔票，以資助美軍在越戰的開支。商品的榮景正好出現在長循環的上升期，代表貨幣在國際體系四處流動。榮景同時在幾個國家上演。

在這個時代，政府實施信用管制措施，因此各大銀行的放款額度受限，但資本仍然有途徑流入不動產市場，例如透過一種叫做不動產投資信託（REIT）的新金融工具。這些不動產投資信託持有的資產，在一九六九年成長了一倍，在一九七〇、一九七一年又成長了一倍，代表景氣循環確實已進入狂熱期。銀行部門的限制鬆綁，更多資本得以流動[1]。

在英國，各大銀行的放款受限，「次級」或邊緣銀行因此出手填補空缺。榮景的勢頭很猛。一九七二至一九七三年，一塊建築用地的價格上漲了百分之三百，平均房價也成長了一倍。在日本這個戰後上演奇蹟的經濟體，政府鼓勵興建，企業也樂得取用銀行提供的貸款。市區土地二年間增值百分之五十。類似漲幅也出現在澳洲、歐洲等地[2]。

各國央行紛紛出手，想讓榮景放緩，卻是為時已晚。美國股市於一九七三年一月登上高點，然後開始下跌。石油危機要在好幾個月後才會爆發。各經濟體步入衰退，隨著貸款大減，又墜入危機。這是最高峰過後通常會有的結果[3]。局勢本就一觸即發，戰爭與地緣政治又火上加油，但這並不是經濟衰退的原因。政府也怪罪要求加薪的工會。景氣循環一路走向最高峰的過程，總會伴隨著節節升高的通膨，而加薪只會讓通膨更加惡化。怪罪外國人與勞工，要比怪罪真正的元兇容易多了。而真正的元兇，是土地市場的投機客。

那這場危機為何改變了歷史的方向？這是因為各國政府為了拯救經濟，所推出的因應措施。

拯救深陷危機的經濟

經濟在那年的稍晚開始崩潰。在英國，繼 London and County Securities 銀行無法籌措資金之後，邊緣銀行也難以在貨幣市場為短期貸款再融資。這是投資人轉趨謹慎之後，通常會出現的貨幣短缺現象，也在銀行間市場掀起種種波瀾。所有的銀行都面臨同樣的問題。英格蘭銀行與倫敦的幾家清算銀行合作，向市場提供流動性，穩住了局面。

但局面只是暫時穩住，因為不動產市場已遭受重創。英格蘭銀行認為的流動性問題（銀行無法取得短期資金），變成償付能力問題，重創銀行的資產負債表。國內的種種動盪，包括罷工、預算緊縮，以及現在的高油價，也是這些問題的起因之一，但真正的原因，還是不動產市場屢屢下挫。這不只發生在倫敦，全世界都掀起一波銀行倒閉潮，例如美國的 Franklin National 銀行、特拉維夫的 Israeli-British 銀行、德國的赫斯塔特銀行，以及義大利的 Signor Sindona 帝國。一如往常，種種詐欺與瀆職行為，在倒閉潮之後紛紛曝光。崩跌的股市也反映了銀行體系的問題。不動產投資信託率先領跌，價值減少超過百分之八十。

在救援期的開始，包括英格蘭銀行在內的各國央行，大舉紓困銀行體系（並不只是紓困邊緣銀行）。各國政府努力止住房地產價格的跌勢。先前為了對抗通膨，將利率調升至一九七五年三月的百分之十六，到了六月又降至百分之五，以搶救經濟。英國首相威爾遜領導的政府增加基礎建設支出，因此推升了土地價格。在美國，一九七六年的稅制改革法實施了一連串減稅措施，以免投資人繼續賣出，同時也延長減稅期間。法國廢除了租金限制。澳洲政府親自進場買地，刺激土地需求。

結果就是全球房產價格復甦得極為迅速，迅速到一九七五年成為股市「表現極好的一年[4]」。

新榜樣誕生

這就是一九七三年改變現代史方向的原因。在此之前，各國政府因應金融危機的動作緩慢。現在則是釋出願意迅速且全面行動的信號。如此一來，往後政府在景氣循環末期、房地產市場暴跌之際，因應的速度與廣度，都有了可以仿效的榜樣，大家也有了期待。現在政府很少會允許銀行倒閉，即使是承做太多房地產貸款的銀行。這種救援行動，也許對於銀行的資產負債表有益，卻妨礙市場機制，導致房地產價格無法修正到平實的水準，至少在下一次土地榮景之前無法修正（見圖二十五）。哈里森是這麼說的[5]：

在過往幾次的結構性衰退，土地價值都曾重挫。這也推動了後續的復甦，方法是重新調整各生產要素的所得分布。租金降低到符合經濟體的真正經濟剩餘的水準。投資人除非願意讓資金被綁住十至十五年，否則沒有必要去針對土地的售價進行投機。因此，投資人受到累積的資本收益增加所吸引，由此衍生出新投資、新就業機會，經濟成長的引擎自行重新發動……但這一次，發生了奇特的現象。在上一次景氣循環的尾聲，也就是一九七三、一九七四年市場崩跌之後，土地價值迅速復甦，在五年之內，在經濟持續衰退的期間，於一九七三年登上投機的高峰。所以在經濟重新開始成長之前，通常會發生的暴跌，就這樣戛然而止。

於是一種新型態的救援開始盛行，延續至今，即使房地產對於一般的薪水階級來說，是越來越難以負擔。

危機也終結了依循凱因斯的概念的戰後經濟共識。這個共識是：政府要積極管理經濟，要實行高稅率，以及嚴格的監管。新政策是依據彌爾頓・傅利曼的理念：小政府、低稅率、有限度的監管，以及任由市場力量在經濟與社會的各領域運作。英國就走過這種路線，還得低聲下氣向國際貨幣基金申請主權貸款。紓困的代價，就是大幅刪減公共支出，尤其是社會福利支出。這又是一個銀行得救，人民遭殃的例子[6]。

接下來的二次不動產循環，都會依循這種新經濟思想。諷刺之處也很明顯，就是為了拯救銀行體系及大型金融機構，政府支出（不含戰爭支出）是前所未有的高。

救援期解析

政府出手干預，遏止了恐慌拋售潮，崩跌

圖二十五：1970 至 1989 年美國與英國實質房價

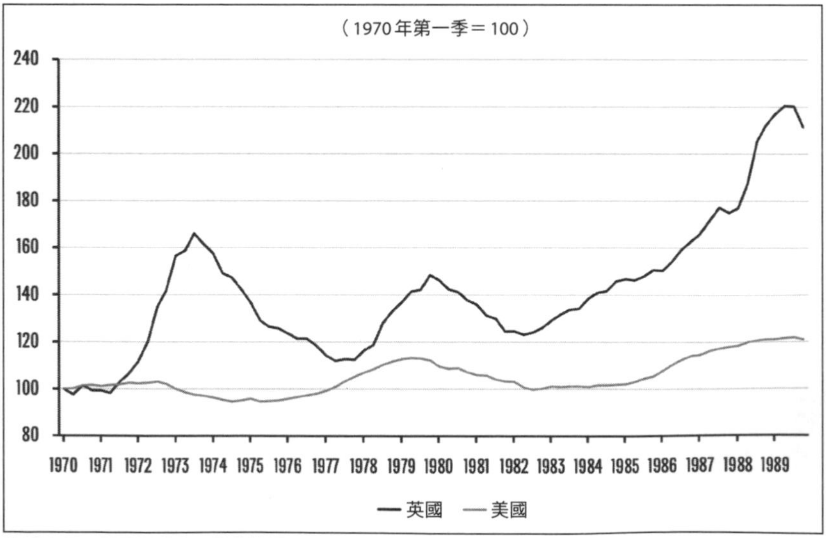

資料來源：美國聯準會、英格蘭銀行、Nationwide。

期就此結束。我們在上一章談過，這需要時間。政府本身因為相信監管的力量，所以可能需要一段時間，才能察覺到問題[7]。

政府官員也希望向金融體系傳達正確的訊息：自己的爛攤子自己收拾。政府官員不希望製造道德危機，意思是說如果每次出問題，政府都出手救援，那銀行就敢承擔更多風險[8]。但其實是政府官員不了解土地對於經濟的重要性，所以也不知道危機是遍布整個體系的。

道德危機的疑慮很快就消失。隨著危機持續，眾人就會聚焦在救援的速度應該有多快、範圍應該有多廣。政府通常需要先試個幾次，干預手段才能奏效。政府也會接連採取措施，防止眼前的問題惡化，例如拯救陷入困境的機構，或是提供貸款給一群金融機構。這些措施暫時奏效，直到問題在其他地方出現，而且規模更大，從此像野火般蔓延整個金融體系，損及所有機構，無一例外。

一、降低貸款成本

政府解決問題的第一步，幾乎都是調降利率。先前對抗景氣循環中期的衰退期的策略奏效，大家都還記憶猶新，所以會認為調降利率必然有用（我們知道當時之所以奏效，是因為不動產市場並沒有問題）。

無論怎麼做都不夠。在危機時期，誰都不想借錢，尤其是需求大跌的時候。銀行也不想放款。在不動產市場下跌期間，銀行有大筆壞帳需要打消，或是減記。首先要阻止房地產貸款的擔保品價值繼續下跌。銀行需要解凍資金，才能繼續放款。這代表政府必須允許銀行打消呆帳，或是將不良資產註銷。

因此政府轉而遏止市場急遽下跌。

二、因應市場崩跌

為了防止市場恐慌崩跌（進而保護銀行體系的資產負債表），各國政府推出措施，向銀行及其他金融企業挹注資金。政府必須極力避免流動性危機惡化成償付能力危機。政府該決定的事項包括：該對誰緊急紓困，紓困的金額該有多大，紓困的條件是什麼，又該要求哪些擔保品？政府拖延這些決策越久，後續的救援行動規模就得越大。

平息恐慌的其他措施，包括禁止賣出（例如關閉交易所）、禁止提領（銀行放假），以及限縮價格波動的幅度（股市熔斷機制）。在先前的景氣循環，政府也曾使出騙術，營造一切都好的假象，讓市場安心[9]。

這些措施避免了會讓市場崩跌更嚴重的恐慌性拋售潮。這兩種措施都能爭取時間，以規畫更合宜、更全面的救援行動（一片恐慌的時候，很難規畫任何東西，所以必須先遏制恐慌）。

三、拯救金融體系，阻止銀行倒閉

恐慌過後，重點就轉向規畫救援行動。每一次景氣循環的救援行動都不同：出售銀行、打消銀行的壞帳，將瀕臨倒閉的銀行國有化，或是要求銀行股東增加資本。類似的例子包括英格蘭銀行於一九七三年拯救次級銀行，以及美國國會於一九九〇年紓困儲蓄與貸款銀行。救援方案的名稱也反映這一點：「重建」、「復甦」、「救援行動」。在最新的危機，各國政府訴諸極為黑暗的手段，也就是「量化寬鬆」，但目標還是一樣的：促進銀行體系的復甦與資本重整。

這些行動一旦完成，銀行就能繼續向經濟體放款。但銀行必須等到資產負債表恢復，才能繼續放款。資不抵債的壞帳，可以等到時機成熟再默默打消。整體而言，各國政府出手干預的效率變得極佳[10]。

四、拯救不動產市場

房地產價格易受利率影響。降息再加上提供流動性，就能止住房地產價格的跌勢，至少在最好的地段是如此。銀行資產負債表的壓力也會減輕，救援行動也就能有條不紊展開。短期利率降低能振興經濟，也能提振銀行獲利（或是回收損失），以符合法令規範。然而銀行股的股價可能仍低，尤其是尚未獲得政府允許，因此無法發放股利的銀行[11]。

政府支撐房地產價格，刺激房地產價格再度上漲的其他措施，包括抵押貸款減免、共享產權計畫、減稅、興建平價住宅、印花稅減免，以及首購族補助。這些措施的目的，是讓新一批買家能在市場價格較高的時候，重新進入市場。誰也不研究真正的起因，也就是景氣循環之所以展開，是因為經濟租落入私人的口袋。在景氣循環的救援期，各項複雜的措施紛紛出爐，卻沒有人認真提出能根治問題的解方：設計完善的地價稅。

在此同時，在市場深陷泥沼之際，世界最高樓落成啟用。這棟建築物是在狂熱期的高峰開工興建，當時很多人只覺得榮景會一直持續，永不結束。如今落成啟用，卻找不到能支付高昂租金的租客。空蕩蕩的摩天大樓，見證了先前那些年，人們無以復加的愚蠢自大。而現在的救援行動，就是要解決這些問題。

救援期一旦展開，政府就會透過振興經濟方案，讓經濟再度成長。政府會規畫號稱能防範下一場危機的新銀行法令。我們也就此繼續前行，回到古老的景氣循環的新一輪的開始期。

救援期通常延續二年，也是完整的十八年景氣循環的最後二年。危機真正的起因始終無人發現，也並未解決。所有的措施都是在維護整個體系，使其安然度過另一輪景氣循環。隨著各國持續發展、繁榮，景氣循環也將會是前所未有的寬廣、浩大。我們在最後一章，要探討這個議題，還有當前的景氣循環剩餘時間，以及之後的前景，從而完成我們的旅程。

致富祕訣手冊，第十七部分

要有耐心，做好準備

階段：救援期

約略時機：第十七至第十八年

市場氣氛：絕望

管理情緒

崩跌期的恐慌情緒退去，取而代之的是無奈的絕望。時局不好，而且似乎永遠不會好轉。消息不容樂觀，經濟奄奄一息，失業率節節升高，越來越多企業倒閉。但每一場危機之中都有機會，只要你知道景氣循環的運作原理（你現在已經知道），你就能找到機會。不要理會雜訊，也不要受情緒影響。在政府拯救體系的同時，你要妥善利用時間，做好準備，迎接即將來臨的，未來二十年最佳的買進時機。

管理投資

如同在崩跌期，你從繁榮期就開始的準備工作，會持續奏效[12]。救援期的結束與下一個景氣循環的開始期之間的界線，並不明確。所以《致富祕訣手冊》第一部分介紹的策略，在這個階段也適用（反之亦然）。

一、買進股票

股市的低點，可能會在救援期結束之前降臨（股市通常在經濟開始復甦前，率先回升）。尋找負面消息所帶來的較高的低點。這是買進的好時機（見《致富祕訣手冊》第一部分的第一點）。先前放空的部位，應該已經獲利了結。

二、（準備）買進房地產

在這個階段，房地產市場雖說應該會繼續下跌，但絕對要做好準備，把握市場露出復甦跡象的時機，因為最划算的交易，往往稍縱即逝。最好與房屋仲介建立交情，在新的景氣循環的開始期，尋找你感興趣的地段的物件。

a. 一個地區的租金上漲，代表經濟活動熱絡。但要慎選買進的物件。銀行放款的意願不高，所以你可能需要準備不少現金交易。

b. 在每次景氣循環的開始期，都會有新的地區受到青睞。這些地區至少在一開始，會有平價的房地產可供選擇。要找出能創造高收益（也就是就能收取的租金水準而言，房價堪稱便宜的地區），而且投資湧入的地區。這種地區通常會鄰近較佳的地區[13]。最好選擇大型開發商感興趣、營建活動復甦的地區。

c. 銀行可能會建議有錢的客戶（以及企業），買進財務困難的客戶的房地產。地段佳，擁有理想租客的房地產，會是絕佳的投資標的，適合在下一次景氣循環持有。只要有能力，不妨買進。

三、準備賣出黃金以及其他避險資產

等到可以確認整個體系已經獲救，那些趁崩跌期買進的投資，例如黃金以及其他避險資產，此時即可獲利了結。賣出這些資產，到了新的景氣循環的開始期，手上就有資金可以投資。

四、存活下來的企業，應該準備買進被賤賣的資產

能存活到現在，而且狀況良好的企業，現在應該做好擴張的準備。可以尋找能以實惠價格購併的公司。

第十八章
全球景氣循環

世事越不同，就會越相同[1]。

——阿爾馮斯・卡爾

這就是旅程的終點。在這最後一章，我們來到十八年景氣循環旅程的終點。我在寫這本書的時候，當前的景氣循環一如往常正在運行。土地榮景逐漸成形，這次一定會很盛大，雖說眼下也有許多令人煩惱的事：烏克蘭的戰爭、通膨、生活費危機、各界對於即將開始衰退的擔憂、居高不下的公共債務、中國的封城，以及同時發生的許許多多，眾人喜歡稱之為「危機」的事件。

在未來幾年，你會發現榮景逐漸成形。現在你已具備應有的知識，能把握景氣循環的投資時機，但也要記住，景氣循環不會回回都完全一樣。有句大家都聽膩的老話，是歷史不會重演，只會類似。景氣循環也是如此，不然就會變成人人都能察覺。每一次的景氣循環，都會出現新的東西，所以外觀與給人的感覺都會不同（但節奏依然相同）。隱藏在表象（事件）之下的，是推動景氣循環的深層力量，這些力量永遠不會改變。事件本身也會讓景氣循環在該上演的時候上演。

我們先花點時間，探討現在這一版的景氣循環的某些新情節（當然這些並不是全部的情節，難免有疏漏之處）。

舊故事，新轉折

中國是否引領景氣循環？

過去一百年來，都是由美國引領全世界，進入每一次的景氣循環，比其他經濟體更早抵達最高峰，又比其他經濟體更早離開救援期。這對於其他國家的投資人來說，是一大優勢，因為只要密切注意美國的動態，就能提前至少幾個月，了解自己國家的問題。

美國之所以能引領景氣循環，是因為美國到目前為止，是全球最大的經濟體，也是全球最大的房地產市場，全球最大的債權國，自一九四五年至今，也是全球準備貨幣的持有者。在未來的幾十年，美國也許會失去上述某些角色。到目前為止，中國的飛速發展，是二十一世紀的經濟題材。

中國似乎遲早會成為全球最大經濟體。從某些標準看，甚至可以說已經是。中國現在也是全球最大的房地產市場。中國有不動產循環嗎？從一方面看，中國的投資人與房地產開發商，對於投機也很感興趣（甚至可以說更感興趣），也跟其他國家的投資人與開發商一樣，遇到許多麻煩[2]。從另一方面看，中國政府能介入國內經濟的程度，遠高於西方國家。近來的幾起事件，更是加深了這種印象（例如抑制科技與教育企業、扶植房地產開發商）。也許中國能讓土地榮景期與狂熱期的瘋狂投機熱潮降溫。也許中國甚至可以主導景氣循環。時間會告訴我們答案。但我們應該記住，以前也曾有其他國家的政府，宣稱已經消滅景氣循環，歷史也一再證明並非如此。危險之處在於越多人認為中國政府無所不能，就有越多人會據此行事。一旦這種信念不再成立，有崩塌之虞，就會掀起滔天的信心危機[3]。

中國目前也是全世界的債權國，提供貸款給許多國家。中國對於跨境金融雖說有所限制，但仍然是跨境金融業務的大國。在未來幾年，隨著中國放鬆資本管制，中國境外的資本流量，可能會勢如洪水，達到數兆美元之譜。中國的存款戶為了分散投資，會投資國外金融市場，銀行也會跟著中國企業，到海外拓展。中國的資本似乎特別喜歡不動產，會造成的結果也是顯而易見。此外，這會促使其他國家採取貨幣寬鬆政策，導致貨幣寬鬆難以控制。我們在邁向景氣循環最高峰的過程中，資本流動只要放緩（例如中國當局決定限縮貸款），就會引發下一個崩跌期。

有趣的是，中國似乎是最快從全球金融危機復甦的經濟體。也許這是第一個徵兆，代表中國將引領未來的不動產循環。但全球經濟的領導地位，不會這麼快就移交。在十九世紀的最後幾十年，美國超越英國，成為全球第一經濟強國。然而倫敦卻依然保有世界第一金融中心的地位，直到一九三九年戰爭爆發。

美元會持續主宰全球金融嗎？

美國霸權受到越來越多衝擊，很多人也因此預測，美元將不再主宰國際金融體系[4]。我們確實是處於多極世界，而且如今邁向長循環上升段的最後幾年，也是強國衝突的時代。這二項因素都會影響美元。就目前而言，雖說美元式微的聲浪很大，但現實情況是各國仍需美元，而且是很多很多的美元。多達半數的國際貿易，無論美國企業是否參與其中，都是以美元結算。大多數的商品仍然是以美元計價，海外也持有大量美元。這代表如果你想賣出美元，換成別的東西，或是想取得美元，都是很容易的。在危機時期，大家會想持有美元，而且市場會因美元短缺而下跌。

美國聯準會的政策，仍然是左右景氣循環方向的關鍵。從一九七一年（開始採用浮動匯率制）至今，美國的貨幣寬鬆政策在景氣循環的下半段，助長了土地榮景，也導致美元走弱。美元走弱能推升全球貿易（以及ＧＤＰ），最終也會推升不動產價格。

科技是否會改變景氣循環？

科技變化的速度之快，很多人因此認為，景氣循環運行的速度變快了。如今金融、通訊、經商、貿易，以及運輸的速度，確實是前所未有的快。但這是長循環處於上升期的標準現象。在類似的年代，創新的影響力甚至可說是更大。比方說回想一下十九世紀中期。在鐵路問世之前，橫越美國至少需要三星期。而鐵路問世之後，就只需要三天。電報將長途通訊所需的時間，從幾天縮短到幾分鐘[5]。任何畫時代的技術，影響都很深遠，但到目前為止，並沒有讓景氣循環縮短，這次也不可能。

科技**將會**發揮的效應，是大幅提升地段價值與經濟租，也大幅增加炒作地段價值與經濟租的途徑。經濟體中每一塊土地可能產生的淨收入，也會因此增加，因為科技能降低成本，增加產出（或二者皆有）。科技也能延長邊界，將新土地納入市場[6]。科技也許會改變企業與人們落腳的地點，但企業與人們總需要落腳在**某處**，無論某處是何處，當地唯一固定的生產要素，也就是土地的需求會增加。隨著越來越多人遷入，經濟成長，新區域就會繁榮。

科技也有可能產生其他效應。在未來，買一間房子，可能跟買一張股票一樣簡單，幾天就能完成交易。也許藉由科技，未來很多人能持有一處房地產或其他資產的一部分（這些持分最終也能在交易所交易）。理財機器人（人工智慧演算法）能為你管理投資組合，依據你的風險忍受度與投資目標，上窮碧落下黃泉，為你尋找最理想的投資標的，而且執行交易僅需幾秒。除非此類程式能發現景氣循環的存在（要記住形容模型的那句老話：**垃圾進，垃圾出**），否則幾乎可以斷定，這些程式只會製造出史上規模最大的景氣循環。

不動產價格上漲，銀行就能創造更多貨幣。在每一個時代，銀行創造不動產貸款的方式都有所進步，變得更快、更便利。在當今的時代，行動銀行服務幾乎讓銀行分行沒有存在的必要。區塊鏈科技具有安全的分散式帳本，可望再次徹底改變銀行服務。區塊鏈科技能支援新的（也許全球通用的）數位貨幣，從此再也不需要中間機構。無論在何地，付款購買商品與服務，都能輕鬆完成，而且零成本。數位貨幣最終也會流入房地產市場，也將推升房地產價格，尤其是如果銀行，或是類似銀行的機構，能以數位貨幣放款。

世界無法停止追逐租金，也無法停止創造追逐租金的新工具。近年來，陸續出現了籌資買進資產的特殊目的收購公司（SPAC），以及將環境價值證券化的自然資產公司（NAC）。同樣地，控制地點、軌道，甚至天體礦區的私營企業，也大舉進軍太空，雖然這種追求租金的行為，受到管轄相關事務的唯一國際條約（《外太空條約》）明令禁止，但各國的法律還是會鼓勵。人類追尋租金的同時，也將景氣循環帶往太陽系的深處。

景氣循環將會遍及全球

全球各大城市與國家的房價，連動性大幅增加。信用越寬鬆，房價的連動性就越高[7]。這是因為各國與各地區的經濟成長，連動性越來越高。大多數的經濟體，確實大約是在同一時間，脫離上一次危機，脫離二〇二〇年景氣循環中期的衰退期，更是如此。各國與各地區的經濟一起成長，土地與房地產價格也同時上漲。放款、營建，以及原物料的需求，也會同步上漲。大型國際銀行為了尋找商機，更是關注成長較快的區域。這些銀行不會受到本地政府的直接監督。信用變得很充足，因為國內與國外的銀行爭搶生意。新型態的融資也出現。追求高報酬的新投資人也紛紛進場。各國都推出大型投資計畫，國內投資的資金因此增加，進一步推升經濟成長與土地價格。手握鉅資的投資人，例如退休基金，以及高淨值人士，也到海外尋求最佳投資機會。國際貿易與金融的連動性也更加深化。國際資金最終流入許多國家的不動產市場。土地榮景遍布全球。

各經濟體一起抵達景氣循環的最高峰，也一起崩跌。這裡有一個額外的問題。從許多指標來看，每一個經濟體看起來都很健全。要有世上另一個地方爆發問題，才會迅速蔓延整個金融體系。也許是某個大多數人都認為不會出問題的投資工具出了問題。也許是不同的部門，例如商品。舉例來說，如果一種作為貸款擔保品的商品價格下跌，壞帳隨即增加，其他人就會憂心，唯恐資本也逐漸變得稀少。各大城市的房屋越來越像金融資產，因此房市受到全球金融狀況影響的程度，是更甚以往。房價一旦下跌，銀行體系的問題就會四處蔓延。

全球榮景轉為全球崩跌，主管機關不知自己疏忽了什麼，也不知災難為何在他們的眼皮子底下上演。

我們的旅途完成了，是一段非常精采的旅程。你認識了景氣循環的各種型態、高峰與低谷。你也將感受到景氣循環的節奏，一開始緩慢、不穩定，一路上會停頓個幾次，然後速度改變，強度上升，逐漸增強，一路到最高峰。最後則是潰敗。你也將了解，土地為何是景氣循環的關鍵，對於經濟的重要性，可比重力對於物理界的重要性。你也會發現，我們的領導者是如何被灌輸蓄意忽視這個道理的習慣。你有把握，景氣循環**一定會**重現。

你已經知道，現代經濟是如何擴大景氣循環，主要是透過銀行放款與政府投資，在每一次的繁榮期，大幅拉高了風險。你也知道，經濟景氣的時候，會有一大群人誤導你，胸有成竹公開喊話，表示當前經濟正值好時光，或是行騙使詐，讓你誤以為能迅速致富。等到危機終究來臨，你就會發現繁榮時期的興奮情緒，立刻化為恐慌：自古以來，人們總是在經濟行將崩潰之時，感到恐懼。你也知道景氣循環會如何結束，就是當局在情急之下，接連推出拯救經濟的措施。在艱難的黑暗時刻，大家又得面對古老的問題：怎麼都沒人預料到呢？

但你會預料到的。希望你看完這本書，能察覺亂象中的秩序。你走過當前的景氣循環的剩餘時間，走過未來的繁榮與恐慌，走過二〇二六、二〇四五、二〇六三、二〇八二，以及二〇九九年之前以及之後的那些年，會知道該如何應對。

這就是你的致富祕訣。

致富祕訣手冊，第十八部分

世事越不同，就會越相同

世界各國的金融連動性很高，因此未來幾年的經濟會大起大落。接下來要介紹最後的致富祕訣，助你做好準備。這些致富祕訣，包括先前提到的重點，也包括最後一些能助你安然度過未來的景氣循環的祕訣。

重點提示

一、記住經濟租定律：經濟是由經濟租定律推動

經濟租定律，是隱藏在經濟表象之下的秩序。土地具有獨特的特質，因此會拿走進步所創造的利益。在現代經濟，市區土地是最重要的經濟租來源，但也有其他經濟租來源：自然資源（例如商品）、全球共有資源（例如大氣、外太空）、其他自然界的恩賜（電磁頻譜）、政府核發的執照，以及網際網路的虛擬空間[8]。很少人研究這些，所以大多數人都難以預測經濟的走向。

二、不要盲目跟隨聰明人：聰明人不曉得景氣循環的存在

你已經知道，專家是看不見景氣循環的，他們受到的訓練，讓他們無法看見。他們不可能診斷出現代經濟的弊病。但我們已經知道，情況還有可能大為惡化。這是一個會影響所有人的問題：各國的政府，都被那些想將經濟租納入自己口袋的人把持。久而久之，政府推出的政策，只會讓景氣循環更有可能重複。局勢失控的時候，誰願意做吹哨者？政治領導者身邊盡是些應聲蟲，獨立媒體需要富人（尤其是銀行業與房地產業）提供的廣告收入。獲利滿滿的社會大眾，也不想聽「好日子不會永遠持續」的真話[9]。

三、要相信景氣循環會一再上演

只要沒人知道**真實**情況，即使知道也不打算說出，那景氣循環就會一再重複。年輕的企業領袖，在景氣循環最高峰即將來臨時成為紅人。他們做出的決策，彷彿認為房地產市場永遠不會重挫。依據他們的經驗，房地產市場確實永遠不會暴跌，因為他們是在上一場危機結束後才成年。

唯一會打亂景氣循環節奏的力量，是大戰爆發。唯一能消滅景氣循環的力量，是調整稅務政策，將經濟租還給全民，以籌措資金推動發展（並廢除其他項目的稅）。這二者只要少了一項，景氣循環就一定會重現，而且會準時重現。

四、了解貨幣是如何創造出來，又流向哪裡

所有的貨幣都是憑空創造出來的，多半是由私營銀行創造。大多數的貨幣，是沒有生產力的。這些貨幣將土地價格推升得更高，也導致通膨加劇，榮景擴大。一旦房地產價格下跌，銀行就會變得脆弱，最終需要政府耗費大筆稅收紓困。

政府支出的時候，也會創造貨幣。發行本國貨幣的政府，可以無限量創造貨幣。貨幣用於能改善經濟的有生產力的投資，就不會引發通膨。若不用於這樣的投資，就會引發通膨。在每一次景氣循環的後半段，都會出現大規模的公共投資，銀行也會向經濟體注入大量貸款。你接到銀行打來的電話，拜託你借錢，就知道現在處於景氣循環的哪個階段（而且你應該拒絕銀行[10]）。

五、要知道，事態的發展可能遠遠超乎你想像

每一次景氣循環，各項數字都比前一次大。這是勢所必然。土地吸收了進步所創造的利益，而且因為我們的經濟體非常複雜，所以這些利益也是前所未有的大。這就代表土地價格更高，抵押土地就能借更多的債，公司的估價也會更高。而且隨著景氣循環一次次發生，拯救經濟的成本會越來越高，因為拯救經濟的成本，終究是與上一次榮景的房地產放款規模有關。

聽見各項經濟數據登上「史上新高」，也不必感到意外。不要以為現在發生了前所未有的狀況。現在的狀況，以前也發生過。這是景氣循環重演。

這通常代表，榮景會比你想像得更持久、更廣泛。到了最高峰，大家都有滿手貸款，整個經濟體也承受高租金、利息成本不斷上升的沉重壓力。只有在這個時候，資本流動變慢，才會引發資產價格的第一次大跌，接著是徹底崩跌。

六、仔細觀察：整個體系會在最弱的地方崩潰

等到下一個景氣循環的最高峰來臨，很有可能會有金融主管機關或央行，在參考許多最重要的經濟指標之後，研判當前的情況很健全。銀行槓桿還在法令許可的範圍之內。銀行放款對GDP比率很合理。房價對所得中位數比率很穩定（不過這二者難免都將上升）。

景氣循環是擴及全球的，因此導致體系崩潰，引發後續的崩跌期的觸發事件，也許是來自其他地方。這將會是整個體系最大的弱點。在二〇〇〇年代，整個金融體系因為貸款證券化，承受邊緣地區房地產放款過多的風險。在一九八〇年代，最大的問題出現在日本，當時日本的經濟實力看似堅不可摧，又有獨特的公司資本主義。在一九二〇年代，除了農業貸款災情慘重之外，商業不動產供給也嚴重過剩。

要預測弱點會出現在何處，或是體系會如何崩潰，並不容易。總之發生的地點，以及發生的

途徑，都不會與先前的景氣循環相同。但根本的起因會是一樣的：土地投機炒作。蓋在沙地上的房子，終究要倒塌的。

七、管理你的情緒，嚴格按照計畫

《致富祕訣手冊》先前的內容，告訴你景氣循環各階段的主要氛圍，也告訴你該怎麼做，才能隔絕雜訊，做出決策。要依據手冊的建議行事。別人恐懼時，你要有信心，別人興奮時，你要保持謹慎。

你知道各階段會在何時出現。要記得，無論你是投資人，還是創辦一家企業，累積財富都是一個漫長的過程。只要你能駕馭景氣循環，掌握正確的買賣時機，不被沖昏頭，也不要被騙，就能成功致富。

附錄
不動產循環的日期

受影響國家	開始期	最高峰	危機年份	結束
二十一世紀				
全球	2011-12	*2026*	*2027-28*	2030
斜體字代表本書寫作之時（2023年）所做的預測				
二十世紀				
二次世界大戰之後				
先進資本主義國家	1992	2006–07	2008	2011–12
	1975	1989–90	1991	1992
	1955（大約）	1972–73	1973	1975
二次世界大戰之前				
美國	1933	*因二次世界大戰中斷*		
英國	1923	*因二次世界大戰中斷*		
美國 *澳洲、奧地利、丹麥、芬蘭、法國、德國、日本、瑞士亦同*	1911	1926–27	1930–31	1933
英國 挪威亦同	1902	*因一次世界大戰中斷*		

受影響國家	開始期	最高峰	危機年份	結束
十九世紀				
美國 *澳洲、加拿大、德國、義大利、日本、瑞典亦同*	1894	1907	1907	1911
英國 *德國、荷蘭、挪威亦同*	1884	1899–1900	1900–02	1902
美國 *阿根廷、澳洲、義大利、日本亦同*	1877	1890–92	1893	1894
英國	1867	1880	1880–84	1884
美國 *加拿大、瑞典亦同*	1858	1872	1873–76	1877
英國	1848	1864	1865–67	1867
美國 *加拿大、丹麥亦同*	1839	1854–56	1857	1858
英國	1832	1845–46	1847	1848
美國	1822	1836	1837	1839
英國	1812	1825–26	1828–31	1832
美國	1800（大約）	1818	1819	1822
十八世紀				
英國	1781	1792		1798
	1762	1776		1781
	1744	1753		1762
	1727	1736		1744
	1711（大約）	1724		1727

資料來源備註

有些資料來源並沒有提到不動產循環，但也能用於判斷景氣循環某些階段的日期，尤其是危機期。引用的日期有時會有所不同，因為分析的資料集不同，或是國家不同。在這種情形，本書作者會依據相關景氣循環的現有資料，以及其他歷史資料，決定日期。

從二次世界大戰至今，都是美國率先展開，也率先結束每次景氣循環。在此之前，是美國與英國交替領先，其他國家跟隨。這二個國家，只有一個連續的資料集。缺乏其他國家的資料，並不代表這些國家並沒有景氣循環。上表所列出的國家，多半是在表列的期間之中，具有較為發達的銀行體系與土地市場的富有國家。

主要資料來源

Anderson (2008)、Dalio (2020)、Dimsdale and Hotson (2014)、 Harrison (1983)、Harrison (2010)、Hoyt (1933)、Quinn and Turner (2020)、 Reinhart and Rogoff (2009)、Vague (2019)、Werner (2020)

參考資料

Adams, M. (2015), *Land: A New Paradigm for a Thriving World*, North Atlantic Books.

Alt, M. (2020), *Pure Invention: How Japan Made the Modern World*, Constable.

Anderson, P. J. (2008), *The Secret Life of Real Estate and Banking: How it Moves and Why*, Shepheard Walwyn.

Barker, C. A. (1991), *Henry George*, Robert Schallenbach Foundation.

Belton, C. (2020), *Putin's People: How the KGB Took Back Russia and Then Took on the West*, William Collins.

Calverley, J. P. (2009), *When Bubbles Burst: Surviving the Financial Fallout*, Nicholas Brealey.

Campbell, R. M. (2010), *Timing the Real Estate Market*, 4th edition (self published).

Christophers, B. (2020), *Rentier Capitalism: Who Owns the Economy, and Who Pays for it?*, Verso.

Dalio, R. (2020), *Principles for Navigating Big Debt Crises*, Bridgewater.

Dimsdale, N, and Hotson, A. (2014), *British Financial Crises since 1825*, Oxford University Press.

Donovan, T. (2019), *It's All A Game: A Short History of Board Games*, Atlantic.

Doucet, L.A. (2022), *Land is a Big Deal: Why rent is too high, wages too low and what we can do about it*, Shack Simple Press.

Fisher, K. (2009), *How to Smell a Rat: The Five Signs of Financial Fraud*, with Lara Hoffmans, Wiley.

Fridson, M. (1998), *It was a Very Good Year Extraordinary Moments in Stock Market History*, John Wiley & Sons.

Gaffney, M. (2009), *After the Crash: Designing a Depression-Free Economy*, Wiley-Blackwell (edited with an introduction by Clifford W. Cobb).

Galbraith, W. K. (2009), *The Great Crash, 1929*, Mariner Books.

Gann, W. D. (1923), *The Truth of the Stock Tape*, Lambert Gann.

Gann, W. D. (1949), *45 Years in Wall Street*, Lambert Gann.

George, H. (1905), *Progress and Poverty: An Inquiry into the Cause of Industrial Depressions and of Increase of Want with Increase of Wealth – The Remedy*, Kegan Paul, Trench, Trubner.

George, H. (2004), *The Science of Political Economy* (Abridged edition), Robert Schalkenbach Foundation.

Graeber, D. (2014), *Debt: the First 5,000 Years*, Melville House.

Gustafson, T. (1999), *Capitalism Russian-Style*, Cambridge University Press.

Harrison, F. (1983), *The Power in the Land*, Shepheard Walwyn.

Harrison, F. and Gaffney, M. (1994), *The Corruption of Economics*, Shepheard Walwyn.

Harrison, F. (2006), *Ricardo's Law: House Prices and the Great Tax Clawback Scam*, Shepheard Walwyn.

Harrison, F. (2010), *Boom Bust: House Prices, Banking and the Depression of 2010*, 2nd updated edition, Shepheard Walwyn.

Hodgkinson, B. (2008), *A New Model of the Economy*, Shepheard Walwyn.

Hoyt, H. (1933), *One Hundred Years of Land Values in Chicago*, University of Chicago Press.

Hudson, M. Miller, G. J. and Feder, K. (1994), *A Philosophy for a Fair Society*, Shepheard Walwyn.

Kelton, S. (2020), *The Deficit Myth*, John Murray.

Kindleberger, C. P. and Aliber, R. (2015), *Manias, Panics, and Crashes: A History of Financial Crises*, 7th Edition, Palgrave Macmillan.

Lightner, O. (1922), *The History of Business Depressions*, The Northeastern Press.

Makasheva, N. (1998), Introduction to *The Works of Nikolai D Kondratiev, vol. 1: Economic Statistics, Dynamics and Conjuncture*, pp. xxvii–xxxiv, Pickering and Chatto.

Makewell, R. (2013), *The Science of Economics: The Economic Teaching of Leon Maclaren*, Shepheard Walwyn.

Martin, F. (2014), *Money: The Unauthorised Biography*, Vintage.

Mason, P. (2015), *Postcapitalism: A Guide to our Future*, Allen Lane.

Miller, G. (2000), *On Fairness and Efficiency: the privatisation of the public income over the past millennium*, The Policy Press.

Modelewska, M. (2016), *Financing public transport using value capture finance: an incremental assessment framework for investments in transport infrastructure ("I-FIT")*, PhD thesis, University College London.

Napier, R. (2016), *Anatomy of the Bear: Lessons from Wall Street's Four Great Bottoms*, Harriman House.

Napier, R. (2021), *The Asian Financial Crisis, 1995–98: Birth of the Age of Debt*, Harriman House.

Pepper, G. and Oliver, M. J. (2006), *The Liquidity Theory of Asset Prices*, Wiley Finance.

Perez, C. (2003), *Technological Revolutions and Financial Capital: The Dynamics of Bubbles and Golden Ages*, Edward Elgar.

Peris, D. (2018), *Getting Back to Business: why Modern Portfolio Theory files investors and how you can bring common sense to your portfolio*, McGraw-Hill.

Pilon, M. (2015), *The Monopolists: Obsession, Fury, and the Scandal Behind the World's Favorite Board Game*, Bloombsbury.

Pistor, K.(2019), *The Code of Capital: How the Law Creates Wealth and Inequality*, Princeton University Press.

Quinn, W. and Turner, J. D. (2020), *Boom and Bust: A Global History of Financial Bubbles*, Cambridge University Press.

Reinhart, C. M. and Rogoff, K. S. (2009), *This Time is Different: Eight Centuries of Financial Folly*, Princeton University Press.

Riley, D. (2001), *Taken for a Ride: Trains, Taxpayers and the Treasury*, Centre for Land Policy Studies.

Riley, D. (2001), *Taken for a Ride*, Centre for Land Policy Studies.

Rogers, M. T. and Payne, J. E. (2015), 'Was the Panic of 1907 a Global Crisis? Testing the Noyes Hypothesis', retrieved from www.atlantafed.org/-/media/Documents/news/conferences/2015/0511-workshop-on-monetary-and-financial-history/papers/rodgers-payne-noyes-hypothesis.pdf.

Ryan-Collins, J., Greenham, T., Werner, R. and Jackson, A. (2011), *Where Does Money Come From? A Guide to the UK Monetary and Banking System*, New Economics Foundation.

Ryan-Collins, J., Lloyd, T. and Macfarlane, L. (2017), *Rethinking the Economics of Land and Housing*, Zed Books.

Schumacher, E. F. (2011), *Small is Beautiful: A Study of Economics as if People Mattered*, Vintage.

Standing, G. (2019), *Plunder of the Commons: A Manifesto for Sharing Public Wealth*, Pelican.

Swarup, B. (2014), *Money Mania: Booms, Panics, and Busts from Ancient Rome to the Great Meltdown*, Bloomsbury Press.

Tippett, J. (2012), *A philosopher's take on economics*, Delphian Books.

Tooze, A. (2018), *Crashed: How a Decade of Financial Crises Changed the World*, Penguin.

Tooze, A. (2021), *Shutdown: How Covid Shook the World's Economy*, Allen Lane.

Vague, R. (2019), *A brief history of doom: two hundred years of financial crises*, University of Pennsylvania Press.

Werner, R. A. (2020), *Princes of the Yen: Japan's Central Bankers and the Transformation of the Economy* (2nd edition), Quantum Publishers.

Wessel, D. (2009), *In Fed We Trust: Ben Bernanke's War on The Great Panic; How the Federal Reserve Became the Fourth Branch of Government*, Three Rivers Press.

Wigglesworth, R. (2021), *Trillions: How a Band of Wall Street Renegades Invented the Index Fund and Changed Finance For Ever*, Penguin Random House.

Wood, C. (2006), *The Bubble Economy: Japan's Extraordinary Speculative Boom of the '80s and the Dramatic Bust of the '90s*, Equinox.

註釋

前言

1 Tooze (2018), p. 156, 160–163. 其他資料來源：英國於二〇〇八年四月陷入衰退，生產量一連五年都沒有恢復到金融危機前的水準。失業率於二〇一三年七月登上百分之八・四的高峰。美國失業率登上百分之十的高峰。有關新興經濟體所受到的衝擊，詳見公共政策研究院（ＩＰＰＲ）的「Financial crisis and developing economies」（金融危機與開發中經濟體）。有關金融危機與二〇二〇年疫情的比較，見 Gopinath, G. (14 April 2020), 'The Great Lockdown: Worst Economic Downturn Since the Great Depression', IMF Blog, 取自 www.imf.org/en/Blogs/Articles/2020/04/14/ blog-weo-the-great-lockdown-worst-economic-downturn-since-the-great-depression; Elliott, L. (13 October 2020), 'IMF estimates global Covid cost at $28tn in lost output', The Guardian, 取自 www.theguardian.com/business/2020/oct/13/imf-covid-cost-world-economic-outlook。

2 Lemann, N. (2017), 'The Problem with Steve Bannon's Story About His Father', The New Yorker.

序言

1 Vague (2020) 以及 Rogers and Payne (2015)。倒閉的原因是銅價大跌。銅在當時已經成為發電、電信，以及運輸基礎設施所不可或缺的原料。銅價之所以大跌，是因為經濟衰退。經濟衰退的原因之一，是美國及其他國家房地產市場放緩，詳見 Hoyt (1933)。

2 Anderson (2008), p. 214.

3 當時報紙刊登的相關言論，見 Anderson (2008), Appendix 1, pp. 385–386，尤其是 New York Globe 與 Commercial Advertiser 刊出的這一段：「我覺得我們若是分析大多數金融危機的起因，就會發現是美國女性不懂得將錢用在當用之處，才引發金融危機。」

4 Fridson (1998), p. 27.

5 Hoyt (1933) and Anderson (2008), p. 216.

6 一九二一年，美國聯準會將貸款利率從百分之七，一路調降至一九二四年百分之三的低點。美國財政部長安德魯・梅隆（也是美國最富有的實業家）也降低所有類型的稅。

7 Anderson (2008), p. 221.

8 Calverley (2009), p. 27.

9 Harrison (1983). 亦見 Vague (2020), pp. 19–20：紐約開發商獲准免繳十年的房地產稅。

10 Anderson (2008)，探討科技如何提升銀行作業效率。Vague (2020) 提供放款熱潮期間，債務與ＧＤＰ比率的數據。

11 Peris (2018), p. 5.

12 Fridson (1998), pp. 6, 39：以當時瘋狂的程度，就連「價值」投資之父班傑明・葛拉漢這樣清醒的投資人，也在牛市期間進場。葛拉漢尋常的投資方式，是只買進價格合理的股票。但就連他在市場景氣的時候，都無法抗拒誘惑，進場買進。

13 Gaffney (2009), p. 31：最能展現土地市場投資狂熱的指標，就是正在進行的土地細分案的數量。

14 Vague (2019), pp. 43–44：日本在鐵路與電力問世之後，房地產市場出現榮景，稻田也成為投機標的。在繁榮的那些年，大阪市區的土地價格每年上漲百分之二十至三十。後於一九二九年暴跌百分之七十四。

15 Hoyt (1933), p. 398：停滯的原因是推動榮景的力量（亦即他所稱的「因素」），包括人口成長、租金成長，以及新建設，即將反轉。

16 股市通常緊跟在土地市場之後登上最高峰。但一九二〇年代卻並非如此。股市榮景比土地市場的榮景，整整多出三年。Anderson (2008) 指出，土地循環於一九二六年登上最高峰。那一年也是建設活動的最高峰。一九二六年之後，雖說商用不動產榮景依舊火熱，住宅不動產興建量卻有所減少。原因之一是美國佛羅里達州的土地榮景停擺（因為一九二六年與一九二八年的兩場大型颶風）。

17 Anderson (2008), p. 243：也與管理不當、高層詐欺有關。過去八週期間，存款戶紛紛前往美國銀行提領存款。美國銀行因此破產。

18 Anderson (2008), pp. 249–251.

19 Hoyt (1933), pp. 3–4.

20 Hoyt (1933), pp. 39, 74, 119–120, 180, 218 以及 268–270.

21 Harrison (1983), pp. 110–111.

22 Gaffney (2009), p. 23：引用 Ernest Fisher 關於土地細分數據的類似模式的研究。

23 Anderson (2008)，尤其是第七頁及第一至第四章，探討美國透過出售土地以及土地投機炒作，實現各處有人定居的過程。亦見 Makewell (2013), p. 50：在市郊，大片土地無人使用，新來的移民必須前往更遠的地方，通常是幾百英里之外的邊境，才能取得土地。於是出現一種奇怪的發展模式：遠西部的發展速度，竟然比較近的中西部更快。而二個海岸之間，則有大片空蕩蕩的土地，至今依然如此。湯瑪斯．傑弗遜在一七九〇年，還以為遠至密西西比河的西部土地，要過一千年才會有人定居。沒想到才過了一百二十三年，土地投機客就在一九二三年買下邊境，至此整個北美洲都有人定居。

24 Harrison (1983), p. 81.

25 並不是只有哈里森預見危機。還有許多經濟學家受到哈里森與霍伊特影響，也曾公開預言二〇〇八年的金融危機，會以何種方式上演。相關資料來源見 www.thesecretwealthadvantage.com。

26 附錄一收錄了我們確切掌握的各國過往景氣循環的日期。

第一章

1 中國的振興計畫很特別：地方政府必須達成目標，而且多半是藉由出售土地，以及推出大型的城市建設與房地產開發計畫，達成目標。

2 Lewis, P. (2009), 'Dubai's six-year building boom grinds to a halt as financial crisis takes hold,' The Guardian, 13 February, 取自 www.theguardian.com/world/2009/feb/13/dubai-boom-halt.

3 Macworld San Francisco 2007, Keynote Address. 更多資料見 www.thesecretwealthadvantage.com。

4 崩潰最嚴重的，多半是一個國家或區域的邊緣。在歐盟，南緣（希臘、義大利、西班牙、葡萄牙）以及西側（愛爾蘭）受創最深。然而歐盟由於內部政治的緣故，以德國為首的北歐國家，否決了向這些國家的銀行體系紓困的提議。

5 Tooze (2018), pp. 167, 170–171, 184–185, 193. 另外也透過二十大工業國（G20）論壇，與其他國家協調。這是歷史重演（見 Anderson (2008), p. 302).

6 美國於二〇一〇年七月，通過《華爾街改革和消費者保護法案》（又稱《多德—弗蘭克法案》）。英國的《銀行改革法》於二〇一三年通過。新的國際法規（巴塞爾協議III）是由位於瑞士的國際清算銀行，所召集的巴塞爾銀行監理委員會通過。此外，銀行必須定期進行壓力測試，以證明在各種經濟情境，都具有償付能力。制訂這些規範的委員會，成立於一九七四年（在一九七〇年代不動產危機爆發之後）。

7 Tooze (2018), p. 367.

8 Irish Independent (2014), 'Record deal as US firm snaps up Anglo's UK loan book for €4.2bn'. 美國基金以六十歐分的價格，買下貸款投資組合，二月二十六日。

9 CEPR (2013), 'The Reinhart-Rogoff Debt-to-GDP story: why it matters,' 18 April. 本書第九章詳細分析，為何不該如此看待公共支出。

10 Corporate Finance Institute, 'Bernie Madoff', 取自 corporatefinanceinstitute.com/ resources/wealth-management/bernie-madoff/#:~:text=Bernie%20Madoff%20is%20famous%20for,to%20150%20years%20in%20prison.

11 New York Times (22 August 2014); 美國收取一千五百億美元的罰款，包括操縱市場在內的其他詐欺的罰款。摩根大通遭罰一百三十三億美元。

12 此外，二萬名「憤怒者」占領太陽門廣場。二十萬至三十萬人於雅典憲法廣場抗議。

13 The Guardian (2013), 'John Paulson is no longer the man with the Midas touch,' 21 April.

14 有一種新出現、也很有意思的經濟學分支，是研究（大多數經濟模型所假設的）人類行為不理性之處。研究的重點，也是不時吸引眾人的投資熱潮期，而不是投資人不敢投資的景氣循環開始期。

15 在新舊循環交替之際，土地價格總會出現低點。問題在於經濟學家與統計學家，並沒有認真衡量代表新舊循環交替的變數，也就是土地價格。我們在第五章會探討原因。

16 見註六（前述）。在其他景氣循環，則是出現了第一套國際規範，亦即巴塞爾資本協定（一九九二年實施）、格拉斯—斯蒂格爾法案（一九三三年）、美國聯準會制度問世（一九一三年）。

17 從第一波的行動，可以看出新景氣循環前進的方向，以及大致會發生在何處。例如中國的運輸，包括航空、鐵路、礦業、貨運，就大幅擴張。

18 歐巴馬當選美國總統幾年後，各大國也迎來新世代的領袖：大衛．卡麥隆（英國）、安倍晉三（日本）、習近平（中國）、納倫德拉．莫迪（印度）、艾曼紐．馬克宏（法國）。他們登上大位，在歷史上的轟動程度雖說不如歐巴馬勝選，卻也拉開了新景氣循環的序幕。

19 大規模的內部與外部遷徙，推升了需求。人們因為缺乏融資，也缺乏賣家，不得已走向租賃市場。在上一個景氣循環接近最高峰的階段，房屋供給嚴重過剩，如今卻突然嚴重短缺。在上一個景氣循環的土地榮景期間所規畫，如今卻只蓋了一半，或是完工卻閒置的建案，破壞了城市周邊地區的景象。

20 Hodgkinson (2008): 租金與土地價格下跌的速度很慢，因為投資人沒有另類投資資產，所以仍將資金投入土地（也因為政府出手，以免房地產價格進一步下跌）。因此可能需要一段時間，才能跌至企業能擺脫沉重負擔，進而復甦的地步。土地市場會阻礙經濟復甦，因此經濟成長依然緩慢，這也是商業不動產需要更久才能復甦的原因。

21 應該要在現在的景氣循環尚未結束之前，就開始為新的景氣循環做準備（見《致富祕訣手冊》第十二、十四、十七部分）。

22 從一個景氣循環過渡到下一個，是段漫長的過程。很難界定某一天是新循環的第一天。因此，《致富祕訣手冊》第一部分的建議，與第十七部分（景氣循環的最後階段，也就是救援期）的某些建議相同。救援期的重點是準備，開始期的重點是行動，但在實際上，救援期與開始期之間的界線並不明確。在某些情況，書中建議的行動有些需要提前執行，有些可以延後。

23 見《致富祕訣手冊》第七、第十部分。

24 這是七個最大、最富有的經濟體（美國、英國、日本、德國、法國、加拿大，以及澳洲）自一九五五年開始的三個完整的景氣循環以來，股市從（景氣循環開始期）的低點，到（景氣循環中期的高峰期，以及最高峰）的高點的平均漲幅。本書引用的其他平均百分比變化的統計數據，是依據相同的數據計算。

25 Fridson (1998). 他分析的年份，包括十八年不動產循環開始期的年份，亦即一九〇八年、一九三三年（以及一九三五年）、一九七五年。他依據日曆年的表現選擇年份。如果我們也納入十二個月的表現（即使會橫跨兩個日曆年），那二〇〇九至二〇一〇年也能入選。但按照此標準，一九九〇至一九九一年會以些微差距落選，因為從景氣循環的低點起算，十二個月來「只」上漲百分之三十。結論很明確：景氣循環的開始期的第一、第二年，是股市表現極佳的年份。

26 Gann (1923), p. 93 舉例說明如何找出強勢股票。

27 元宇宙雖說才剛開始發展，但虛擬房地產已經可以在市場買賣、出租。因此未來的十八年景氣循環，將包含虛擬資產。

28 增加建築面積，就能提升土地價值。興建基礎設施，土地價值也能上漲。這就是第二章介紹的吸收定律。

29 見《致富祕訣手冊》第二部分。

第二章

1 資料摘自世界銀行 Data 微型網站，data.worldbank.org/country/PS; 'Business Report 2020', 取自 www.doingbusiness.org/en/data/exploreeconomies/west-bank-and-gaza; UNCTAD (2020), 'Israeli occupation cost Gaza $16.7 billion in past decade – UNCTAD estimates', 取自 unctad.org/news/israeli-occupation-cost-gaza-167-billion-past-decade-unctad-estimates.

2 這則故事的細節，摘自 'Unreported World: Gaza's Property Ladder'，二〇一六年十一月二十五日星期五於英國 Channel 4 播出。www.thejc.com/news/uk/it-s-boom-not-bombs-in-gaza-for-channel-4-documentary-1.44234.

3 李嘉圖分析的是不同農地的收益。在這個例子，是土壤肥沃程度不同所造成的收益差異。收益差異當然也與地點有關，也與不同土壤的自然生產力等因素有關。

4 Harrison (2006), p. 47：「國家的命運，無論是經濟上還是社會上，都是由邊緣地點決定。在邊緣地點，人們面臨最嚴峻的挑戰，必須發揮聰明才智與決心，降低成本，才能維持經濟上可行的經營模式。在邊緣地點，決定勞力與資本的價格的方式，會影響社會上所有人的生活水準。所以我們必須讓邊緣地點的生活，在各方面都很理想，因為對整個社會都有益。」

5 Adams (2015), p. 7.

6 土地價格能漲到多高？答案是人們願意支付的最高價格。土地是由自然界免費提供，而且沒有生產成本。世界上不會再有更多土地，尤其是好地段的土地，因此你大可開出你認為會有人願意支付的價格。不必擔心競爭會很激烈。因為既然不會再有更多土地，那價格就不會依據生產成本訂定（因為沒有人生產土地，土地也不像經濟體中一般的商品，在價格上漲時，產量也隨之增加）。

7 Riley (2001), p. 9.

8 Riley (2001), pp. 22–25. 他研究的方式，是經常請教當地的房仲，定期評估他自己的土地的價值，以及觀察沿線五個新車站（滑鐵盧站、南華克站、伯蒙德賽站、倫敦橋站、加拿大塘站）附近的售價。他如此詳細研究，因此能精確計算出新線建設期間，當地土地市場的情況。類似的觀察研究，多半探討房地產價格的漲幅，而不是未開發的土地，也沒有計算土地價值的絕對漲幅。

9 房產價格之所以上漲，主要是因為房屋坐落的土地價值上漲。雖然建物的價值（反映在其重置成本）也會隨著時間上漲，大致符合整體通膨幅度，但建物的損耗、淘汰，也會抵銷漲幅。因此，房地產價格過去幾十年來漲幅如此驚人，最主要的原因還是土地價格上漲。

10 Harrison (1983).

11 Modelewska (2016), 表 2.3, pp. 74–83. 這項研究全面檢視了多項觀察研究。這些觀察研究分析各項運輸設施的改善，尤其是鐵路，對於房地產價格的影響。檢視的結果發現，從經驗上來看，商用不動產價格受到的影響較大，尤其是鄰近車站的商用不動產（住宅不動產受到的影響看似較小，卻延伸得更遠）。此外，受到影響最大的區域，也是銀行業與其他先進支援服務業的所在地。檢視的五十五項研究當中，只有一項探討土地價值所受到的影響。土地價值高的區域，開發程度最高。價格受到最大影響的時候，通常也是施工即將開始的時候。工程最大的影響，出現在經濟與人口成長開始向上的時候 (p.89)。其中二項研究，探討了朱比利線延長段對於房地產售價的影響。結果發現，商用不動產價格與住宅不動產價格都因此上漲，其中一項研究估計，漲幅在百分之四十二與百分之七十一之間。

12 Savills News (2021), 'Value of global real estate rises 5% to $326.5 trillion,' 21 September.

13 Riley (2001), pp. 79–81.

14 Riley (2001), p. 83.

15 同一主題的更多參考資料，見 www.thesecretwealthadvantage.com。

16 Harrison (1983), p. 129.

17 見《致富祕訣手冊》第十部分第二點。

第三章

1 國際貨幣基金建議訂定貸款上限、依據房價與家庭所得，訂定抵押貸款限制、要求承做抵押貸款的銀行，達到更高的資本適足率，以及要求海外買家支付額外的印花稅。某些地方實施了其中幾項措施，市場也確實降溫。

2 德國「七大城市」（柏林、科隆、杜塞道夫、法蘭克福、漢堡、慕尼黑，以及司徒加特）在二〇一九年之前的十年，上漲百分之一百二十三．七。同時期倫敦上漲百分之六十，曼哈頓上漲百分之三十。最低的漲幅是杜塞道夫的百分之九十七，慕尼黑則為百分之一百七十八。

3 舉個例子，根據 Prosper Australia 陸續發表的詳細分析，墨爾本的空置率，在總房屋存量的百分之四至百分之六之間擺盪。

4 City AM（二〇一四年七月七日）：在每一次的景氣循環，銀行體系都會有所創新。例如在一九八〇年代，英國開設第一家電話銀行。二〇〇〇年代則是網路銀行問世。

5 歐洲中央銀行於二〇一四年將利率調降至負值，同時向歐元區各銀行，提供四千億歐元的固定利率低利貸款，再由這些銀行向小型企業放款。這是仿效英格蘭銀行的「融資貸款」計畫。新任日本首相安倍晉三推出所謂的「安倍經濟學」，亦即一系列的政策，包括增加貨幣供給、提高公共支出，改革勞動市場（例如增加女性就業）、重組大型企業部門（例如農業、製藥業、公用事業），以及支持自由貿易措施，進而刺激日本經濟成長。

6 這是因為美國採用「水力壓裂」的新技術，得以開採難以開採的石油礦層，所以產量大增。產量多到美國得以成為全球石油生產小國。水力壓裂的成本下降，石油價格也隨之下降。石油輸出國組織（OPEC）並沒有以減產因應，而是指望美國的水力壓裂企業，會因為油價下跌而倒閉（這些企業拿到充足的低利貸款，因此沒有倒閉）。在此同時，全球石油需求下跌，中國更是如此。

7 馬丁．弗里德森於二〇一四年八月五日的《金融時報》表示，投資人很清楚，比起自己承擔的風險，報酬並不算理想。但並沒有其他的投資工具，能賺到投資人想要的報酬。

8 New York Post, 'Wall Street Journal, 22 August 2014', 26 April 2014. 這是歷史重演。在先前一九九〇年代與二〇〇〇年代的景氣循環，來自俄國的大量資金，造就了西方國家巨大的房地產榮景。

9 Partington, R. (2018), 'Home ownership among young adults has 'collapsed', study finds', 取自 www.theguardian.com/money/2018/feb/16/homeownership-among-young-adults-collapsed-institute-fiscal-studies. 亦見圖八，p.50.

10 年輕人很難購買人生第一間房子，是每一次景氣循環都會出現的景象。

11 Gaffney (2009)：隨著土地價格上漲，土地使用變得更為密集，亦即一塊土地上的建築量體增加，往往代表向上興建。這等於是將資本換成土地。（薪資較高，導致企業轉而投資資本設備，以資本取代勞力的時候，也會出現類似的過程）。

12 Wikipedia, '2015–2016 Chinese stock market turbulence', 取自 en.wikipedia.org/ wiki/2015–2016_Chinese_stock_market_turbulence#Stock_market_bubble; IndraStra Global (2017), 'Understanding the Causes of China's Stock Market Crash of 2015', 13 October, 取自 www.indrastra.com/2017/10/Understanding-Causes-of-China-s-Stock-Market-Crash-2015-003-10-2017-0016.html.

13 Yahoo Finance (2016), 'Peter Thiel: The vast majority of the capital I give companies is just going to landlords', 16 March, 取自 uk.finance.yahoo.com/news/peter-thiel-vast-majority-capital-give-companies-just-going-landlords-134709786.html.

14 Tooze (2021), p. 121.

15 依據短期與長期收益的走勢，定義為牛市或熊市的平坦收益曲線。然而放在十八年景氣循環來看，在景氣循環最初幾年的這個階段，收益曲線平坦通常是件好事，因為代表未來幾年成長強勁（亦見第六章註十二）。

16 在一九一一年、一九七四年開始的景氣循環，美國市場到了後半段才大漲。景氣循環後半段的牛市規模大得多（分別在一九二〇年代、一九八〇年代）。

17 見第十八章：隨著中國的經濟地位上升，未來會如何改變仍有待觀察。

18 詳見 www.thesecretwealthadvantage.com。

19 見《致富祕訣手冊》第六部分。

第四章

1 Saul, H. (2015), 'Courtney Love blasts Francois Hollande after her taxi is 'attacked' by anti- Uber protestors and driver 'held hostage' in Paris,' The Independent, 25 June, 取自 www.independent.co.uk/news/people/courtney-love-s-taxi-attacked-by-antiuber-protesters-and-driver-held-hostage-in-paris-10345040.html.

2 見第二章。

3 Christophers (2020).

4 Moraff, C. (2008), 'The Medallion Financial Story,' monitordaily, May/June, 取自 https://www.monitordaily.com/article-posts/medallion-financial-stor.

5 Salam, E. (2021), '"They stole from us": the New York taxi drivers mired in debt over medallions,' The Guardian, 2 October, 取自 www.theguardian.com/us-news/2021/oct/02/new-york-city-taxi-medallion-drivers-debt.

6 Chumley, C. (2013), 'Mayor Bloomberg to cabbie: "I'll destroy your [expletive] industry",' The Washington Times, 22 May, 取自 https://www.washingtontimes.com/news/2013/may/22/mayor-bloomberg-cabbie-ill-destroy-your-expletive-.

7 第八章會探討持有銀行執照的銀行的角色。缺乏競爭，往往也導致服務品質不如在適度競爭的市場經營的銀行。Pistor (2019) 認為，經濟租定律久而久之，能將幾乎所有東西，變成可收取租金的資產（她雖然沒有提到「租金」二字，但表達的就是這個意思）。

8 （目前有）四種平台，能交易勞力（例如 Fiverr）、資本（例如 Airbnb）、商品（例如亞馬遜），以及關注（例如 Google 與 Meta），見 Christophers (2020), pp. 186–188。

9 Standing (2019), p. 259; Christophers (2020), pp. 266–269. 網路效應就好比殖民強國因為新移民大量湧入其領土而受益。範圍經濟則是比較像殖民強國取得，或以武力占領新土地，尤其是能帶來新優勢，例如可航行的水道的新土地。

10 Christophers (2020), pp. 206–207.

11 他們也很擅長遊說政府、搶走競爭對手的生意、操作避稅（將獲利登記在低稅率的地區，利用稅制漏洞），以及鑽勞動法令的漏洞，藉此握有非數位零售業者所沒有的競爭優勢。此外，他們也將大部分的獲利，變為新型態的租金（例如投資金融服務與太空採礦）。這些都能維繫他們的優勢。

12 擷取這些資料，占為己有，等於為新加入市場的競爭對手，製造進入障礙。新加入市場的競爭對手無法觀察使用者的行為，因此也無法得知，哪些產品最符合使用者的需求。

13 Christophers (2020), p. 7：英國股市最大的三十家上市公司，都掌握一種或更多的經濟租：六家持有銀行執照、七家握有自然資源，十一家擁有智慧財產執照。另外還有兩家平台公司、三家公共服務承包商、三家基礎設施供應商，以及一家土地公司。

第五章

1 《地產大亨》的詳細起源，摘自 Pilon (2015)。

2 之所以詳細介紹《地產大亨》的規則，是因為這些規則，與接下來討論的當今經濟體系，以及我們無法察覺十八年景氣循環存在的原因有關。

3 亨利．喬治的生平，摘自 Barker (1991)。

4 如此一來，貨幣就不會成為土地市場投機炒作的工具。獲利與銀行放款也會再投入企業，以增加生產。地主也必須將土地用於有生產力的用途，而不是閒置。如此就會出現新企業、新就業機會，競爭將會更激烈，勞工的需求也會增加。

5 這是遊戲傳達的另一個道理。房屋的價值其實包含二部分。一部分是地租，反映房屋的地段價值。另一部分是房租，反映房屋的品質。現在的《地產大亨》將兩者合併，因此忽視了房地產的一個重要道理。說來諷刺，因為《地產大亨》要凸顯的主題，正是房地產投機。

6 書的全名：Progress and Poverty: An Inquiry into the Cause of Industrial Depressions and of Increase of Want with Increase of Wealth: The Remedy. 全書內容見 www.henrygeorge.org/pcontents.htm。

7 喬治在劍橋大學三一學院的一場茶會上，認識首相的女兒兼顧問瑪麗。瑪麗在之前的夏天讀過 Progress and Poverty，也與家人聊過這本書。她發現，雖然很多人覺得這本書是「當代最令人不快，最離經叛道的書」，但她讀完只覺得「深感敬佩」。見 Barker (1991), pp. 404–405。

8 邱吉爾之所以會在一九〇四年脫黨，加入自由黨，一來是因為這個問題，二來是因為自由黨提倡自由貿易。喬治也曾慷慨陳詞，撰文倡導自由貿易。

9 Hodgskin, T. (1832), 'The Natural and Artificial Right of Property Contrasted', 取自 oll.libertyfund.org/title/hodgskin-the-natural-and-artificial-right-of-property-contrasted.

10 他正是因為沒有攻擊企業主（資本主義者），又支持市場與企業，所以疏遠了那些在他的時代，提出相反理論的人：社會主義者與馬克思主義者。

11 正如普林斯頓大學史學家艾瑞克．古德曼（談到 Progress and Poverty 一書的影響力時）所言：「一九五二年的前幾年，我正在研究美國改革史。在研究過程中，我一再發現一項事實：許多截然不同的男性與女性，未來將引領二十世紀的美國投入十幾種人文活動的人，都曾撰文或口頭表示，他們是因為在成長過程中讀過 Progress and Poverty，思想才完全改變。從這個角度看，其他書籍的影響力遠遠不及」，取自 web.archive.org/web/20160513073711/http:/www.earthrights.net/wg/q-about-george.html。

12 Wikipedia, 'A Great Iniquity', 取自 en.wikisource.org/wiki/A_Great_Iniquity.

13 Miller (2000), pp. 377–379.

14 Gaffney (1994), pp. 50–53. Gaffney 提到一個諷刺之處，學術界認為喬治並非學者，也不了解經濟學，所以並不將他放在眼裡，但又極力主張喬治的觀念有誤。克拉克開門見山反對喬治的思想。在不到三十年的時間，他寫了至少二十四篇針對喬治的文章，也包括書籍。喬治在當時是知識份子的重點攻擊對象。喬治將李嘉圖的見解發揚光大，Patten 對此感到擔憂：「（喬治的支持者）最高興的，莫過於……運用眾所皆知的經濟理論……（因此）經濟學必須重塑」(Miller, 2000, p. 381)。其意圖昭然若揭。

15 其他經濟學家（例如後來成為美國經濟學學會主席、美國普查局局長的弗朗西斯．沃克）刻意抹滅土地與勞力之間的差異。例如他主張，地點的優劣不同，租金高低也不同，正如員工的能力不同，薪資高低也不同。薪資的高低，就是不同能力所得到的不同酬賞。既然土地與勞力也相似，那就不該受到差別待遇。他甚至發明了一個名詞：能力格外出眾的員工，會藉由更好的管理能力，收取「能力租」。他認為能力租就是人與人之間所得差異巨大的原因，彷彿能力高低是造成所得差異的唯一原因。

16 Harrison and Gaffney (1994), 尤其是 pp. 45ff.

17 Harrison and Gaffney (1994), p. 7. 亦見 Hudson et al. (1994), p. 7：「大學畢業生的人數創下新高，但社會科學課程的範圍卻縮小，演變成托斯丹．韋伯倫所說的，受過教育的人，無法看出我們的經濟根深蒂固的缺陷，專業經濟學家受到自身的訓練所限，更是無能。」

18 其實房屋本身在這段期間，也會因為建材自然耗損而貶值。

19 Ryan-Collins et al. (2017), p. 50.

20 環保人士擔心污染與氣候變遷，卻沒有提到是因為我們不知節制開發土地，才導致問題嚴重惡化。流行病學家擔心疾病擴散，卻不了解是經濟力量推動了不可永續的土地開發，才導致病毒擴散。

21 近代最好的例子，是湯瑪斯．皮凱提的 Capital in the Twenty-First Century。他在這本書以大量的資料集，分析十八世紀以來，歐美的財富與所得不平等現象。他最重要的發現，是一個經濟體的資本報酬，若是超過成長率，財富就會越來越集中。這本書是現代經濟學難得的佳作。後來是麻州理工研究生麥特．羅格利指出，財富的集中完全由房產（亦即土地）造成。皮凱提與喬治觀念相同，只是沒能表達清楚。

22 某些小國以及地方政府顯然是例外。喬治的解方在澳洲、加拿大、美國、丹麥的某些地方實施，也造就了香港、新加坡、台灣的經濟奇蹟。但卻無法在大英帝國的核心實行。因此，二十世紀的變革一路墮落，墜入共產極權主義的深淵。代價就是數千萬人，甚至數億人喪生。

23 Donovan (2019), p. 95. 第二套規則詳見 www.thesecretwealthadvantage.com。

24 Tideman, N. et al, 'An Open Letter to Mikhail Gorbachev', 取自

www.wealthandwant.com/docs/Tideman_et_al_Gorbachev.htm. 亦見 www.thesecretwealthadvantage.com.

25 見本書序言。哈里森重提霍伊特十八年土地循環的理論，並加以更新。

26 Belton (2020). 蘇聯瓦解之後，國家財富被竊取的規模曝光，葉爾欽政府卻少有作為，並不積極追查被竊取的國家財富流向何方。

27 Gustafson (1999), p. 183; Harrison (2008), pp. 25–26.

28 霍多爾科夫斯基在葉爾欽政府，短暫擔任過能源部副部長。所以他應該知道自己買的東西的真正價值，也能預料到日後的價值。

29 在一樁在電視上播出的難堪事件，霍多爾科夫斯基羞辱普丁。他後來遭到逮捕。他被指控藉由尤科斯石油公司，竊取俄國的自然資源。這項指控有幾分道理。他的所作所為雖說合法，但自然資源按理說應該是俄國人民共有的財富，因此他受到此等指控。

30 Belton (2020), p. 474. 俄國關係網與川普集團之間的關連的詳情，亦見 pp. 448ff。

第六章

1 展出的最大遊艇，是長達一百一十一公尺的龐然大物 Tis，奢華無比。十八位賓客可以在凡爾賽宮風格，以金色大理石妝點的遊艇內部盡情享受，在大型游泳池暢游，亦可一訪類似度假村的水療中心。這種遊艇是經濟租掌握在少數人手中的最佳寫照，尤其是許多經濟租，是由俄國寡頭把持。

2 Statista Research Department (2022), ‘Corporate profits in the United States from 2000 to 2021,’ Oct 11, 取自 www.statista.com/statistics/222130/annual-corporate-profits-in-the-us/#:~:text=The%20corporate%20profits%20are%20defined%20as%20the%20net,made%20 profits%20of%20around%202.25%20trillion%20U.S.%20dollars.

3 Routley, N. (2020), ‘Charting the Last 20 Years of Supertall Skyscrapers,’ Visual Capitalist, 13 June, 取自 www.visualcapitalist.com/charting-the-last-20-years-of-supertall-skyscrapers.

4 七大工業國組織（G7）成員國與澳洲當中，唯有義大利的平均房價，低於前一個景氣循環最高峰的水準。

5 Credit Suisse, ‘Global Wealth Report 2019,’ 取自 www.credit-suisse.com/media/assets/ corporate/docs/about-us/research/publications/csri-global-wealth-report-2016-en.pdf; ‘Global Wealth Report 2016’ 取自 www.credit-suisse.com/media/assets/corporate/docs/about-us/research/ publications/global-wealth-report-2019-en.pdf.

6 全球採購經理人指數（PMI）創下自二〇一六年低點以來的最低水準，上一次如此之低，是在景氣循環的開始期。全球經濟主要領導者，例如中國、日本、德國製造業採購經理人指數，下降至逼近五十，甚至五十以下，代表經濟緊縮。跡象非常明顯，但由於過去幾年的貨幣政策，以及量化寬鬆的規模，因此許多人認為，收益曲線也許已經不是可靠指標。

7 這與十二個月前的景象截然不同，完全相反（當時股市即將展開強勁的一年）。

8 Wang, L. and Hajric, V. (2020), 'Mom and Pop Are On Epic Stock Buying Spree With Free Trades,' Bloomberg, 21 February, 取自 www.bloomberg.com/news/articles/2020-02-21/free-stock-trades-are-stirring-an-epic-mom-and-pop-buying-frenzy?sref=xiYOZY7h. 每日交易量五個月來幾乎增加一倍。

9 七個最大、最富有的經濟體的股市，從一九五五年至今，跨越三個景氣循環的開始期至高峰期階段，在總共二十一次當中，只有四次沒能創下新高（超越前一次的高峰）。

10 這是一九五五年以來，七個最大、最富有經濟體的股市，跨越三個景氣循環，從低點至高點的平均漲幅。亦見第一章註釋二十四。

11 自一九七〇年以來，只有日本房地產市場歷經一九九〇年之後的崩跌，到了景氣循環中期的高峰期，平均價格並未創下新高。其他先進國家的房地產市場（美國、英國、德國、法國、加拿大，以及澳洲）到了景氣循環的高峰期，都達到或高於史上最高點。

12 長天期債券的收益，通常高於短天期債券。將短天期與長天期債券的收益繪製成圖表，通常會出現一條緩緩向上的曲線。投資人的投資回收期較長，因此會得到額外的收益作為補償。長天期債券的風險，也比短天期債券高，因為長天期債券的價格，對於利率變動較為敏感。能影響長天期債券收益的因素，是債券存續期間，短期利率的預期平均值。如果預期利率會調升，且維持在高檔，那債券存續期間拉長，平均值就會升高，債券的收益也會增加。這就代表收益曲線向上的斜率，會比平常更陡。如果預期利率會調降，那收益曲線的斜率，就會比平常更平緩。若是預期利率會大幅調降，收益曲線就會向下傾斜，也就是倒轉。收益曲線倒轉，就代表經濟即將放緩。見 Pepper (2006), pp. 46–47。

13 這本書的書名是 Dow 36,000，作者是 James Glassman 與 Kevin Hassett。

第七章

1 World Health Organisation (2020) 'Pneumonia of unknown cause – China,' 5 January. 取自 www.who.int/emergencies/disease-outbreak-news/item/2020-DON229.

2 道瓊工業指數在三月十六日，創下史上第三大跌幅，甚至比一九二九年的黑色星期一股災更嚴重。僅僅四天之前，也就是三月十二日，道瓊工業指數才剛下跌百分之十。當時的交易員是在家工作，使用的是不穩定的家用網路連線，因此恐慌更為嚴重。

3 很大一部分的賣壓，是來自海外，尤其是亞洲。因此美國聯準會向其他國家的央行，提供流動性換匯額度。其他國家得以將本國貨幣換成美元，就能滿足國內實體的美元需求。

4 Tooze (2021), p. 131; 亦見 Cassim, Z. et al, (2020) 'The $10 trillion rescue: How governments can deliver impact', McKinsey & Company, 5 June, 取自 www.mckinsey.com/industries/public-and-social-sector/our-insights/the-10-trillion-dollar-rescue-how-governments-can-deliver-impact。

5 見第一章，p.29。

6 見《致富祕訣手冊》第一部分，p.38。

7 NBER (2021), 'Business Cycle Dating Committee Announcement July 19, 2021', 取自 www.nber.org/news/business-cycle-dating-committee-announcement-july-19-2021。英國也一樣，歷經史上最嚴重衰退，又迎來二次世界大戰以來成長最強勁的一年，在當時是七大工業國組織的先進經濟體當中，成長最快的一個。Barnett, J. (2021), 'OECD: UK muscles out G7 to top economic growth rankings', cityam.com, 21 September, 取自 www.cityam.com/oecd-uk-muscles-out-g7-to-top-economic-growth-rankings/#:~:text=The%20UK%20economy%20will%20grow%20the%20fastest%20among,the%20highest%20rate%20of%20growth%20among%20the%20G7.

8 Tooze (2021), p. 12：指出，房地產很穩固，甚至可以說開始升值。他說，銀行的處境若是像二〇〇八年那樣慘澹，危機都會是難以承受的災難。但事實並非如此，銀行遠比當時穩固（之所以遠比當時穩固，是因為現在是景氣循環中期的衰退期，而不是景氣循環末期的崩跌期與救援期）。

9 Hanke, S. and Greenwood, J. (2021), 'Too Much Money Portends High Inflation', Cato Institute, 20 July, 取自 www.cato.org/commentary/too-much-money-portends-high-inflation.

10 Gascon, C. and Haas, J. (2020) 'The Impact of COVID-19 on the Residential Real Estate Market', Federal Reserve Bank of St. Louis, 06 October, 取自 www.stlouisfed.org/publications/regional-economist/fourth-quarter-2020/impact-covid-residential-real-estate-market。補助措施導致家庭儲蓄率大增，美國的家庭儲蓄率為百分之三十，為史上最高（歐洲也達到類似水準）。

11 買家不見得有能力分辨。一家中國小型企業的股價，曾經一度上漲百分之兩千五百，因為買家看見這家公司的股票代號ＺＯＯＭ，誤以為是另一家提供視訊會議設備的科技公司 Zoom（股票代號ＺＭ）。在另一起事件，一群散戶投資人（藉由 Reddit 之類的社群媒體平台）串連買進，導致 GameStop 公司股價大漲。這家公司業績不佳，也是紐約證券交易所最多人放空的股票之一。但一群熟悉科技的散戶投資人串連，大舉買進這家公司的股票，導致管理數十億美元資產的幾家大型避險基金，不得不買入先前放空的股票，損失慘重。這些散戶投資人的用意，是想扳倒這些避險基金。Finfeed. com (2020), 'How Robinhood and Coronavirus created a perfect storm for young new investors', 16 October, 取自 finfeed.com/features/how-robinhood-and-coronavirus-created-perfect- storm-young-new-investors; Ferguson, N. (2021), 'GameStop, Robinhood, Reddit and the Wind

Trade' Bloomberg, 7 February, 取自 www.bloomberg.com/opinion/articles/2021-02-07/niall-ferguson-gamestop-robinhood-reddit-and-the-wind-trade?sref=x.

12 科技公司認為自家服務的需求會一直成長，因此買進精華地段的商用不動產。隨著數位轉型的速度加快，在商業區以外的地方，倉儲與物流空間需求大增。

13 Larter, D. (2020), 'The US Navy returns to an increasingly militarized Arctic', defensenews. com, 12 May, 取自 www.defensenews.com/naval/2020/05/11/the-us-navy-returns-to-an-increasingly-militarized-arctic.

14 Miller (2000).

15 警方粗暴執法，若是發生在景氣循環關鍵時刻的衰退期，往往會引發此等抗議與暴動：亦見馬克．達根被槍殺，引發二〇一一年的倫敦暴動，以及羅德尼．金遭毆，掀起一九九二年的洛杉磯暴動。但這些都不是真正原因。

16 例如英國就避開了美國於二〇〇一年底陷入的衰退，亦即上一個景氣循環中期的衰退期。

17 無論是美國財政部長梅隆於一九二一年，帶領美國走出戰後與疫情時代的衰退，或是美國聯準會主席保羅．沃克於一九八一年對抗高通膨，或是九一一事件之後，葛林斯潘維持低利率，以及小布希實施減稅，總之在景氣循環的中期，一般認為政府採取的措施，足以解決當時的問題。

18 見《致富祕訣手冊》第一部分，p. 38.

19 隨著經濟確定復甦，股市預期企業獲利會上升，因此上漲。這種現象出現在（例如）一九二一年、一九六二年、一九八二年、二〇〇二年，亦即衰退期之後的景氣循環中期的低點。

20 Frick, W. (2019), 'How to Survive a Recession and Thrive Afterwards', Harvard Business Review, May–June, 取自 hbr.org/2019/05/how-to-survive-a-recession-and-thrive-afterward.

第八章

1 這個故事的詳細內容摘自 Martin (2014)。

2 Martin (2014)：「硬幣的價值主要視大小而定，但也取決於顆粒的細緻程度，以及石灰石的潔白程度。」

3 Hodgkinson (2008), p. 142.

4 即使在以物易物的制度，也是如此，因為一個人還沒拿到交換的物品，就會先交出自己的物品。在拿到交換的物品之前，等待的時間無論有多短暫，此人對交易的另一方都握有債權，直到拿到交換的物品。

5 這是貨幣的重要功能，是作為記帳的單位。記帳的方式是計算數量，通常是計算代幣的重量或數量。更有效率的作法，是在標準化的代幣刻上名稱。貨幣的另一項重要功能，是儲存價值，使用者可以等到以後，再進行想完成的交易（你可以選擇何時花費貨幣，購買你想要的東西）。為了發揮這些功能，貨幣必須便於攜帶（可以隨身攜帶）、可信（大家願意接受），也要耐久（不容易毀壞）。

6 George (2004), p. 229. 亦見 Martin (2014)：「貨幣是短暫的，是表面的。貨幣的本質，在於基本的信用計算與結算機制。」

7 但並不是所有的信用都是貨幣。在大多數的情況，貨幣是伴隨著信用的授予而來。見 Tippet (2012), p. 87.

8 Martin (2014).

9 一八六三年的《國家銀行法》，等於成立了一個聯邦（而不是各州）的銀行體系，從此各州或私營特許銀行不再發行紙幣。在當時，美國共有「一千六百家各州銀行，發行七千種正版紙幣……」(Hoyt, 1933, p. 76)。從此國家銀行體系就能發行紙幣。然而這些紙幣，也在一九三〇年代之後停用。

10 Ryan-Collins et al (2011), pp. 12ff. 一般人對銀行的印象，就是存款戶與貸款戶之間的管道，或是能將存款放大至數倍。會有這種觀念，大概是因為以前的金匠，會針對客戶交給他們保管的黃金，開立存放收據。這些金匠很快就發現，他們開出的收據，可以比他們實際保管的黃金還多 (pp. 38–40)。

11 同前註，p. 4。

12 Bank of England Quarterly Bulletin (2014), 'Money in the modern economy: an introduction,' 14 March.

13 從這個角度看，償還各種債務與貸款就等於是通貨緊縮，因為會摧毀貨幣。

14 Ryan-Collins et al (2011), pp. 77–80 詳細說明運作方式。在實際上，央行很少能過問銀行體系製造多少貨幣。

15 這是因為銀行會希望盡量放款，將獲利最大化。從銀行的角度看，央行必須規定銀行要保留的準備金的金額，以確保銀行不會過度放款。

16 Ryan-Collins et al (2011), pp. 84–88.

17 見第一章註六。

18 Werner (2020). 銀行統計學家以廣義貨幣，概括銀行創造的所有貨幣。

19 貨幣的發行量應該隨著生產與貿易量增加，而且應該一路增加到經濟體的生產量上限。隨著經濟擴張，所有的生產要素被用盡，亦即經濟體中的人們充分就業，企業的生產量也達到極限，那（一般而言）除了滿足營運資金需求之外，應該不需要額外放款。若是過度放款，銀行的貨幣就會導致通膨上升，因為銀行創造的貨幣，會追逐同樣多的商品與服務。這時就會創造出不健全的貨幣。

20 從銀行的角度看，承做不動產放款是非常合理的。銀行在放款之前必須估價，而估價是有成本的。從獲利能力的角度看，為了承做長期貸款，而付出一次估價成本，是值得的，尤其是放款有不動產作為擔保品，還能賺取好幾年的利息。銀行認為放款給企業的風險較高，而且存續時間較短，無論是先期的估價作業，還是貸款存續期間的監控作業，都遠比不動產放款複雜。此外，承做土地放款，與放款給企業購買生產所需的資本設備不同。資本會在生產過程中用盡，土地則是永久的。銀行可以針對一件不動產放款。等到貸款還清，銀行還能針對同一件不動產再度放款（通常不動產已增值）。銀行體系如此即可源源不絕，賺取豐厚獲利。

21 陰影區塊代表美國史上每次景氣循環最高峰的日期（見附錄一）。其他國家的比例也呈現類似模式，尤其是在二次世界大戰後的階段（詳見 www.thesecretwealthadvantage.com）。在每次景氣循環最高峰的那一年之前，比例都會上升，這是因為私人債務激增。比例在最高峰的高點過後繼續增加，則是因為GDP下降（以及債務積壓）。

22 Werner (2020), p. 112：銀行很想擴大放款，卻很難增加有生產力的放款，因為銀行無法強迫客戶借錢，而且放款的金額，取決於經濟體的基本面。「但銀行幾乎可以任意增加沒有生產力的放款。銀行只需要給予借債人一個賺取大量資本利得的願景。銀行要做到這一點，就要專攻抵押貸款。在抵押貸款，土地、股票之類的資產類別，成為一種配給與信用分配的工具。銀行提高貸款價值與土地估價的比例，就能吸引到更多自認能獲利的借債人。銀行提高擔保品的估價，擔保品的價格就會因此上漲，借債人就會得到資本利得，銀行的投資也能獲利。銀行與借債人都覺得，這種有利可圖的事情應該繼續做。消息一旦傳開，越來越多的個人與企業都想效法。」

23 銀行提供的基本服務就是流動性：不同的商品與服務的生產時程不同，因此貨幣或信用的需求與報酬也會不同。銀行可以在任何時候提供貨幣，滿足客戶的需求。各方對於貨幣的需求不能同時發生，否則整個體系無法運作。然而在每一次的房地產榮景期間，整個體系得到的流動性明顯減少，因為更多的銀行放款，流入流動性相對較低的房地產放款，而房地產放款的還款期很長。因此銀行更需要向貨幣市場取得短期融資。在實務上，若是人人同時向銀行提款，銀行將無法支應。問題在於在每一次景氣循環的末期，都會發生擠兌事件，因為存款戶擔憂銀行體系的穩固程度。在正常的時候，銀行可以以低廉的成本向彼此借款。但各銀行若基於某些原因，懷疑彼此的穩固程度，那市場一夕之間就會乾涸，銀行同業拆款利率就會升高。

24 Anderson (2008), pp. 228, 281–282, 317.

第九章

1 The Travels of Marco Polo, Book II, Chapter 18.

2 Werner (2020), pp. 53–55.

3 The Independent (2015), "'I am so sorry': Liam Byrne apologises for his infamous 'no money' letter", 10 May.

4 引自英國首相柴契爾夫人一九八三年十月於保守黨大會發表的演說。

5 在現代公共財政，支出通常包括直接提供服務、支付受益人，以及購買商品與服務。

6 各國的行政作業方式不同，但本質相同。稅收並不是公共財政的基礎。

7 Ryan-Collins et al (2011), Appendix 2, p. 153. 關於稅收與公共支出的流動，必須區分哪些是作為慣例的政府作業，哪些又是沒有稅收或支出就無法進行的政府作業。英國決定以稅收成立一檔基金，再從基金支出，就是一種慣例的政府作業。公共支出不需要融資，而是可以透過本章介紹的方式進行。

8 Tooze (2018), pp. 515–516.

9 Kelton (2020), pp. 32–35.

10 Graber (2014), pp. 49–50：一開始通常是各國政府需要提供食物與裝備給軍隊。

11 Kelton (2020), p. 117.

12 Bill Mitchell：「按照現在的政府作業，各國政府主動向私營債券市場發行債券，發行的規模與政府在每個階段的淨支出流量完全相同……」但現實情況是「法定貨幣制度之下的主權政府，不需要發行任何債券，而且可以在零公共債務的情況下，一直（就是永遠）處於財務赤字。」取自 billmitchell.org/blog/?p=34945。

13 戈德利以在一九七〇年代，屢次提出悲觀卻正確的警告而聞名。他曾預言，一九七〇年代初的經濟榮景，會在一九七三年結束，失業人口會在一九八〇年代初達到三百萬。他因為預言準確，而有「沼澤地的卡珊卓」的綽號。他就像古代的特洛伊的卡珊卓，悲觀的預言總是要等到成真之後，才會有人相信，卻是為時已晚。

14 Kelton (2020), pp. 104–105.

15 這應該是因應疫情的振興經濟方案，所造成的最大後果。振興經濟方案增加了儲蓄，在方案期間，以及方案過後，也增加了支出。但在此同時，經濟體卻因為供應鏈中斷，以及無數人選擇離開職場，導致供給嚴重吃緊。因此振興方案所造成的效應，就是新增的貨幣供給超出需求，引發通膨。

16 見第二章。

17 見第五章。這是一開始由公共支出創造的土地租金，不會被資本化為市價的唯一方法。經濟體需要的所有土地，都會引入市場，用於有生產力的用途。此外，經濟體對於政府干預的需求將大為減少，公共支出（創造貨幣）也會因此減少。政府唯一收取的稅金，會是政府先前投資所產生的租金，類似銀行預先放款給企業，以協助企業增加生產。

18 見《致富祕訣手冊》第一與第七部分。

第十章

1 History House, 'Who was the first British monarch to travel by rail?', 取自 historyhouse.co.uk/articles/monarch_travel_by_rail.html

2 Quinn and Turner (2020), p. 59.

3 Winton (2018), 'Railway Mania.' 取自 www.winton.com/longer-view/railway-mania

4 Dimsdale and Hotson (2014), p. 60. 這是股市預期企業獲利回升的一個例子。

5 之所以需要國會批准，是因為必須勸說沿線的地主賣出土地。

6 Quinn and Turner (2020), pp. 60–63. 鐵路網各線互相連結，增加了現有各線的價值，股價也因此上漲。

7 Quinn and Turner (2020), pp. 63–64. 有幾家期刊在後來的蕭條期間倒閉，顯然只是在榮景期間趁勢牟利。

8 Dimsdale and Hotson (2014), p. 65.

9 Harrison (2010), pp. 104–105.

10 Vague (2019), p. 131; Anderson (2008), p. 159 列舉了幾個例子。根據報導，在一八五〇年代中期登上最高峰的美國榮景期間，奧馬哈（當時是位於西部邊疆的鄉野小鎮，全憑鐵路才得以誕生）地段最佳的一條街上的土地，賣價高達五千美元。僅僅十二個月，就增值十倍。在下一個景氣循環，也就是一八七三年之前的十年，芝加哥整體的土地價值增加了五倍，市區邊緣也有不少土地增值十倍。

11 The Economist (2008), 'The Beauty of Bubbles,' 20 December.

12 Kindleberger and Aliber (2015), p. 69ff.「替代事件是一種外部事件或衝擊，會改變前景、預期、預期的獲利機會、行為……衝擊必須夠大，才能影響經濟前景。每一天的事件，或多或少都會改變前景，但很少事件重大到稱得上衝擊。」

13 其他例子包括：政治發展（光榮革命，一六八八年）、一種新的證券驚人的成功（一八一九年的霸菱銀行貸款，第一筆由一家英國銀行簽訂的重要外國貸款）、銀行與金融機構法令鬆綁、衍生性金融商品、共同基金，以及避險基金、不動產投資信託（ＲＥＩＴ）問世。

14 見第二章。

15 完工的建築物的市價，必須處於，或是升至，在扣除每平方英尺建造成本後，開發商先前投入的資本，還能有足夠報酬的水準。在景氣循環的前半段，許多外圍地區的房地產價格過低，吸引不了開發商。景氣循環的後半段則是不同，因為看好未來需求，外圍地區出現盛大榮景，往往是投機炒作的成分居多。

16 正如房地產經濟學家羅伊・文茲立克所言，商用不動產市場唯有歷經幾年的企業擴張後，才會出現供給短缺的現象。即使供給短缺，租賃條件也會導致商用不動產價值延遲上漲。等到與建築成本相比，商用不動產租金的淨收入顯得夠高，就代表正處於擴張階段。所以相較於景氣循環的前半段，商用不動產通常在景氣循環後半段表現較佳。

17 亦見第十二章。

18 Dalio (2020)：美國債務占ＧＤＰ的比例，在二〇〇〇年代的繁榮期，每年增加百分之十二・六。Vague (2019) 提出其他的例子（見 pp. 49, 68, 73, 165, 184–185）。接近二〇〇七年景氣循環的最高峰時，私人債務占ＧＤＰ比例的增幅，分別是百分之二十六（美國）、百分之三十四（英國）、百分之七十二（西班牙）。接近一九九〇年景氣循環的最高峰時，增幅分別是百分之二十一（美國）、百分之四十一（英國）、百分之三十八（日本）。

19 Wikipedia, 'United Kingdom parliamentary expenses scandal,' 取自 en.wikipedia.org/wiki/United_Kingdom_parliamentary_expenses_scandal. 許多國會議員不定期報銷位於倫敦的第二間房屋的支出。在房地產榮景期間，這些第二間房屋大幅增值。這些國會

議員能還清房貸、擴建、出租給租客，還能逃避資本利得稅。他們也利用資訊自由法規，免除公開揭露報銷內容的義務。見 Harrison (1983), p. 159, Wood (2006), pp. 54–55 列舉一九七〇年代、一九八〇年代日本榮景的例子。見 Anderson (2008) 列舉美國在其他景氣循環的例子，尤其是 pp. 76–77, 116–118, 164, 434ff。

20 不過證據並不明確，畢竟自由浮動匯率是個相對較新的產物。

21 見《致富祕訣手冊》第一部分第一點（c）。

22 見第九章：私營部門的獲利，會因為貿易順差和政府支出而增加，而且不會因為繳納稅金，或支付利息給外國放款方，而被抵銷。

23 亦見《致富祕訣手冊》第十一部分。

24 見《致富祕訣手冊》第二部分。會過度興建的，並不是只有公寓。土地規畫法令以及其他本地因素，也會影響興建數量。但在土地價格高的時候，例如在大城市，而且法令又許可的情況下，那在土地榮景期間，多戶公寓大樓就會大量興建。此外，因為土地價格較高，建築品質可能會低落（因為開發商必須想辦法獲利）。品質低落的建築，日後會引發問題。

25 見《致富祕訣手冊》第十一部分有關商品投資的其他建議。

第十一章

1 Makasheva, N. (1998), p. xxxii. 富農是擁有土地的農民階級。康德拉季耶夫被冠上「富農教授」的罪名，因此被定罪。他認同市場主導的工業化（列寧也認同），而不是像史達林那樣，認定政府應該完全掌控經濟。他在一九三〇年，被判處八年有期徒刑，最後六年是在蘇茲達爾度過。

2 Mason (2015), pp. 33–34. 我們接下來會發現，這正好是下一個長循環開始的時候。在一九八〇年代，長循環是投資業某些領域的熱門研究主題。在二〇〇八年全球金融危機之後，長循環研究再度盛行。

3 在每一次長循環開始之前，科技創新的過程，促使新科技在問世初期大為普及。Perez (2003) 將這種爆發，形容為「充滿活力的新科技、新產品、新產業強而有力，且引人矚目的匯聚，能掀起整個經濟結構的劇變，也能推動爆發式的長期發展。這是相互關連性極高的新科技的匯聚……能大幅提升幾乎所有經濟活動的潛在生產力……」(p. 8)。Perez 研究科技循環，以及科技發展的「入侵」，是深受熊彼得與康德拉季耶夫影響。

4 第十章介紹的英國鐵路狂熱，正好發生在長循環的開始期。後來在包括美國在內的其他國家上演的鐵路榮景，則是發生在同一個長循環的上升期。第五章告訴我們，亨利．喬治在一八六〇年代末，長循環的高峰期間，看見榮景對於土地價值的影響。

5 見第一章開頭威廉．江恩的言論。

6 見第二章與第四章。

7 見第二章。

8 但繁榮期在一九七〇年代結束，因為多國政府債務違約，或是在接下來一九八〇年代、一九九〇年代（長循環的下降期）農業蕭條期間，無力償債。

9 例如磁振造影掃描（MRI）與電腦斷層掃描（CAT）、電視衛星接收碟、煙霧偵測器、冷凍乾燥食品、無線工具，以及可攜式濾水器。

10 從太空的例子，可以看出衝突從地球一路延伸到太空。依據一九六七年《外太空條約》，太空是全人類的全球共有財與共同遺產。這項法令禁止各國占用太空，也等於禁止在太空擷取經濟租的行為。然而，我們卻看見越來越多私人企業爭奪太空資源，打算將太空的租金納入私人口袋。私人企業一旦占領太空資源，就有必要捍衛自身利益，甚至不惜動用軍事手段。

第十二章

1 日本在這方面，受到西方盟國大力協助。日圓以較低匯率，與至高無上的美元掛勾，三百六十日圓兌換一美元。而且日本的企業，能輕易將本國產品出口到巨大的美國市場。日本得到西方盟國的金援與技術轉移，藉此重建工業基礎，接連在各項產業打敗經濟競爭對手：首先是紡織業、再來是鋼鐵業、航運業、汽車業，最後是高端電子產品（亦見 Werner (2020), p. 90）。

2 這又回到第九章的主題，也就是外部部門的成長，被國內部門的成長取代。既然政府干預也將減少，那就必須增加銀行放款，以強化國內私營部門，才能維持成長。

3 Werner (2020), p. 95.

4 Vague (2020), p. 75.

5 Werner (2020), p. 107.

6 Werner (2020), pp. 110–112：日本在一九二七年銀行危機之後，大多數的借債人，必須以土地作為擔保品，才能順利貸款（只要有土地作為擔保品，銀行就不在意借債人貸款的用途）。日本財務省設置了放款上限，以防止過度放款。銀行人員確認公開發表的各區土地價格，又稱路線價，放款上限為土地價值的百分之七十。貸款人員預估現在估價的未來漲幅，藉此避開了放款上限的規定（見下方註九）。

7 Werner (2020), p. 107：企業的財務增強，得以在土地及股票市場進行投機。

8 雖說是依循西方資本主義路線，但日本經濟卻是獨具日本特色，是以十九世紀工業化日本盤根錯節的社會與階級結構為基礎。在銀行改革開始之前，在窗口指導的制度下，政府以最能刺激經濟成長的方式，分配放款。追求的目標是經濟成長，而非企業獲利。政府出手干預，將企業扶植成全球品牌。政府設置法令障礙、發放補貼，以及提供貸款，培植這些大企業，以及大企業組成的組織。

9 貸款人員計算下一年的預期價格漲幅（通常是將前一年的漲幅，當成下一年的漲幅），以規避貸款占價格比例上限的規定。如此一來，借債人通常能借到買價的全額。隨著泡沫越來越大，貸款人員有時還會以二年的價格漲幅，作為放款的依據。

10 其他過度放款的跡象：銀行也放款給黑幫（只是銀行人員有時必須冒著生命危險，要求黑幫還款）、銀行主管被要求達成極高的貸款成長業績目標，有人使用偽造的存款單申請貸款，以規避放款限制。

11 從本益比（P/E）可以看出，公司的股價是每股獲利的幾倍，據此研判公司股價有多昂貴。因此股價越高，本益比就越高。

12 Scheid, B. (2020), 'Key stock valuation ratio climbs above 1929 pre-crash level', S&P Global, 4 December, 取自 www.spglobal.com/marketintelligence/en/news-insights/latest-news-headlines/key-stock-valuation-ratio-climbs-above-1929-pre-crash-level-61586487.

13 Iwamoto, Y. (2006), Japan on the Upswing, Algora.

14 Werner (2020), p. 106.

15 Wood (2006), p. 129.

16 Vague (2019), p. 72; Werner (2020)：土地價格在一九八五至一九八九年間，上漲百分之二百四十五。

17 東京日本皇居土地的估價，比整個加州的土地還高。

18 The Pack Database, 'The Japanese Theme Park Bubble', 取自 www.theparkdb.com/blog/japanesethemeparkbubble.

19 Werner (2020), p. 99.

20 美國幾起著名的收購案，包括 Pebble Beach 高爾夫球場八億三千一百萬美元的收購案、三菱以十四億美元收購洛克斐勒中心，以及索尼以三十四億美元收購哥倫比亞影業。

21 其他表露對日本的崛起感到憂慮的電影，包括《銀翼殺手》與《旭日東昇》。

22 Alt (2020), pp. 159–160.

23 Yates, R. (1990), 'In Japan, golf is a pastime only for those with plenty of green', Chicago Tribune, 31 May, 取自 www.chicagotribune.com/news/ct-xpm-1990-05-31-9002140319-story.html.

24 梵谷的那幅作品是《嘉舍醫師的畫像》，創下藝術品成交價格最高紀錄，直到二〇〇四年才被超越。雷諾瓦的作品是《煎餅磨坊的舞會》。

25 da Costa, C. (2022), 'The Seagaia Ocean Dome Was The World's Largest Indoor Beach', Gadget Review, 27 June, 取自 www.gadgetreview.com/the-seagaia-ocean-dome-was-the-worlds-largest-indoor-beach.

26 Harrison (2010), p. 89.

27 見第八章。更多相關資料亦見 www.thesecretwealthadvantage.com。

28 所以即使銀行沒有違反法令，放款風險也越來越高，因為其所放款的建案的所在地的緣故。

29 Gaffney (2009), p. 32：「放款額度已滿的銀行，無論資產負債表有多健全，承做新貸款的速度，都不可能遠快於債務人償還舊貸款的速度。」

30 在海曼．明斯基所闡述的投機泡沫，融資就在此時轉為投機，與避險融資不同。投機性的融資，必須要等到資產往後（以相同或更高的價格）賣出之後，才能償還。因為資產的收益頂多只夠支付融資利息，不足以償還本金。

31 Hoyt (1933), p. 383：建築量急遽增加。在最景氣的幾年，建築量比最不景氣的時候高出五倍。

32 Hoyt (1933), pp. 385–386.

33 Gaffney (2009), pp. 34–37, 記錄完整的過程。土地價格過高（土地不是生產出來的，沒有生產成本，因此過高的估價也不會受到抑制），邊緣地區的土地因此進入市場，開發商轉向外圍地區發展，市區四處擴張。營建占用了稀有的資金，而市區四處擴張，也導致經濟體的效率下降，因為活動被分散到更大的範圍。邊緣地區的投資，降低了整個經濟體的投資報酬率。一個資本投資報酬率下降，效率低落的經濟體，很難承受危機的衝擊。

34 見 Gaffney (2009), p. 31. 逐漸成熟的土地過剩。

35 Gaffney (2009), p. 32：這樣的市場沒有平衡可言。價格若沒有繼續上漲，就必然下跌。諷刺的是，逼近景氣循環最高峰的時候，才會有知名評論者公開表示，世界已經進入新的平穩期，價格會永遠維持在高點。

36 Werner (2020), p. 106：「擁有土地的企業，在土地價格上漲時，公司的估價也會上升。」同樣的情況發生在二〇〇六年，持有大量房地產的大型美國企業（例如麥當勞），在股東的強力要求之下，管理階層將房地產售出後再回租，趁房地產市場景氣的時候獲利出場。

37 在一九二〇年代，投資股市的美國家庭增加了十倍。一九六〇年代則是共同基金數量大增。一九八〇年代是衍生性商品交易者。二〇〇〇年代則是ＥＴＦ。

38 經濟學家稱此為「財富通道效應」，也是各國政策制訂者及央行總裁密切注意股市表現的原因之一。股市若上漲，消費就會增加，帶動經濟成長。

39 摩天大樓是代表金融危機與嚴重衰退的最簡單，也是最可靠的指標。摩天大樓的經濟原理需要三樣東西：高昂的土地價格、很多（便宜的）貸款，以及依據樂觀的未來成長預測，所做出的宏大計畫。先前景氣循環的最高峰，都有摩天大樓作為代表，例如杜拜的哈里發塔（二〇一〇年）、倫敦的加拿大廣場一號（一九九一年）、芝加哥的西爾斯大廈（一九七四年），以及也許是最著名的，一九三一年紐約的帝國大廈。從興建時程來看，這些摩天大樓總是會在接下來的經濟蕭條期落成啟用，屋主很難找到租客，於是摩天大樓有一部分的空間，會閒置幾年。

40 更總括地說，這個時代的特色，是瘋狂投機的計畫。在哈里發塔興建期間，杜拜仿效喜凱亞度假村，計畫要興建一連串的人工島，每一座都有自己的微氣候。這個計畫開始得有點晚，幾年後，原本要用於興建人工島的海埔新生地仍未開發，漸漸沉回海中。

41 Vague (2020), Figure 1.3; 數據來自 www.bankingcrisis.org。

42 這種通膨的起因，與其他幾次的通膨不同，例如新冠疫情導致供應鏈中斷所造成的通膨，以及二〇二二年二月烏克蘭戰爭爆發，引發商品價格大漲，進而演變成通膨。

43 有關收益曲線倒轉，見第六章註十二。

44 例如芭黎絲・希爾頓與朋友們在二〇〇〇年代的壯舉，就吸引了不少目光。

45 Swarup (2014), pp. 113–115, 概略介紹許多行為偏誤，其中幾種經常出現在牛市末期。這幾種行為偏誤，包括認知失調、確認偏誤、享樂偏誤、控制的錯覺，以及過度自信。

46 見第十四章。

47 亦見《致富祕訣手冊》第十部分與第十四部分。

第十三章

1 "One of the most striking features of the economic landscape over the past twenty years or so has been a substantial decline in macroeconomic volatility." Bernanke, B. (2004), in 'Remarks by Governor Ben S. Bernanke,' The Federal Reserve Board, 20 February, 取自 www.federalreserve.gov/ boarddocs/ speeches/2004/20040220.

2 他非常善於把握時機，於二〇〇六年二月一日，將聯準會主席一職移交給繼任的班・柏南克，當時正值美國土地市場最高峰。他留下很大的遺產。葛林斯潘卸任後，當時的英國財政大臣戈登・布朗立刻任命他為「榮譽顧問」。這是莫大的殊榮。葛林斯潘也有所報答，盛讚布朗是「舉世無雙的經濟政策制訂者」。就是這位戈登・布朗曾經豪言宣稱，他也馴服了景氣循環。

3 Peris (2018), pp. 63–87. 這些包括葛拉漢與達德的《證券分析》（一九三四年）、凱因斯的 General Theory of Employment, Interest and Money（一九三六年），其中有一章探討資本市場，以及約翰・伯爾・威廉斯的 The Theory of Investment Value（一九三八年）。爾文・費雪的 Theory of Interest（一九三〇年）也是重要著作。

4 衡量國民所得的方法，是在這個時候問世。這項研究是由西門・庫茲涅茨領軍，最終發展出現在廣為應用的國內生產毛額（以及後來的國民生產毛額）。

5 馬可維茲曾表示，風險不應該只能以波動率衡量。他也提出其他衡量方式，卻並未普及。

6 貝他值代表一檔股票相對於市場基準的共變性，也就是一檔股票對於整體市場的敏感度。貝他值是任何一檔股票的重要資料點。貝他值低的股票，通常波動率比市場低，風險也比市場低。貝他值高的股票，則是風險較高。

7 做到充分分散投資，就代表在數學上而言，你的投資組合，並不會受到任何一檔股票特有的風險影響，只會擁有與整體市場相同的風險。

8 資本資產定價模型唯一需要的硬數據，是股票的貝他值，以及市場風險溢酬（市場風險超出無風險資產報酬率，亦即美國政府公債收益率的部分）。投資人若想要更高報酬，就會選擇對市場走勢更敏感（貝他值更高）的股票。敏感度越高，承擔更高風險的投資人，所能得到的預期報酬就越高。

9 Peris (2018), pp. 67–69.

10 Samuelson, P. (1965), 'Proof that Properly Anticipated Prices Fluctuate Randomly', Industrial Management Review, Vol. VI, Spring, pp. 41–50.

11 Wigglesworth (2021).

12 經濟學與金融學新興的一派，最近確實也強烈質疑這種假設，甚至主張人類向來是不理性的，而且這種不理性甚至到了可以預見的地步。這些模型久而久之發展得更為複雜，涵蓋更多因素、人類偏誤，以及市場摩擦。

13 這又稱為格羅斯曼－斯蒂格利茨悖論。其他的問題，包括「該如何衡量一家公司的風險」的相關假設。是否只有一種方式能衡量？一檔股票的價格每日的走勢或波動，是否是衡量風險的最佳指標？身為投資人，你並不會每天買進賣出。所以股價每日的走勢，對你來說其實不重要。

14 Sharpe, W. (1964), 'Capital Asset Prices: A Theory of Market Equilibrium under Conditions of Risk', The Journal of Finance, Vol. 19, Issue 3, pp. 425–442.

15 學術界對於避險基金業的績效，長期而言究竟是否優於市場（如果是，那是否純粹是因為投資貝他值更高的公司），起了激烈的爭論。法馬本人雖說認同市場價格的效率，卻也堅稱資本資產定價模型是錯誤的。他認為，投資人應該重視貝他值以外的因素，例如投資風格、獲利品質，以及公司規模。

16 Markowitz, H. (2005), 'Market Efficiency: A Theoretical Distinction and So What?', Financial Analysts Journal, Vol. 61, No. 5, pp. 17–30.

17 證券化產品的設計，內建了資本資產定價模型的假設：每個部分都含有分散投資的房地產投資組合，所以即使一位借債人債務違約，其他借債人也不會，如此即可維持租金流。每個部分都有損失保險，也是假設保險公司不會面臨所有部分突然同時債務違約的狀況。還有一項假設是這類證券的價格，確實能如實反映其所蘊含的風險等等。

18 「然而在我們看來，衍生性金融商品是金融大規模毀滅性武器，蘊含的危險現在尚未爆發，但一旦爆發，就有可能致命。」Buffett, W. (2002), in 'Berkshire Hathaway Inc. 2002 Annual Report', 取自 www.berkshirehathaway.com/2002ar/2002ar.pdf.

19 信用在土地市場累積，這種現象在歷史上屢次出現。葛林斯潘雖說相信市場，但卻將利率壓得太低，且維持太久，導致土地價格上漲，更多信用與資金流入土地市場。他還助長了一種觀念，很多人因為他干預金融市場，就認為資產價格若是暴跌，美國聯準會就會降息，向經濟體系注入大量流動性。這種想法進一步推升土地價格。

20 見本書前言。

21 市場要有自我調節的能力，就必須一直有能力順利適應新資訊。一旦一個地方過熱，定價機制就能予以改正。但若無法發現過熱，市場就無法順利適應新資訊，價格也就會進入迅速強化的回饋迴路，造成嚴重損失。

22 近來的學術研究證明，市場波動率若是長期低於平均值，幾年後就會引爆危機。因為投資人在低波動的期間會更具信心，也會建立風險更高，槓桿也更高的部位。平靜的日子一旦結束，投資部位所蘊含的風險與槓桿就會曝光。問題在於投資人為何會如此，風險與槓桿又是何時會曝光？解答問題的關鍵，在於了解十八年景氣循環，以及景氣循環與土地市場、信用市場的關連。

23 見 www.thesecretwealthadvantage.com 定期更新的景氣循環的進展資料。

24 見《致富祕訣手冊》第一部分「股市表現極好的年份」的定義。

25 見《致富祕訣手冊》第一、第三、第十、第十七部分。

第十四章

1 先前景氣循環的例子包括：美國經濟顧問委員會主席克里斯蒂娜．羅默表示：「過去二十五年來，始終維持低通膨，景氣循環也消失不見，最主要的原因，是實施了更理想的政策，尤其是美國聯準會的政策更為理想。」（二〇〇七年九月）英國財政大臣奈傑爾．勞森表示：「簡言之，這二年的成長是出乎意料地飛快，明年的成長，則是預計會回歸到較能持續的水準。」（一九八八年十一月）皮爾斯－箭頭汽車公司總裁麥倫．福布斯表示：「當前的繁榮會永遠持續，永不間斷。」（一九二八年一月）甚至早在一八二五年，英國首相班傑明．迪斯雷利就宣稱，人們卓越的知識，能防範繁榮轉向蕭條 (Anderson [2008], p. 228)。

2 Gaffney (2009), pp. 32–35.

3 Anderson (2008), p. 355.

4 Werner (2020), p. 114：「只要有新錢進入市場，資產價格就會持續上漲。信用帶動的資產泡沫之所以破裂，唯一的原因是貸款成長放緩。那時信用堆成的整座金字塔，必然會像紙牌疊成的屋子一樣崩塌。」

5 Gaffney (2009)：每次景氣循環，都有二個房地產高峰。住宅不動產興建放緩，但由於非住宅不動產興建支出激增，經濟變數看似穩定，因此掩蓋了住宅不動產興建放緩的事實 (p.8)。土地價格在衰退期的十二至三十六個月前，登上最高峰 (Anderson (2008), p. 355)。

6 他們並不知道土地循環的存在，也並未著重在土地市場，因此並不明白自己的行動會造成哪些後果，也不了解體系的主要風險在何處。從本書前言與第十三章所列舉的特瑞謝與葛林斯潘的言論即可得知，央行總裁欠缺在景氣循環的重要階段，妥善管理經濟的知識與工具。亦見 Anderson (2008), pp. 203, 269 引言。

7 類似事件的例子：一八五七年九月，一艘前往紐約的汽船沉沒，四百名乘客喪生，價值一百六十萬美元的未投保黃金也隨之沉沒。一九二五年的鐵路罷工，導致建材無法運往欣欣向榮的佛羅里達州房地產市場。一九二六年初，一艘船隻在邁阿密的海港翻覆，船上的建材也沉入大海，後續的補運也因此延遲。一九二六年九月，強烈颶風襲擊邁阿密。見 Anderson (2008) 以及重要論點：「這展現了群眾的心理。市場的走勢若是向上，人們通常不會在意壞消息。然而在市場下修期間，大家卻會全心關注壞消息，縱有一絲曙光，也會被忽視。在投機，尤其是土地價值的投機失控的時候，災難就變得至關重要 (p. 122)。

8 見《致富祕訣手冊》第十二部分。務必在景氣循環最高峰之前，賣出不動產相關類股，因為雖然大盤即將創下新高，這些股票卻開始下跌（這確實就是最高峰即將來臨的跡象之一）。尤其要注意美國股市的情況，因為景氣循環是由美國引領。

9 商用不動產登上最高峰的時間，會晚於住宅不動產，所以你處理商用不動產的時間，會稍微充裕一些。若能找到買家，要優先考慮迅速賣給資金充足的買家，而不是以最高價，賣給需要融資的買家。

10 見《致富祕訣手冊》第六部分第四點，第七部分第三點，以及第十二部分第五點。

第十五章

1 Tacitus, Annals, Book VI, 17. 我們從第八章得知，銀行體系的作用，是提供流動性，但不動產貸款是長期的。所以銀行需要貨幣市場提供的流動性，才能滿足存款戶以及短期融資的資金需求。

2 當時就像現在，在投機狂熱期間，銀行法令通常遭到忽視。各國政府是他們自己創造出的體系的一部分，而非高於體系之上，所以政府「管理」體系的種種作為，難免讓情況更糟。在景氣循環最高峰，政府往往會重新實施本該一直實施的法令，卻為時已晚。這通常會導致貨幣供給緊縮，而在景氣循環的這個階段，貨幣緊縮會促使市場下修，崩跌期開始。

3 Anderson (2008), p. 316：一七九二年與一八一九年的例子，當時的政府出手緊縮貸款供給。美國政府在一九八六年，推翻了一九八一年一項助長不動產過度興建的法令 (p. 286)。Kindleberger (2015), p. 126：日本銀行於一九九〇年，推出減緩不動產貸款成長的措施。

4 有些人即使知道房地產市場的問題，大概也想不到影響會有多廣泛。但是銀行以及許多借債人，確實是過度擴張。

5 Lightner (1922), p. 20：「亞歷山卓的大企業 Seuthes & Son 面臨困境，因為三艘滿載香料的船隻，在紅海因暴風雨而沉沒。」他也提到其他陷入困境的企業：「位於泰爾的大企業 Malchus & Co，在安條克與以弗所都設有分號，卻突然破產，因為腓尼基工人罷工，還有一位自由民經理侵占公司的財物。」Kindleberger (2015), p. 124 提到其他例子。這些例子往往與天氣有關：見第十四章註七。

6 Vague (2020). 亦見 Anderson (2008), p. 317：「放款機構根本不在乎土地價格有多高。他們就只是放款，再將放款證券化，推向市場。逐漸升高的利率，會在某個時候找出這個鏈條中脆弱的環節。利率……遲早會調升，導致土地價格下降，因此脆弱的環節可能明顯，也可能不明顯。不過內部人士會知道，所以如果有相關圖表可參考，還是要盡量參考。可以從相關的股市指數開始，再參考各銀行、融資公司，以及抵押貸款經紀商的圖表。」

7 Calverley (2009), pp. 136–137：行為經濟學家借用了物理學的概念：臨界態理論。在景氣循環最高峰，一切都過度擴張，各市場已經達到「臨界態」，不需要很重大的觸發事件，也能引爆崩跌期。很難事先預料究竟是怎樣的小型事件，會導致泡沫破裂，通常是微不足道，看似與體系的風險所在地完全無關的事件。了解房地產循環的好處，在於可以掌握土地市場最大的風險究竟在何處，也能得知這些觸發事件，通常發生在前一個景氣循環的最高峰與崩跌期大約二十年後。

8 Anderson (2008), p. 355. Kindleberger (2015), p. 124 探討人們賣出的近因（而非遠因，也就是較為根本但沒那麼直接的原因）。人們會因為遠因，扭轉對於未來成長的預期。大型投資人賣出，價格開始下跌。最重要的遠因，是土地市場投機。

9 Lightner (1922), pp. 21–22：銀行是 Maximus & Vibo 以及 Pittius & Pittius。交易問題源自奢侈品（象牙與鴕鳥羽毛）價值下跌，以及載有昂貴貨物的三艘船隻滅失。聖道位於羅馬的中心，是羅馬帝國的金融中心。

10 Wessel (2009), pp. 100–101. 八月九日，法國巴黎銀行暫停三檔投資美國次級房貸的基金的提領作業。「銀行表示，『美國證券化市場的某些區塊，流動性完全消失』，因此無法計算基金持有資產的價值。二〇〇七年的這項消息，讓投資人深感不安，一如一九〇七年，有家銀行關上大門，說金庫已經沒有現金，存款戶也頗為恐慌。外傳其他銀行也是缺乏現金。擁有現金的銀行，則是極為節約，甚至不肯借給同業，因為沒有把握能收回。」

11 Calverley (2009)：投資銀行必須用二個月的時間計算基金價值，主要是因為債務擔保證券（CDO）市場已經停擺，沒有價格可供參考。他們於二〇〇七年七月公布價值，揭露超過百分之九十的虧損，市場大為震驚，於是這類資產全都開始重新估價。

12 善於操作媒體的年輕大師，曾在景氣循環最高峰公開宣稱，榮景永遠不會結束，如今卻陷入恐慌。他那群容易受騙的信徒，也跟他一起恐慌。在現在的景氣循環，恐慌會藉著社群媒體四處流竄。

13 Werner (2020), p. 114：「然後整個信用金字塔必將崩塌……資產價格會下跌，許多投機者會因此面臨嚴重危機，因為資產價格必須上漲，他們才有能力支付貸款利息，更何況還要償還貸款。於是他們不得不賣出資產。更多投機者賣出，資產價格就會下跌。更多投機借貸計畫曝光。許多投機者無力償債，只能破產，導致銀行承擔巨額呆帳。總的來說，要估計問題的最終規模很容易，因為泡沫一旦破裂，所有的投機放款，一定都會變成壞帳。」

14 Hodgkinson (2008), p. 317：「因此，企業因為業績下滑，而淪落至邊緣地位，又因為經濟衰退而遭受重創。在集約邊際與擴展邊際，企業再也無力支付一般水準的薪資。失業率上升，不過就業人口的處境並沒有嚴重惡化。因此景氣循環對於所有人的影響，不只是產出與所得的微幅調整，也包括創業與就業的重大調整。」亦見 p. 319：土地價格上漲會吸引投機性質的資金，導致土地價格進一步上漲。投資人可能會賣出股票與債券，將賣得的資金投入土地市場。企業會短期貸款，以滿足現金流需求，但這個過程無法維持太久。「某些企業的獲利遲早會崩跌。接著信用緊縮開始。銀行收回先前的放款。企業提供的交易信用減少。企業倒閉，很快引發中間產品與勞力的需求減少。大家都很熟悉衰退的過程。但導致衰退加劇的土地價格走勢，則是鮮為人知，很少人熟悉。」

15 Reinhart and Rogoff (2009), 圖 14.4, p. 230.

16 Reinhart and Rogoff (2009) 分析全面性銀行危機，發現平均而言，危機會導致股市實質下跌超過百分之五十五，且持續三、四年。

17 Reinhart and Rogoff (2009), 圖 14.2, pp. 226–227。數據取自總共二十一起重大全面性銀行危機。雖然並不包含每一次房地產下修期的數據，但引用的每一個例子，都發生在房地產循環的下修期。他們在 pp. 160–161（依據稍微大一些的資料集）指出，新興經濟體與先進經濟體的衰退幅度，並沒有明顯差異。

18 見《致富祕訣手冊》第十二與第十四部分，了解該完成的重要準備工作。

19 亦見《致富祕訣手冊》第一與第十七部分。這個現象會發生在景氣循環崩跌期、救援期，以及開始期的尾聲。

第十六章

1 見 Fisher (2009), Kindleberger and Aliber (2015), 第七章，p. 143ff, Anderson (2009), 尤其是 pp. 387–440.

2 並非每個案例都違反所有規則，但大多數的案例，都違反決策者保管的規則。所以要釐清這一點。就算投資不賺錢，萬一出了問題，至少你有機會拿回一部分的錢。

3 這類詐騙有些是「誠實」的，意思是騙子可能真心相信，至少一開始相信，自己能達成先前承諾的卓越績效。他們只是缺乏管理風險的能力。為了維護自己的臉面，也為了騙局能繼續進行，他們偽造對帳單，用新資金付給舊客戶。每逢景氣循環的土地榮景期與狂熱期，也會出現想詐取你的錢的騙子。難免有人會對你使出這種詐術。

4 股票、債券、房地產的長期報酬數據，見：pages.stern.nyu.edu/~adamodar/New_Home_Page/datafile/histretSP.html。

5 很多事情都有原因，例如川普房子的內部為何滿是黃金和枝形吊燈、俗豔的用品，散發鋪張浪費的氣味。還有華倫・巴菲特為何即使到現在，仍然使用普通的辦公室、開著普通的汽車，住在普通大小的房子裡。這二位其中一位幾十年來一直是極為成功的投資人。另一位每逢房地產循環崩跌期，必然遭殃。

6 Galbraith (2009), pp. 132–133：「在各式各樣的竊盜當中，唯獨侵占是有時間參數的。從犯下罪行，到罪行曝光，中間可能相隔數週、數月，或數年。（順便說一句，奇怪的是在這段時間，無論是侵占者還是被侵占者，都未感覺到損失。心靈財富呈現淨增長。）」

7 常見的伎倆是要求你先預付一筆費用，才能得到金額遠高於費用的報酬。例如先給你看帳面獲利，接著再要求你支付獲利的某個比例的佣金（或稅金），而且不知為何，這筆費用還不能直接從獲利扣除。而且在你投資之前，很少會有人先說明這一點。

第十七章

1 在一九六〇年代末，要拿到銀行貸款並不容易，這是不動產投資信託廣受歡迎的原因之一，因為一開始是作為房地產交易的融資工具。然而在一九七〇年代初，信用限制有所放鬆，商業銀行大舉承做房地產貸款。這也證明了即使銀行受到限制，投資人也會另循管道，將資金推向房地產市場。

2 Harrison (1983); Werner (2020), p. 92. 在一九七一年的「尼克森衝擊」，也就是美國總統尼克森中斷美元與黃金的兌換之後，日本銀行推出振興經濟措施。其實沒有必要推出，當時的經濟正在全速前進。一如往常，政府政策點燃了景氣循環的狂熱期。在政策支持之下，銀行放款直接流入土地：當時的日本政府，提出「列島改造論」。

3 Harrison (1983), pp. 97, 131.

4 見《致富祕訣手冊》第一部分第一點。我們現在知道，在景氣循環的低點，整個體系一旦認為房地產市場的問題不會再惡化，就很容易出現這種現象。Fridson (1998), pp. 174-187。

5 Harrison (1983), p. 246.

6 見第一章。

7 Kindleberger and Aliber (2015), p. 239 –「法令規章多到足以填滿一本小型電話簿，包括資本適足率、法定準備金、流動性規定、分散投資規定、任何一名借債人貸款上限、內部人員貸款限制，以及高風險證券交易限制。銀行的存款利率，也必須遵守限制或上限。銀行一度不得將業務擴張到本地市場之外。不過這些限制如今多半已廢除。此外，美國以及其他許多國家的銀行申報的資產與負債數字，也受到查核，以確認為真。每一次的危機，都會衍生出一些新法令。」

8 Ibid. pp. 236–237. 羅素．納皮爾指出，投資人確實相信政府會出手救市。救市終究是政治決策，因為危機影響範圍極廣，政府必須干預，以免被陷入經濟困境，怒火中燒的人民推翻。

9 十九世紀的一個例子，是以低面額貨幣（例如六便士硬幣）付給提領存款的存款戶，要很久才能計算完畢。或是營造買氣熱絡的假象，降低排隊等著提款的人群的恐慌感。

10 一九九〇年代的日本，以及二〇一〇年代的歐元區，是處理銀行體系呆帳問題效率低落的最明顯例子，所以這兩個地方的經濟，復甦速度遠比其他地方慢。

11 但在景氣循環的這個階段，不發放股利其實是代表股市低點已過 (Anderson, 2008, p. 300)。

12 見《致富祕訣手冊》第十二與第十四部分。

13 見 Campbell (2010), p. 48 所介紹的房地產重要時機信號。

第十八章

1 這句名言譯成英文的意思是「世事越不同，就會越相同」。

2 看看負債累累的房地產開發商，在二〇二一年、二〇二二年償還海外貸款（或是申請貸款展期）有多困難就知道了。

3 Vague (2020), pp. 190–191.

4 美國近來針對俄國的美元儲備實施制裁，足以證明這項觀點正確。如果美國政府能奪走其他國家的美元儲備，那各國央行又何必持有美元儲備？

5 The Atlantic, 'A Mapped History of Taking a Train Across the United States,' 21 February 2013.

6 見圖 7, p. 50。

7 IMF Working Paper (WP/18/250), 'House Price Synchronicity, Banking Integration and Global Financial Conditions'：經驗研究發現，「寬鬆的金融環境所造就的充足流動性，與各國、各城市的房價同步性之間，呈現正相關……（這也代表）外部衝擊更能深入國內經濟……（而且這種）正相關，在全球金融危機爆發之前更為強烈」(p. 26)。再參照我們對於房地產循環的所知，就會發現在土地榮景期間，大多數國家的房價會同步上漲。

8 見第二章、第四章、第十一章。

9 見第五章所介紹的經濟學的腐敗，以及第十三章，以了解你的理財顧問，為何也無法提供可靠的理財建議。

10 見第八章介紹私營銀行如何創造貨幣。第九章說明政府如何創造貨幣。有關拯救經濟的成本，詳見第一章與第十七章。

中英名詞對照表

人物

三至五畫

大衛・李嘉圖 David Ricardo
大衛・勞合喬治 David Lloyd George
尤金・法馬 Eugene Fama
戈登・布朗 Gordon Brown
比薩的魯斯蒂謙 Rustichello da Pisa
卡內基 Carnegie
卡塔琳娜・皮斯托 Katharina Pistor
卡爾・馬克思 Karl Marx
史考特・尼爾林 Scott Nearing
史林 Slim
史帝夫・班儂 Steve Bannon
史崔斯伯格 Strousberg
史提夫・賈伯斯 Steve Jobs
尼古拉・德米特里耶維奇・康德拉季耶夫 N. D. Kondratiev
布蘭森 Branson
弗拉迪米爾・普丁 Vladimir Putin
弗朗西斯・沃克 Francis Walker
弗雷德・哈里森 Fred Harrison

六至十畫

伊瓦爾・克羅格 Ivar Kreuger
伊莉莎白・瑪吉 Elizabeth Magie
吉恩・弗里德曼 Gene Freidman
安東・墨菲 Antoin Murphy
托斯丹・韋伯倫 Thorstein Veblen
托爾斯泰 Tolstoy
朱利安・亞桑傑 Julian Assange
米哈伊爾・霍多爾科夫斯基 Mikhail Khodorkovsky
米塔爾 Mittal
米蓋爾・戈巴契夫 Mikhail Gorbachev
艾莉森・辛斯頓・奎金 A. H. Quiggin
艾瑞克・古德曼 Eric F. Goldman
艾德溫・賽里格曼 E. R. A. Seligman

西門・庫茲涅茨 Simon Kuznets
亨利・喬治 Henry George
亨利・福特 Henry Ford
伯尼・馬多夫 Bernie Madoff
克里斯蒂娜・羅默 Christina Romer
克倫斯基 Kerensky
克萊德・普雷斯托維茨 Clyde Prestowitz
貝佐斯 Bezos
亞倫・葛林斯潘 Alan Greenspan
奈傑爾・勞森 Nigel Lawson
尚—克勞德・特瑞謝 Jean-Claude Trichet
彼得・泰爾 Peter Thiel
法蘭科・莫迪利安尼 Franco Modigliani
芭黎絲・希爾頓 Paris Hilton
阿道夫・希特勒 Adolf Hitler
阿爾馮斯・卡爾 Jean-Baptiste Alphonse Karr
保羅・沃克 Paul Volcker
保羅・萊恩 Paul Ryan
保羅・薩繆森 Paul Samuelson

哈利法・本・扎耶德・阿勒納哈揚 Khalifa bin Zayed Al Nahyan
哈利・馬可維茲 Harry Markowitz
哈爾福德・約翰・麥金德爵士 Sir Halford John Mackinder
哈德森 Hudson
威廉・江恩 W. D. Gann
威廉・夏普 William Sharpe
威廉・格萊斯頓 William Gladstone
威廉・華茲渥斯 William Wordsworth
威廉・維克里 William Vickrey
威爾遜 Wilson
查爾斯・達洛 Charles Darrow
祖克柏 Zuckerberg
柯立芝 Coolidge
洛克斐勒 Rockefeller
珍奈特・葉倫 Janet Yellen
約瑟夫・華頓 Joseph Wharton
約瑟夫・熊彼得 Joseph Schumpeter

約翰・皮爾龐特・摩根 John Pierpont Morgan
約翰・伯爾・威廉斯 John Burr Williams
約翰・伯德 John Bird
約翰・杜威 John Dewey
約翰・貝茨・克拉克 J. B. Clark
約翰・肯尼斯・高伯瑞 J. K. Galbraith
約翰・梅納德・凱因斯 John Maynard Keynes
約翰・戴維森・洛克斐勒 John Davison Rockefeller
約翰・寶森 John Paulson
范德堡 Vanderbilt
韋恩・戈德利 Wynne Godley
韋斯利・米切爾 Wesley Mitchell
修昔底德 Thucydides
唐納・川普 Donald Trump
唐・萊利 Don Riley
埃茲拉・康乃爾 Ezra Cornell
庫克 Cooke
柴契爾夫人 Margaret Thatcher
海崔 Hatry
海曼・明斯基 Hyman Minsky
班克斯 Banksy
班・柏南克 Ben Bernanke
班傑明・迪斯雷利 Benjamin Disraeli
班傑明・葛拉漢 Ben Graham
馬丁・弗里德森 Martin Fridson
馬丁・惠特利 Martin Wheatley
馬克・吐溫 Mark Twain
馬克・達根 Mark Duggan
馬特・漢尼塞斯 Matt Hanycez
馬蒂・麥佛萊 Marty McFly

十一畫以上

寇特妮・洛芙 Courtney Love
寇特・柯本 Kurt Cobain
梅隆 Mellon
莫斐斯 Morpheus
莫斯坦 Murstein
連姆・伯恩 Liam Byrne

陶德 Todds
麥可・路易士 Michael Lewis
麥克・彭博 Michael Bloomberg
麥倫・福布斯 Myron Forbes
麥特・羅格利 Matt Rognlie
傑洛姆・鮑爾 Jerome Powell
勞勃・梭羅 Robert Solow
喬治・佛洛伊德 George Floyd
喬治・索羅斯 George Soros
喬治・麥可 George Michael
提比略皇帝 Tiberius
湯瑪斯・皮凱提 Thomas Piketty
湯瑪斯・傑弗遜 Thomas Jefferson
舒馬赫 E. F. Schumacher
華倫・巴菲特 Warren Buffet
塔西佗 Tacitus
塞揚努斯 Sejanus
瑞・達利歐 Ray Dalio
詹姆士・托賓 James Tobin

路易斯・加里卡諾 Luis Garicano
達德 Dodd
雷金納德・麥克納 Reginald McKenna
爾文・費雪 Irving Fisher
赫伯特・胡佛 Herbert Hoover
歐蘭德 François Hollande
魯里埃爾・魯比尼 Nouriel Roubini
諾曼・拉蒙特 Norman Lamont
霍默・霍伊特 Homer Hoyt
鮑利斯・葉爾欽 Boris Yeltsin
彌爾頓・傅利曼 Milton Friedman
邁達斯國王 King Midas
羅伊・文茲立克 Roy Wenzlick
羅伯特・布朗 Robert Brown
羅素・納皮爾 Russell Napier
羅德尼・金 Rodney King
蘭斯當侯爵 Lord Lansdowne

地點

大中央車站　Grand Central Station
公園大道　Park Avenue
太陽門廣場　Puerta del Sol
以弗所　Ephesus
加拿大塘站　Canada Water
加拿大廣場1號　One Canada Square
史特拉福　Stratford
司徒加特　Stuttgart
布里奇漢普頓　Bridgehampton
白金漢郡　Buckinghamshire
安條克　Antioch
朱比利線　Jubilee Line
米德爾塞克斯郡　Middlesex
西塞羅大道　Cicero Avenue
西爾斯大廈　Sears Tower
伯蒙德賽站　Bermondsey
貝克街　Baker Street
亞歷山卓　Alexandria
帕丁頓　Paddington
拉達克　Ladakh
金絲雀碼頭　Canary Wharf
阿布達比　Abu Dhabi
南華克站　Southwark
科隆　Cologne
埃克森大廈　Exxon Building
泰爾　Tyre
高盧省　Gaul
密克羅尼西亞聯邦　Federated States of Micronesia
斯勞　Slough
雅浦島　Yap
奧馬哈　Omaha
會展之塔　MesseTurm
滑鐵盧站　Waterloo Station
聖道　Via Sacra
綠園　Green Park
赫特福德郡　Hertfordshire
熨斗大廈　Flatiron Building

熱那亞　Genoa
憲法廣場　Syntagma Square
諾夫哥羅德　Novgorod
默茲河　Maas
龐德街　Bond Street
蘇茲達爾　Suzdal

其他

三至五畫

《土地的力量》　The Power in the Land
《土地條款合併法》　*Land Clauses Consolidation Act*
《大賣空：祕密布局，等待時機》　*The Big Short*
《小即是美》　*Small is Beautiful*
不動產投資信託　real estate investment trust
《六十分鐘》　*60 Minutes*
天秤幣　Libra
尤科斯　Yukos
巴塞爾資本協定　Basel I
巴塞爾銀行監理委員會　Basel Committee on Banking Supervision
日本銀行　Bank of Japan
日產汽車　Nissan
日經高爾夫指數　Nikkei Golf Index
火焰河號　Phlegethon
世界通訊　WorldCom
北岩銀行　Northern Rock
卡德威爾　Caldwell
《外太空條約》　Outer Space Treaty
外交經濟關係委員會　Council of Foreign Economic Relations
布列頓森林制度　Bretton Woods system
布朗運動　Brownian motion
平台資本主義　platform capitalism
本益比　P/E ratio
皮爾斯—箭頭汽車公司　Pierce-Arrow Motor Car Company

六至十畫

「全球房地產研究」 *Global Housing Watch*
《回到未來二》 *Back to the Future II*
《地產大亨》 *Monopoly*
《多德—弗蘭克法案》 *Dodd-Frank Act*
安全邊際 margin of safety
安達信會計師事務所 Arthur Andersen
《旭日東昇》 *Rising Sun*
《百萬》 *Il Milione*
自然資產公司 natural assets companies
自然獨占 natural monopolies
《伯羅奔尼撒戰爭史》 *History of the Peloponnesian War*
但尼爾圖爾格羅斯 dernier tournois
吸收定律 law of absorption
形勢研究所 Institute of Conjuncture
投資信託 investment trust
沃爾格林聯合博姿 Walgreens Boots Alliance
貝他值 beta
貝爾斯登 Bear Stearns
《垃圾桶中的愛》 *Love is in the Bin*
孟買敏感指數 Indian Sensex
帕克兄弟 Parker Brothers
法國巴黎銀行 BNP Paribas
狗狗幣 Dogecoin
《股票作手回憶錄》 *Reminiscences of a Stock Operator*
《芝加哥土地價值百年史》 *One Hundred Years of Land Values in Chicago*
近地經濟 near-Earth economy
金本位制 gold standard
《金融與發展》 *Finance & Development*
《非理性效應：投資的失敗，來自你的本能》 *The Behavioral Investor*
查爾斯頓舞 Charleston
科爾伯格—克拉維斯—羅伯茨 Kohlberg Kravis Roberts
美能達 Minolta

《美國復甦與再投資法》 American Recovery and Reinvestment Act
美國普查局 United States Census
美國經濟顧問委員會 US Council of Economic Advisers
美國銀行 Bank of United States
美國聯邦準備系統 Federal Reserve
英國金融行為監管局 Financial Conduct Authority
英國國家學術院 British Academy
飛來波女郎 flapper
倫敦政經學院 London School of Economics
倫敦銀行同業拆放利率 London Interbank Offered Rate
恩隆 Enron
《拿著菸斗的男孩》 *Garçon à la Pipe*
效率市場假說 efficient market hypothesis
格拉斯—斯蒂格爾法案 Glass-Steagall Act
格林西爾資本 Greensill
格羅斯曼－斯蒂格利茨悖論 Grossman-Stiglitz paradox
《氣球女孩》 *GIRL WITH BALLOON*
納斯達克 Nasdaq
《財富背後的法律密碼：法律如何創造財富與不平等》 *The Code of Capital*
《馬可波羅遊記》 *The Travels of Marco Polo*

十一畫以上

國家杜馬 Duma
《國會法》 *Parliament Act*
國際氣候基金 International Climate Fund
現代投資組合理論 modern portfolio theory
部分準備銀行制度 fractional reserve banking
野村集團 Nomura
《凱撒》 *Julius Caesar*
喜凱亞 Seagaia Ocean Dome
《富比士》 *Forbes*
富農黨 kulak party
無刺蝠鱝 manta ray

稅制改革法 Tax Reform Act
《華爾街四十五年》 *45 Years in Wall Street*
《華爾街改革和消費者保護法案》 Wall Street Reform and Consumer Protection Act
《超人》 *Superman*
超脫樂團 Nirvana
量化寬鬆 quantitative easing
集約邊際 intensive margin
滙豐 HSBC
新政 New Deal
《新聞週刊》 *Newsweek*
《煎餅磨坊的舞會》 *Bal du Moulin de la Galette*
經濟政策小組 Economics Policy Group
經濟租定律 Law of Economic Rent
經濟學研究所 Institute of Economics
資本資產定價模型 Capital Asset Pricing Model
道瓊工業平均指數 Dow Jones Industrial Average
雷曼兄弟 Lehman Brothers
《嘉舍醫師的畫像》 *Portrait du Dr Gachet*

赫斯塔特銀行 Bankhaus Herstatt
《銀行改革法》 Banking Reform Act
《銀行特許狀法》 Bank Charter Act
銀行間市場 interbank market
《銀翼殺手》 *Bladerunner*
價格發現 price discovery
廣場協議 Plaza Accord
標準普爾五百指數 S&P 500
歐洲中央銀行 European Central Bank
橋水基金 Bridgewater
《駭客任務》 *The Matrix*
鍍金時代 Gilded Age
擴展邊際 extensive margin
轉手公司 pass-through companies
《證券分析》 *Security Analysis*
《鐵路法》 Railway Act
贖罪日戰爭 Yom Kippur War

The Secret Wealth Advantage: How you can profit from the economy's hidden cycle
by Akhil Patel

Originally published in the UK by Harriman House Ltd. in 2023, www.harriman-house.com.
This edition arranged with Harriman House Ltd., through The Artemis Agency.

全球經濟 18 年大循環

順著景氣循環四大階段，投資獲利和避開風險

作者　阿基爾・帕特爾（Akhil Patel）
譯者　龐元媛
主編　劉偉嘉
校對　魏秋綢
排版　謝宜欣
封面　萬勝安
出版　真文化／遠足文化事業股份有限公司
發行　遠足文化事業股份有限公司
地址　231 新北市新店區民權路 108 之 2 號 9 樓
電話　02-22181417
傳真　02-22181009
Email　service@bookrep.com.tw
郵撥帳號　19504465 遠足文化事業股份有限公司
客服專線　0800221029
法律顧問　華陽國際專利商標事務所　蘇文生律師
印刷　成陽印刷股份有限公司
初版　2024年4月
定價　560元
ISBN　978-626-98116-5-6

國家圖書館出版品預行編目 (CIP) 資料

全球經濟 18 年大循環：順著景氣循環四大階段，投資獲利和避開風險／
阿基爾・帕特爾（Akhil Patel）作；龐元媛譯 .-- 初版 .-- 新北市：真文化，
遠足文化事業股份有限公司，2024.04
面；公分 --（認真職場；29）
譯自：The secret wealth advantage : how you can profit from the economy's hidden cycle
ISBN 978-626-98116-5-6（平裝）
1. CST: 國際經濟 2. CST: 景氣循環 3. CST: 投資
552.1　113003958